완역 해설

명심보감

[附 가사체 번역문]

張基槿 譯
權甲鉉 辭

明文堂

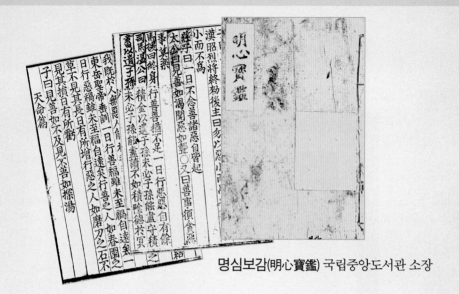

명심보감(明心寶鑑) 국립중앙도서관 소장

명심보감 판본 보관소
대구시 유형문화재 제37호로 지정. 대구광역시 달성군 화원읍에 위치

명심보감 판본(明心寶鑑 板本)

공자(孔子)

장자(莊子)

순자(荀子)

주자(朱子)

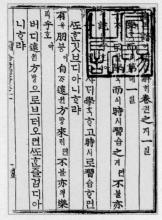

논어언해(論語諺解)

선조명찬(宣祖命撰), 목판본
광해군 4(1612년) 내사(內賜) 간(刊)

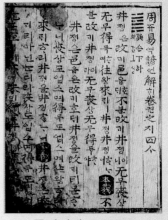

주역언해(周易諺解)

선조 39년(1606), 목판본

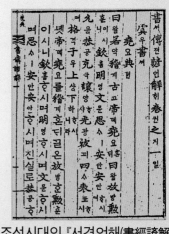

조선시대의 『시경언해(詩經諺解)』

조선시대의 『서경언해(書經諺解)』

근사록(近思錄)

충재박물관소장

《완역 해설 명심보감》

附 가사체 번역문

張基槿 譯
權甲鉉 辭

明文堂

《명심보감 신석》을 내면서

(1) 정신문화를 높이자

장차는 지성선사(至聖先師) 공자(孔子)가 높인 인도(仁道)와 인덕(仁德)이 선양되는 인류대동(人類大同)의 세계를 구현해야 한다. 그러기 위해서는 동양의 내면적 정신문화를 높이고 서양의 외형적 물질문화를 선가치적으로 활용해야 한다.

20세기는 과학 공업 생산면에서는 놀라운 성과를 거두었다. 그러나 도덕과 윤리가 따르지 못하고 도리어 혹심한 이기주의와 무력이 난무했으며, 세계는 약육강식(弱肉强食)의 무자비한 사냥터로 화했고 국내외의 정치는 음흉한 권모술수(權謀術數)와 살육쟁탈(殺戮爭奪)에 골몰하게 되었으며, 그 결과로 이승을 초열지옥(焦熱地獄)으로 전락케 했고 또 인류를 혹심한 위기에 빠뜨리게 했던 것이다.

우주는 하나의 큰 생명체다. 우주는 공간적으로나 시간적으로나 만물을 조화 속에 품고 끝없이 살아 발전케 하고 있다. 그와 같은 우주의 절대선(絶對善)의 도리가 곧 천도(天道)이다. 그러므로 모든 사람은 저마다 천도를 터득하고 지덕(地德)을 세워야 한다.

지덕을 세운다 함은 곧 자연과의 조화 속에서 생산을 높이고 아울러 인류의 역사와 문화를 선가치적으로 계승하고 더욱 새롭게 발전시키고 동시에 인류가 서로 사랑하고 협동하여 함께 잘 사는 참다운 평화세계를 창건한다는 뜻이다.

이와 같은 우주적인 차원의 생명철학적(生命哲學的) 발전관(發展觀)과 사해일가(四海一家)의 평화사상이 바로 빛나는 동양의 정신문화이다. 그 전통은 수천 년간을 통해 탁월한 많은 성현(聖賢)들에 의해 계승되고 또 역사적으로 발전해 왔다.

단 지난날 불행하게도 서양의 이기주의적 무력팽창에 눌려 동양의 정신과 전통이 일시적으로 소외되었다. 그러나 오늘의 인류 위기를 극복하고 새 질서를 창건하기 위해 우리는 다시 동양의 정신문화를 부흥시키고 슬기롭게 활용해야 한다.

그래야 세계적인 차원에서는 인류가 고르게 행복과 평화를 누리고, 국가적인 차원에서는 악덕 정치가 불식되고 윤리 도덕이 실천되는 정의사회가 구현되며, 가정적인 차원에서는 효도와 가족애가 넘치는 진정한 사랑의 보금자리가 이루어지고, 개인적인 차원에서는 심성을 함양하고 인격을 도야하여 성실하게 노력하면서 역사와 문화 발전에 기여하는 선량한 인간을 배양하게 될 것이다. 그러기 위해 우리는 한문 고전을 학습하고, 동양의 정신문화의 진수를 터득하고 또 심성을 함양해야 한다.

그 일환으로 필자는 《명심보감 신석》을 펴내는 바이다. 《명심보감》은 우리나라에서 수백 년에 걸쳐 절대 다수의 지식인이 애독했던 '수양과 처세의 지침서' 였다. 일찍이 율곡(栗谷) 선생이 《명심보감》을 다음같이 설명한 바 있다.

'(잘하거나 못하거나) 모든 책임을 자신에게 돌리고, 스스로의 마음을 살피고 자기 수양을 함을 흡사 거울을 보고 바로잡음과 같게 함이다(反求諸身 而省心修己 亦如窺鑑照面).'

'《명심보감》을 왜 저술했을까? 옛날의 학자가 후배들이 이득만을 취하고 도의를 망각할 것을 염려하여 저술한 것이다(明心寶鑑何爲而作也 古之人憂後學之循利而忘義而作也).' (己巳本 明心寶鑑 序文)

(2) 《명심보감 신석》 편집의 대강

필자는 모든 사람의 수양과 처세의 보전으로 전해 내려온 명심보감을 오늘의 지식인들이 쉽게 접하고 또 깊은 뜻을 잘 체득할 수 있게 하기 위해서 다음과 같은 요령으로 편집했다.

한문 원문을 내용의 뜻과 문법에 맞추어 어구를 분단했다.

한문 다음에는 한자의 음과 토를 달아 읽고 익히기 쉽게 했다.

뜻풀이는 어려운 한문의 깊은 뜻을 잘 살리되 동시에 유창하고 순조로운 현대어가 되게 애를 썼으며, 가사체(歌辭體)의 음률로 뜻풀이를 한 번 더 하여 또 다른 방법으로 명심보감의 명언명구를 기억하는데 도움이 되고자 하였다

어구에 대한 풀이와 설명을 간략하게 덧붙였으며 각주에는 한자의 훈과 음을 제시했다. 그러므로 본서를 통해서 한자 및 한자어를 익힐 수도 있을 것이다.

참고 보충에는 원문의 대의를 이해하는 데 도움이 될 설명을 짤막하게 덧붙였다. 그러므로 본서를 통해서 심성함양과 인격수양 및 윤리 도덕 효도의 원리와 의미를 수시로 터득할 수 있을 것이다.

본서 말미의 부록에는 주로 효도에 관한 글을 실었다.

2003년 2월 玄玉蓮齋에서 張基槿 씀

[부기]《명심보감》의 판본이나 편찬에 대해서는 설이 분분하다. 중국 명대(明代 : 1393년경)의 범입본(范立本)은 상하 2권으로 총 798항의 구가 있다고 전한다. 우리나라의 초간본은 단종 2년(1454년)에 간행된 청주판본이 있으며, 그 후 많은 통행본이 간행되었다. 약 백 년 전에 발견된 기사대구인흥재사본(己巳大丘仁興齋舍本)은 고려의 명신 추적(秋適 : 호는 露堂)이 편찬했으며, 율곡(栗谷)의 서문이 있다.

《완역 해설 명심보감》附 가사체 번역문을 내면서

　　이 판은 고 장기근 교수의 《명심보감 신석》의 한글 번역문을 4·4조 가사체로 바꾸어 본래의 한글 번역문 바로 아래에 덧붙인 것이다.

　　4·4조 가사체 번역문을 만들면서 오로지 글자 수를 맞추기 위해 때에 따라 군더더기라고 할 수 있는 글자 또는 구절 한둘을 더 넣기도 하였다. 이 부분은 차후에 좀 더 다듬어야 할 것들이다.

　　이 책을 읽을 때 덧붙인 가사체 번역문을 건너뛰어도 내용 전개에는 아무런 문제가 없다. 다만 유교 경전을 이렇게도 번역할 수 있겠다는 것을 보이기 위해 한번 시도해 본 것이다. 강호제현의 많은 질정을 기다리는 바이다.

　　한편 새 판을 편집하면서 몇 군데 한문 원문의 오자와 이에 대한 번역문을 바로잡았으며 전체적으로 오자·탈자도 세밀하게 교정하였음을 밝혀둔다.

2017년 7월　權甲鉉 씀

서론(序論)

《명심보감(明心寶鑑)》은 성현(聖賢)들의 명언(名言)·명구(名句)를 추려 모은 수양서(修養書)로 일찍이 조선조 초기부터 많은 사람들이 애독하고 소중히 여겼던 도의(道義)의 교본(教本)이다. 비록 한문 고전에서 추려 뽑은 명언·명구이지만 그 생명과 가치는 오늘에도 생생하게 빛을 내며, 따라서 모든 사람들이 항상 좌우명(左右銘)으로 삼고 활용해야 할 주옥(珠玉) 같은 가르침의 말들이다.

오늘의 지식인들도 《명심보감》을 잘 읽고 체득하고 실천을 하면 훌륭한 인격자가 될 수 있을 것이다. 따라서 자녀들을 바르고 훌륭하게 키우려는 부모님들도 《명심보감》을 잘 활용하기를 바란다.

사회와 역사의 주체는 바로 인간이다. 사람이 착하면 선(善)한 사회와 문화가 창출될 수 있다. 즉 과학과 재물이 선용되어 모든 사람이 고르게 행복을 누리는 공동체를 구성하고 더 나아가서는 진정한 세계 평화도 구현될 수 있을 것이다.

그러나 반대로 인간들이 악(惡)하면 과학 기술 재물이 악용되고, 따라서 악덕과 폭력이 횡행한다. 즉 사악한 사람들이 선량하고 힘없는 사람들을 억압하고 유린하고 또 남의 재물을 겁탈(劫奪)하는 악덕한 사회로 전락할 것이다.

오늘의 인류 사회는 총체적으로 위기에 빠져 있다. 특히 강대국을 위시해 모든 나라들이 혹심한 이기적 탐욕을 채우기 위한 경제전쟁을 음양으로 전개하고 있다. 이에 따라 국제정치 및 국내 정치가 심하게 타락했으며 크고 작은 모든 나라들은 저마다 과학 기술 및 재물 조직 등 모든 가치를 무력화하는 부국강병책만을 앞세우고 있다.

이에 따라 사회와 인간들도 타락했으며 저마다 금전만능주의와 관능적 향락풍조에 휩쓸려 마침내 존엄한 정신과 숭고한 가치를 상실하고 다만 먹고, 마시고, 놀기만 하는 비인격적 존재로 전락했다. 즉 현실적으로 오늘의 많은 사람들은 가치를 전도하고 숭고한 내면적 정신이나 심성보다 외형적 물질이나 육신만을 소중히 여기고 있다.

이에 사람들은 존엄한 인격을 상실하고 동물적 존재로 전락했으며 동시에 사회적으로도 윤리 도덕이 실종되고 또 국가적으로도 재물이나 과학 기술을 악용하고 무기화(武器化)해서 남을 살상하고 남의 재물을 탈취함으로써 인류사회를 더욱 타락시키고 장래를 어둡게 하고 있다.

이대로는 안된다. 하루 빨리 미망(迷妄)에서 벗어나 본연의 선 본성(善 本性)과 존엄한 인간의 존재가치를 되찾아야 한다. 그러기 위해 바른 교육을 통한 인간 선화(善化)가 무엇보다도 시급히 요청된다. 인간의 존엄한 가치는 하늘이 인간에게 준 숭고한 정신과 어진 심성 속에 깃들어 있다.

숭고한 정신은 곧 절대선(絶對善)인 하늘의 도리를 따르고 실천하려는 정신이다. 어진 심성은 곧 자연 만물 및 모든 사람을 사랑하고 함께 잘 살고 번영하고 또 발전하려는 착한 성품이다.

그러므로 인간은 약육강식의 동물적·이기적 탐욕을 초월하고 광명정대(光明正大)하고, 공평무사(公平無私)하고, 영구불변(永久不變)하는 천도를 따라 인류대동(人類大同)과 세계평화를 이룩하는 방향으로 나아가야 한다.

그러기 위해 우리는 성현의 가르침을 잘 배워야 한다. 그래야 절대선인 하늘의 도리를 바르게 알고 또 자신의 심성을 함양하고 인격을 수양하여 가정에서는 부모에게 효도하고 사회적으로는 윤리 도덕을 실천하는 인격자가 될 수 있을 것이다.

공부와 수양은 바로 나 자신이 하는 것이다. 각자가 저마다 하늘이 준 숭고한 정신과 어진 심성을 계발하고 발전시키도록 스스로 공부하고 자기를 수양해야 한다. 그러한 수양서의 하나가 《명심보감》이다. 이 책을 통해 많은 사람들이 선한 본성을 되찾고 인격을 도야하고 인류의 역사와 문화발전에 선가치적으로 기여하는 지식인이 되기를 충심으로 바라고 기대한다.

2003년 2월 張基槿 씀

차례

繼善篇

子曰爲善者天
漢昭烈將終勅
小而不爲
莊子曰一日不
太公曰見善
事莫樂
馬援曰終身行善猶不足一日行惡
司馬溫公曰積金以遺子孫未必子孫能盡守積書以遺子孫未必子孫能盡讀不如積
書以遺子孫
寫之中以爲子孫之計也
景行錄曰恩義廣施人生何處不相逢
路逢狹處難回避
莊子曰於我善者我亦善之於我惡者我亦善之我既於人無惡人能於我無惡哉
我既於人無惡
東岳聖帝垂訓一日行善福雖未至禍自遠矣行惡雖未至
日行惡禍雖未至福自遠矣行善之人如
草不見其長日有所增行惡之人如磨刀

계선(繼善)은 선행을 계속함, 즉 평생토록 착한 일을 한다는 뜻이다. 일반적으로 남을 사랑하고 또 도와주는 것을 선이라고 한다. 그러나 유가사상에서 말하는 선의 기준은 절대선(絶對善)인 하늘의 도리다.

천도(天道)는 광명정대(光明正大)하고 공평무사(公平無私)하고 영구불변(永久不變)하는 선가치(善價値)의 도리이다.

《주역(周易)》〈계사전(繫辭傳)〉에 있다. '음과 양이 어울려서 창조적으로 발전하는 것이 바로 하늘의 도리이다. 그 천도를 계승하는 것이 선이고, 천도를 성취하는 것이 인간의 본성이다(一陰一陽之謂道 繼之者善 成之者性也)'

사람은 하늘로부터 천도를 깨닫고 실천해서 역사와 문화를 발전시킬 수 있는 선본성(善本性)을 선천적으로 받아 지니고 있다. 창조주이자 절대선의 극치인 하늘이 사람에게 선본성을 준 것이다. 따라서 누구나 다 심성을 계발하고 수양하면 훌륭한 인격자가 될 수 있다.

주자(朱子)는 '마음이 몸의 주인이다(心者 身之主也)' 라고 말했다. 인간의 언행(言行)은 마음쓰기에 따라 착하게 나타나기도 하고 악하게 나타나기도 한다.

사람의 마음은 하나이다. 그 한마음 속에 선과 악이 함께 도사리고 있으며 서로 차지하는 영역이 반비례하게 마련이다. 즉 선이 크면 악이 오므라들고 반대로 악이 크면 선이 오므라든다.

그러므로 적극적으로 선을 행하도록 힘쓰고 수양을 해야 한다. 선은 하늘 편이고 악은 마귀 편이다. 따라서 선을 행하면 하늘이 복을 내려준다. 선행은 곧 천도를 실천함이다.

계선편 繼善篇

1-1/

子曰,
자 왈

爲善者는 天報之以福하고,
위 선 자   천 보 지 이 복

爲不善者는 天報之以禍니라.
위 불 선 자   천 보 지 이 화

공자가 말했다. '선을 행한 사람에게는 하늘이 복으로써 갚
아주고, 악을 행한 사람에게는 하늘이 화로써 갚아준다.'

| 가사체 |

공자님이 말하셨다
선을행한 사람에겐 저하늘이 복을주고
악을행한 사람에겐 저하늘이 재앙준다

子(아들 자), 曰(가로 왈), 爲(할 위), 善(착할 선), 者(놈 자), 天(하늘 천), 報
(갚을 보), 之(이 지), 以(써 이), 福(복 복), 不(아닐 불), 禍(재화 화).

○子(자)—공자(孔子, 기원전 552~479). 유교의 창시자.   ○爲善者(위선자)—선을 행한 사람.   ○天報之(천보지)—하늘이 그에게 보답한다. ○以福(이복)—복으로써.   ○爲不善者(위불선자)—착하지 않은 일. 즉 악을 행한 사람.   ○天報之以禍(천보지이화)—하늘이 그에게 재화를 내린다. '지(之)'는 '그 사람'〔代詞〕, 혹은 '동사화하는 허사(虛詞)'로 본다. '이화(以禍)'는 새 문법체계에서는 보어(補語)로 친다.

| 참고 |

선을 행한 사람에게는 하늘이 상복(賞福)을 내려주고, 악을 행한 자에게는 벌재(罰災)를 내린다. 이러한 가르침은 불교나 기독교에서도 강조한다. 그러나 하늘이 헤아리는 척도는 그 폭이 크고 헤아리는 시간이 오래 걸린다. 그러므로 당장에 나타나지 않을 뿐이다. 그렇다고 하늘을 의심하면 안 된다. 노자는 말했다. '하늘의 그물은 성글지만 빠뜨리거나 새게 하지 않는다(天網恢恢不遺疎).'

1-2/

漢昭烈이 將終에 勅後主曰,
한 소 열　장 종　칙 후 주 왈

勿以善小而不爲하고
물 이 선 소 이 불 위

勿以惡小而爲之하라.
물 이 악 소 이 위 지

촉한의 소열 황제가 임종에 아들 후주에게 칙서를 내려 말했다. '선한 일은 아무리 사소해도 이를 행하고, 악한 일은 아무

리 사소해도 이를 행하지 마라.'

│ 가사체 │

漢나라의 소열황제
한
죽음앞서 후주에게 칙서내려 말하였다
선한일은 작다해도 꼭반드시 해야하고
악한일은 작다해도 하여서는 아니된다

漢(한나라 한), 昭(밝을 소), 烈(세찰 렬·열), 將(장차 장), 終(끝날 종), 勅(조
서 칙), 後(뒤 후), 主(주인 주), 勿(말 물), 而(말 이을 이).

. . .

○漢昭烈(한소열)−촉한(蜀漢)의 첫 임금 소열 황제. 즉 『삼국지』에 나
오는 유비(劉備). ○將終(장종)−죽으려 할 때. ○勅(칙)−조칙(詔勅).
임금의 명령을 적은 글. ○後主(후주)−유비의 아들. 유선(劉禪). ○以
善小(이선소)−선이 사소해도, 이(以)는 이유로. ○而(이)−그래서. 접
속사. ○不爲(불위)−'선을' 아니하다. ○勿以善小而不爲(물이선소
이불위)−선이 사소하다는 이유로 '선을' 안 하지 마라. 작은 선이라
도 적극적으로 행하라. ○勿以惡小而爲之(물이악소이위지)−사소한
악이라고 행하지 마라. 조그마한 악이라도 악을 행하면 안 된다. '물
(勿)'은 '이악소이위지(以惡小而爲之)'에 걸린다.

│ 참고 │

'바늘도둑이 소도둑 된다' 는 속담이 있다. 사소한 악이라도 버릇이
되면 큰 악을 범하게 된다. 반대로 사소한 선이라도 적극적으로 행하
라. 오래 선을 행해야 선인이 된다.

1-3/

莊子曰,
_{장 자 왈}

一日不念善이면 諸惡皆自起니라.
_{일 일 불 념 선   제 악 개 자 기}

  장자가 말했다. '하루라도 선하기를 염원하지 않으면 모든 악이 저절로 나타난다.'

| 가사체 |

  장자께서 말하였다
  하루라도 선하기를 생각하지 아니하면
  여러가지 모든악이 제스스로 일어난다

  莊(풀 성할 장), 念(생각할 념), 善(착할 선), 諸(모든 제), 皆(다 개), 自(스스로 자), 起(일어날 기).

* * *

  ○ 莊子(장자)—전국(戰國)시대 사상가. 노자(老子)의 뒤를 이은 도가(道家)의 대표자. ○不念善(불념선)—선을 염원하지 않으면. ○諸惡皆自起(제악개자기)—여러 가지 악이 저절로 나타난다.

| 참고 |

  인간은 만물의 영장(靈長)이다. 그러므로 '탁월한 심령, 정신 및 이성'을 바탕으로 선(善)을 행할 수도 있다. 동시에 인간은 동물이다. 그러므로 '동물적 본능'을 바탕으로 악(惡)을 자행할 수도 있다. '하늘의 도리를 따라, 서로 사랑하고 협동하여 함께 잘살려는 마음과 행동'은

선이다. 반대로 '동물적·이기적 욕구를 채우기 위해서 남을 살상하고 남의 재물을 탈취하는 마음과 행동' 은 악이다. 인간의 행동은 마음을 바탕으로 형성되고 나타난다. 그러므로 항상 착한 마음을 지니고 선을 행하도록 노력해야 한다. 마음이 풀어지고 틈이 생기면 악한 마음이 고개를 들고 발동하게 된다.

1-4/

太公曰,
태 공 왈

見善如渴하고 聞惡如聾하라.
견 선 여 갈   문 악 여 롱

又曰,
우 왈

善事須貪하고 惡事莫樂하라.
선 사 수 탐   악 사 막 락

태공이 말했다. '선을 보거든 목마를 때에 물 본 듯이 즉시 행하고, 악한 말을 들으면 귀머거리같이 모른 척해라.'

또 말했다. '착한 일은 모름지기 탐내서 행하고, 악한 일은 절대로 즐겨하지 마라.'

| 가사체 |

태공께서 말하였다
착한일은 목마를때 물본듯이 해야하며

악한말은 귀먹은듯 못들은척 해야한다

덧붙여서 또말했다

착한일은 모름지기 탐을내서 해야하며

악한일은 절대로들 즐겨하지 마라얀다

渴(목마를 갈), 聾(귀머거리 롱), 須(모름지기 수), 貪(탐할 탐).

• • •

○太公(태공)-강태공(姜太公). 여상(呂尙) 혹은 태공망(太公望)이라고
도 함. 위수(渭水)에서 낚시를 하다가 주(周) 문왕(文王)에게 등용되고
군사(軍師)가 되었다. 문왕의 아들 무왕(武王)을 도와 주(周)나라 창건
에 공을 세웠다. ○如渴(여갈)-목마를 때에 (물 마시듯). ○聾(롱)-
귀머거리. ○須貪(수탐)-모름지기 탐욕스럽게 하라. ○莫樂(막
락)-즐기지 마라.

| 참고 |

내가 인식과 실천의 주체다. 목마를 때에 물을 찾고, 즉시 마시듯이
선행을 갈구하고 적극적으로 실천해야 한다. 반대로 악한 일에 대해서
는 눈으로 보지도 말고, 귀로 듣지도 말고, 모른 척하고 멀리 물러나야
한다. 그래야 악에 물들지 않고 또 악에 휘말리지 않게 된다.

1-5/

馬援이 曰,
마 원 왈

終身行善이라도 善猶不足이오,
　종　신　행　선　　　　　선　유　부　족

一日行惡이라도 惡自有餘니라.
　일　일　행　악　　　　　악　자　유　여

　마원이 말했다. '평생토록 선을 행해도 오히려 선이 부족하다. 그러나 단 하루만 악을 행해도 악은 남음이 있다.'

| 가사체 |

　마원께서 말하였다
　평생토록 선한일을 행하여도
　착한것은 그오히려 부족하고
　단하루도 악한일을 행하여도
　악한것은 제스스로 남음있다

　　終(끝날 종), 猶(오히려 유), 足(족할 족), 餘(남을 여).

● ● ●

　○馬援(마원, 기원전 11~기원후 49)─후한(後漢)의 장군. 흉노를 정벌하는 데 공을 세워 복파장군(伏波將軍)의 칭호를 받았다.　○終身(종신)─죽을 때까지. 평생.　○自有餘(자유여)─그 자체로도 남음이 있다.

| 참고 |

　선행은 끝없이 해라. 악행은 절대로 하지 마라. 단 한 번의 악이 일생을 망치는 수도 있다. 절대선(絶對善)인 하늘의 도리를 따라 남을 사랑하고 인류의 역사 문화발전에 선가치적(善價値的)으로 이바지하는 것

이 선이다. 사람들이 서로 사랑하고 협동해야 함께 잘 사는 공동체를 형성할 수 있다. 그러므로 개개인의 선행은 인류문화의 발전이나 세계 평화에 기여한다. 반대로 동물적·이기적 탐욕을 채우기 위해 남을 속이거나 살상하고 나만의 이득을 채우는 것이 악이다. 사람들이 서로 다투어 악을 행하면, 서로 분열되고 싸우고 쟁탈하며, 결국에는 공동체가 파괴되고 따라서 개개인도 멸망하게 된다.

1-6/

司馬溫公이 曰,
사 마 온 공   왈

積金以遺子孫이라도 未必子孫能盡守요
적 금 이 유 자 손   미 필 자 손 능 진 수

積書以遺子孫이라도 未必子孫能盡讀이니,
적 서 이 유 자 손   미 필 자 손 능 진 독

不如積陰德於冥冥之中하여 以爲子孫之計也라.
불 여 적 음 덕 어 명 명 지 중   이 위 자 손 지 계 야

사마온공이 말했다. '재물을 많이 쌓아놓고 자손에게 물려주어도 자손이 반드시 잘 간직할 수 있는 것이 아니다. 책을 많이 쌓아놓고 자손에게 물려주어도 자손이 반드시 다 읽을 수 있는 것이 아니다. 그러니 차라리 남모르게 덕을 쌓고 은혜를 베풀어 자손을 위하는 계책으로 삼음이 좋다.'

사마온공 말하였다

재물많이 쌓아놓고 자손에게 물려줘도

자손들이 꼭반드시 그모두를 못지키고

책을많이 쌓아놓고 자손에게 남겨줘도

자손들이 꼭반드시 그모두를 못읽는다

남모르게 덕을쌓고 은혜많이 베풀어서

자손위한 계책으로 삼느니만 못하니라

積(쌓을 적), 遺(남길 유), 必(반드시 필), 能(능할 능), 盡(다할 진), 陰(응달 음), 德(덕 덕), 冥(어두울 명), 計(꾀 계).

• • •

○ 司馬溫公(사마온공, 1019~1086)—송(宋)대의 학자이자 정치가로《자치통감(資治通鑑)》의 저자. ○ 積金(적금)—황금이나 돈 혹은 재물을 축적하다. ○ 以(이)—그렇게 해서. ○ 遺子孫(유자손)—자손에게 물려준다. ○ 未必子孫能盡守(미필자손능진수)—(물려받은 금이나 재물을) 자손이 반드시 잘 지킬 수 있는 것이 아니다. 미필(未必)은 반드시 …하지 않는다. ○ 積書(적서)—많은 책을 쌓아놓다. ○ 盡讀(진독)—책들을 다 읽다. ○ 不如(불여)—…하느니만 못하다. 차라리 …하는 편이 좋다. ○ 積陰德(적음덕)—숨은 덕행을 쌓다. 즉 남에게 은혜를 베풀어 주다. ○ 冥冥之中(명명지중)—나타나지 않고 남이 모르는 사이에. ○ 以爲子孫之計(이위자손지계)—자손을 위한 계책으로 삼는다.

| 참고 |

부모는 누구나 자기 자손이 잘살기를 바라고 정성과 전력을 기울이어 뒷바라지를 한다. 그러나 모든 사람이 바라는 '잘살기'에 대한 생각

이나 가치관이 저마다 다른 데 문제가 있다.

예나 지금이나 많은 사람들이 '수단 방법을 가리지 않고 무조건 돈 벌고 권력 잡는 것이 곧 잘살기'라고 착각하고 있다. 그러므로 악덕한 폭력이나 간교한 사술(詐術)을 부려서 사회와 국가를 파탄나게 하고 있으며, 세계적으로는 인류 위기를 초래하고 있다.

이 글의 저자 사마온공(司馬溫公)은 '돈이나 재치'보다 '내면적 덕'을 중시했다. 그래서 자식에게 돈이나 책을 물려주지 말고 '적덕(積德)'을 강조했다. '적덕'에는 두 가지 뜻이 있다. 부모가 평소에 많은 사람에게 은덕(恩德)을 베풀라는 뜻과, 동시에 자식의 덕성(德性)을 높이고 자식으로 하여금 덕행을 행하게 하라는 뜻이다.

부모가 평소에 많은 사람에게 은덕을 베풀면, 부모가 사망한 다음에도 그의 자손들이 자기도 모르게 많은 사람들로부터 음덕(陰德)을 받게 된다. 동시에 자손 자신들이 덕을 갖추고 덕을 행해야 사회나 국가에 나가서 훌륭한 인격적 존재로 대접받고, 역사 문화에 선가치적(善價値的)으로 이바지하는 인물이 되고 참다운 의미로 '잘살게 된다.'

1-7/

景行錄에 **曰,**
경 행 록　　　왈

恩義를 **廣施**하라. **人生何處**에 **不相逢**가?
은 의　　광 시　　　인 생 하 처　　불 상 봉

讐怨을 **莫結**하라. **路逢狹處**에 **難回避**니라.
수 원　　막 결　　　노 봉 협 처　　난 회 피

《경행록》에서 말했다. '남에게 은혜와 정의를 넓게 베풀어라. 사람이 살다 보면 어디선가 다시 만나지 않겠느냐. 남에게 원수와 원한을 맺게 하지 마라. 좁은 길목에서 마주치면 피하기 어렵다.'

| 가사체 |

경행록에 말하였다
남들에게 恩惠情義 널리넓게 베풀어라
　　　　　　은 혜 정 의
살다보면 어디서든 다시아니 만나겠나
남들에게 원수원한 맺어서는 아니된다
좁은길에 마주치면 피하기가 어렵니라

景(볕 경), 錄(기록할 록), 義(옳을 의), 廣(넓을 광), 施(베풀 시), 逢(만날 봉), 讐(원수 수), 怨(원망할 원), 狹(좁을 협), 難(어려울 난), 避(피할 피).

• • •

○景行錄(경행록)—송(宋)대의 책 이름.　○恩義(은의)—은혜와 의리(義理).　○廣施(광시)—넓게 베풀다.　○相逢(상봉)—서로 만나다.　○讐怨(수원)—원수와 원한.　○路逢(노봉)—길에서 마주치다.　○狹處(협처)—좁은 곳.　○難回避(난회피)—회피하기 어렵다.

| 참고 |

언제나 어디서나 또 누구에게나 사랑과 은혜를 베풀어라. 반대로 남에게 악하게 하거나 원한을 맺게 하지 마라. 선에는 선한 보답이 오고, 악에는 악한 보답이 따르게 마련이다. 오늘 헤어져도 장차 어디에선가 다시 만나게 마련이다.

1-8/

莊子曰,
장 자 왈

於我善者라도 我亦善之하고,
어 아 선 자　　아 역 선 지

於我惡者라도 我亦善之하니,
어 아 악 자　　아 역 선 지

我旣於人에 無惡이면
아 기 어 인　무 악

人能於我에 無惡哉인저.
인 능 어 아　무 악 재

　장자가 말했다. '나에게 잘해 준 사람에게도 나는 잘해 주고, 동시에 나에게 잘못한 사람에게도 나는 역시 잘해 준다. 내가 먼저 남에게 악하게 함이 없으면 남도 나에게 악하게 함이 없을 것이다.'

| 가사체 |

　장자께서 말하였다
　자기에게 잘해준자
　나도또한 그자에게 잘해줘야 할것이고
　자기에게 잘못한자
　나는역시 그자에게잘해줘야 하느니라
　내가먼저 남들에게 악독하지 않았으면
　남도내게 악독하게 할수없을 것이니라

　　於(어조사 어), 亦(또 역), 旣(이미 기), 能(능할 능), 哉(어조사 재).

○莊子(장자)―1-3 참조. ○於我善者(어아선자)―나에게 잘해 준 사람. ○亦(역)―역시. ○善之(선지)―그 사람에게 잘해 준다. ○於我惡者(어아악자)―나에게 해악(害惡)을 끼친 사람. ○我旣於人無惡(아기어인무악)―내가 이미 남에게 악하게 함이 없으니. ○人能於我無惡哉(인능어아무악재)―남도 능히 나에게 악하지 않게 하리라.

| 참고 |

나에게 잘해 준 사람에게 내가 잘해 주기는 어렵지 않다. 그러나 나에게 해를 끼친 사람에게도 나는 선으로써 대해 주어야 한다. 즉 '이선보악(以善報惡)' 하라.

1-9-1 /

東岳聖帝 垂訓에 曰,
동 악 성 제 수 훈 왈

一日行善이면 福雖未至나 禍自遠矣요
일 일 행 선 복 수 미 지 화 자 원 의

一日行惡이면 禍雖未至나 福自遠矣라.
일 일 행 악 화 수 미 지 복 자 원 의

동악성제가 가르침을 내려 말했다. '하루 동안 선을 행하면 비록 복이 미처 오지는 않아도 그만큼 화가 스스로 멀어질 것이다. (반대로) 하루 동안 악을 행하면 비록 화가 미처 닥쳐오지는 않아도 그만큼 복이 스스로 멀어질 것이다.'

동악성제 훈계내려 다음같이 말하였다
짧은하루 동안에도 선한일을 행한다면
복이비록 오잖아도
선한일을 행한만큼 화가절로 멀어지고
짧은하루 동안에도 악한일을 행한다면
화가비록 오잖아도
악한일을 행한만큼 복이절로 멀어지리

東(동녘 동), 岳(큰 산 악), 聖(성스러울 성), 帝(임금 제), 垂(드리울 수), 訓
(가르칠 훈), 雖(비록 수), 未(아닐 미), 至(이를 지), 禍(재화 화).

• • •

○東岳聖帝(동악성제)－도가에서 높이는 가공적 신선. ○垂訓(수
훈)－가르침을 내리다. ○一日行善(일일행선)－하루 동안 선을 행하
다. ○雖(수)－비록. ○未至(미지)－미처 도달하지 않아도. ○禍自
遠矣(화자원의)－(선을 행한 만큼) 화가 스스로 멀어진다. ○矣(의)－
어조사. ○一日行惡(일일행악)－하루 동안 악을 행하면. ○禍雖未至
(화수미지)－화가 비록 아직 오지 않아도. ○福自遠矣(복자원의)－복
이 스스로 멀어진다.

| 참고 |

선과 악은 상대적이다. 둘은 하나인 마음속에 공존하고 있다. 선행을
하면 그만큼 악이 멀어지고 반대로 악행을 하면 그만큼 선이 멀어진다.
현실로 선을 했다고 당장 그 자리에서 하늘이 상복(賞福)을 내려주
고, 악을 했다고 당장 하늘이 벌재(罰災)를 내리는 것은 아니다. 하늘은
크게 내다보고 또 긴 세월을 두고 헤아리기 때문이다.

1-9-2/

行善之人은 如春園之草하여
행 선 지 인   여 춘 원 지 초

不見其長이라도 日有所增이요,
불 견 기 장   일 유 소 증

行惡之人은 如磨刀之石하여
행 악 지 인   여 마 도 지 석

不見其損이나 日有所虧니라.
불 견 기 손   일 유 소 휴

　　선을 행하는 사람은 봄동산의 풀처럼 그 자라남이 눈에 보이지 않으나 날로 선이 증폭될 것이다. 악을 행하는 사람은 흡사 칼을 가는 숫돌처럼 그 닳음이 눈에 보이지 않으나 날로 축이 날 것이다.

| 가사체 |

　선한일을 행하는자 봄동산의 풀과같아
　그풀들이 자라는게 보이지는 아니하나
　날로날로 선한일이 불어나게 될것이고
　악한일을 행하는자 칼을가는 숫돌같아
　닳는것이 안보여도 날로날로 줄어든다

　　如(같을 여), 園(동산 원), 其(그 기), 長(길 장, 자라다), 所(바 소), 增(불을 증), 磨(갈 마), 刀(칼 도), 損(덜 손), 虧(이지러질 휴).

· · ·

　　○行善之人(행선지인)—선을 행하는 사람.　○春園(춘원)—봄철의 화원이나 동산.　○不見其長(불견기장)—풀의 자라남이 눈에 보이지 않

으나. ○日有所增(일유소증)―날로 증가되는 바가 있다. 즉 선행이 증폭되거나 공덕이 커짐. ○行惡之人(행악지인)―악을 행하는 사람. ○磨刀之石(마도지석)―칼을 가는 숫돌. ○其損(기손)―(숫돌의) 닳음. ○日有所虧(일유소휴)―날로 이지러진다. 휴(虧)는 닳다, 축나다.

도덕성은 봄풀처럼 그 자라남이 눈에 보이지 않지만 어느덧 자라서 꽃을 피운다. 반대로 악한 짓을 하면 마치 숫돌이 닳아서 마멸되듯이 자신의 인격이나 덕성을 파탄나게 한다.

1-10/

子曰, 見善如不及하고 見不善如探湯하라.
자 왈 견 선 여 불 급 견 불 선 여 탐 탕

공자가 말했다. '선을 보면 항상 못 미치는 듯이 서둘러 행하고, 악을 보면 끓는 물속에 손을 담그듯 조심하고 물러나야 한다.'

| 가사체 |

공자님이 말하셨다
사람들이 선한일을 하는것을 보게되면
미치지를 못하는듯 서둘러서 실행하고
사람들이 악한일을 하는것을 보거들랑

끓는물에 손담그듯 조심하고 물러나라

及(미칠 급), 探(찾을 탐), 湯(물 끓을 탕).

• • •

○ 見善(견선)—선을 보다. 남이 선한 일 하는 것을 본다. ○ 如不及(여
불급)—미치지 못하는 듯이. ○ 見不善(견불선)—잘못을 보다. 잘못이
라고 알다. ○ 如探湯(여탐탕)—마치 끓는 물에 손을 담글 때처럼 조
심한다. 즉시 악에서 물러나다. '탐(探)'은 손으로 더듬어 찾다.

| 참고 |

스스로 선을 추구하고 찾아서 적극적으로 행해야 한다. 아울러 남의
선행을 보면 분발해서 선을 행해야 한다. 한편 자신의 잘못이나 남의
잘못을 보면 흡사 손을 끓는 물에 담갔다가 얼른 빼내듯이 즉시로 악에
서 물러나야 한다. 일반적으로 사람들은 악에 쉽사리 빠지고 악덕한 짓
을 한다. 그 까닭은 윤리 도덕을 저버리고 동물적 본능 생활만을 추구
하기 때문이다. 그러므로 동물적·이기적 탐욕만을 채우려 하지 말고
정신적·이성적·윤리 도덕적 삶을 살려고 노력해야 한다.

電
益智書云惡鑵若滿天必誅之
莊子曰若人作不善得顯名者人不害天必誅之
○種瓜得瓜種豆得豆天網恢恢疎而不漏
○子曰獲罪於天無所禱也
子曰
康節邵先生曰天聽寂無音蒼蒼何處尋
非遠都只在人心
玄帝垂訓曰人間私語天聞若雷暗室欺心神
子曰順天者存

제2편
천명편 天命篇

옛사람들은 하늘이 우주·천지·만물을 창조하고, 아울러 시간과 공간을 통합한 하늘의 도리를 따라 자연 만물의 생성(生成) 변화를 주재하며, 또 인간의 생사는 물론 빈부귀천(貧富貴賤)의 분수까지 섭리하고 주재한다고 믿었다.

천도(天道)는 절대선의 도리이다. 따라서 사람들은 하늘의 도리를 따라야 한다. 그러면 좋은 결과를 얻는다. 이를 두고 '선을 행하면 하늘이 상복(賞福)을 내린다'고 말하는 것이다.

반대로 하늘의 도리를 어기고 동물적·이기적 탐욕을 채우기 위해 남을 살상하고 남의 재물을 탈취하면 서로 싸우고 서로 망하게 된다. 이를 두고 '하늘이 벌재(罰災)를 내린다'고 말하는 것이다.

하늘의 도리는 눈에는 보이지 않는다. 그러나 우주·천지·자연 만물을 지배하는 도리이다. 그러므로 사람들은 하늘의 도리를 따라야 한다.

천명(天命)은 곧 하늘의 절대명령이다. 우주 천지 간에 있는 자연 만물이나 혹은 하늘 땅 사이에서 일어나는 삼라만상의 현상이 다 천명에 의해서 생성 변화하고 있는 것이다.

'나 자신'도 천명에 의해서 태어나 삶을 누리고 있다. 나의 환경이나 운명도 천명으로 주어진 것이다. 그러므로 우리는 절대명령인 천명을 경건히 받아들이고 또 주어진 위상에서 정성을 다하며 착하게 살아야 한다. 천명사상은 체념적(諦念的) 비관론이나 숙명론이 아니다.

천명편 天命篇

2-1

子曰, 順天者는 存하고 逆天者는 亡하니라.
자왈 순천자 존 역천자 망

선생이 말했다. '하늘에 순종하는 사람은 살고 하늘에 거역하는 사람은 망한다.'

| 가사체 |

맹자님이 말하였다
하늘도리 순종하고 행하는자 살게되고
하늘도리 거역하는 그런자는 망한다네

順(순할 순), 存(있을 존), 逆(거스를 역), 亡(망할 망).

• • •

○子(자)—선생의 뜻. 여기서는 맹자(孟子). ○順天者(순천자)—하늘의 도리를 따르고 행하는 사람. ○存(존)—살고 흥한다. ○逆天者(역천자)—하늘의 도리를 어기는 자.

중국에서도 고대에는 천(天)을 인격신으로 믿고 따랐다. 그러나 유교에서 말하는 천은 주로 절대선인 하늘의 도리를 지칭하는 경우가 많다. 자연과학에서 자연법칙을 어기면 과학적 성과를 거둘 수 없듯이, 인간은 천도(天道)를 따라야 살고 또 흥한다. 반대로 천도를 어기면 죽고 멸망한다.

인간을 만물의 영장이라고 높이는 이유는 숭고한 정신을 지니고 고결한 정신적 삶을 영위하기 때문이다. 그러므로 사람은 동물적·육체적·관능적(官能的) 삶보다도 정신적·이성적·도덕적 삶을 더 높이고 살아야 한다.

정신적 삶이란 절대선의 도리인 하늘의 도리를 깨닫고, 따르고, 실천하는 생활이다. 천도를 모르고 실천하지 않으면, 동물적 존재로 전락한다.

2-2/

康節邵先生이 曰,
강 절 소 선 생 왈

天聽이 寂無音하니 蒼蒼何處尋고
천 청   적 무 음   창 창 하 처 심

非高亦非遠이라 都只在人心이니라.
비 고 역 비 원   도 지 재 인 심

강절 선생이 말했다. '하늘은 듣고 살피지만 말없이 조용하고 창창하니, 어떻게 알고 또 찾나? 그것은 다만 높지도 않고

멀지도 않은 마음속에 있느니라.'

| 가사체 |

강절소옹 선생께서 다음같이 말하였다
저하늘은 들으시고 살피지만 말이없이
조용하고 창창하니 어디에서 찾을까요
그건바로 높지않고 또한멀리 있지않은
한갓오직 사람들의 마음속에 있느니라

聽(들을 청), 寂(고요할 적), 蒼(푸를 창), 尋(찾을 심), 都(모두 도).

· · ·

○康節邵先生(강절소선생, 1011~1077)—송(宋)대의 유학자. 성은 소(邵), 이름은 옹(雍), 강절(康節)은 시호.   ○天聽(천청)—하늘이 듣는다. ○寂無音(적무음)—조용하고 소리가 없다.   ○蒼蒼(창창)—푸르고 푸르다. 멀고 그윽하다.   ○何處尋(하처심)—하늘의 뜻이나 도리를 어디에서 찾을까?   ○非高(비고)—높은 곳이 아니다.   ○亦非遠(역비원)—또 멀리 있지도 않다.   ○只(지)—오직.   ○在人心(재인심)—사람의 마음속에 있다.

| 참고 |

하늘의 도리는 무형의 실재(實在)이다. 그러므로 정신이나 마음으로 깨닫고 터득하게 마련이다. 동물은 천도를 알지 못한다. 사람만이 숭고한 정신과 마음으로 천도를 알고 실천한다.

2-3/

玄帝垂訓에 曰,
현 제 수 훈　왈

人間私語라도 天聽은 若雷하고,
인 간 사 어　　천 청　약 뢰

暗室欺心이라도 神目은 如電이니라.
암 실 기 심　　신 목　여 전

　현제가 훈계를 내려 말했다. '사람들의 비밀스런 속삭임도 하늘의 귀에는 우레 소리처럼 크게 들리고, 어두운 방에서 양심을 속일지라도 신령의 눈에는 번갯불처럼 밝게 보인다.'

| 가사체 |

　현제께서 훈계내려 다음같이 말하였다
　사람들의 은밀하고 비밀스런 속삭임도
　저하늘의 큰귀에는 우레처럼 들릴게고
　어두운곳 방안에서 자기양심 속이어도
　저神靈의 그눈에는 번개같이 잘보인다
　　신 령

　玄(검을 현), 帝(임금 제), 垂(드리울 수), 訓(가르칠 훈), 私(사사 사), 語(말씀 어), 聽(들을 청), 若(같을 약), 雷(우레 뢰), 暗(어두울 암), 室(집 실), 欺(속일 기), 神(귀신 신), 目(눈 목), 如(같을 여), 電(번개 전).

• • •

　○玄帝(현제)─도교(道敎)에서 높이는 신.　○垂訓(수훈)─훈계(訓戒)를 내리다.　○私語(사어)─남모르게 속삭이는 비밀스런 말.　○天聽(천청)─하늘이 듣기에는.　○若雷(약뢰)─우레같이 크게 들린다.　○暗室(암실)─어두운 방안에서.　○欺心(기심)─자기의 양심을 속이는 행

제2편 천명편 *39*

위. ○神目(신목)-신령의 눈에. ○如電(여전)-번개처럼 밝게 보인다.

| 참고 |

악한 생각, 악한 마음은 결국 악한 행동으로 나타나며 모든 사람들이 알게 된다. 속담에도 '낮말은 새가 듣고 밤말은 쥐가 듣는다' 고 했다. 인간이 잘하면 자연도 번성하고 하늘도 기뻐한다. 반대로 인간이 악하면 자연도 시들고 하늘도 슬퍼한다.

2-4 /

益智書에 云,
익 지 서   운

惡鑵이 若滿이면 天必誅之니라.
악 관   약 만   천 필 주 지

익지서에 적혀 있다. '나쁜 마음이 가득 차면 하늘은 반드시 그를 멸한다.'

| 가사체 |

익지서에 말하였다
나쁜마음 가득차면 저하늘은 벌을준다

益(더할 익), 云(이를 운), 鑵(두레박 관), 滿(찰 만), 誅(벨 주).

○益智書(익지서)—송(宋)대의 책 이름.　○云(운)—적혀 있다. 혹은
'…에 있는 말'로 풀이하기도 한다.　○惡鑵(악관)—나쁜 두레박. 여
기서는 악한 마음에 비유했다.　○若(약)—만약에.　○滿(만)—(마음
속에 악이) 가득 차다.　○誅(주)—벌로 죽이고 멸함.

| 참고 |

　사람의 마음을 두레박에 비유했다. 낡고 헐어빠진 두레박으로는 물
을 길 수 없다. 그와 마찬가지로, 하늘이 준 착한 마음이 아닌 나쁜 마
음을 가지고 악한 행동을 하면 필연적으로 망한다. 이를 하늘이 벌을
내리고 멸한다고 한다. 하늘은 본래 인간에게 '서로 사랑하고 협동해
서 함께 잘사는 인심(仁心)'을 주었다. 그런데 '동물적·이기적 탐욕이
나 육체적·관능적 쾌락'만을 추구하고 채우기 위해서 남을 속이거나
살상하고, 남의 재물을 탈취하는 악덕한 삶을 살면 천벌을 받고 멸망한
다. 썩은 두레박으로 물을 길어 올릴 수 없듯이, 썩은 마음으로는 참 삶
을 살지 못한다.

2-5 /

莊子曰,
장자왈

若人作不善하여 得顯名者는
약인작불선　　득현명자

人雖不害나 天必戮之니라.
인수불해　　천필육지

장자가 말했다. '만약에 악한 짓을 하고 이름을 나타내고 잘
사는 경우, 비록 사람들이 나서서 그를 해치지 않는다 해도 하
늘은 반드시 그를 멸할 것이다.'

| 가사체 |

장자께서 말하였다
악한일을 하고서도 그이름을 나타내면
사람들이 앞장서서 해치지를 아니해도
저하늘이 꼭반드시 그사람을 멸하리라

若(같을 약), 作(지을 작), 得(얻을 득), 顯(나타날 현), 雖(비록 수), 害(해칠
해), 必(반드시 필), 戮(죽일 류).

● ● ●

○莊子(장자)−1-3 참조. ○若(약)−만약에. ○作不善(작불선)−악을
행하다. ○得顯名者(득현명자)−명성을 얻고 잘산다. ○雖(수)−비록
…일지라도. ○害(해)−해치다. ○戮之(육지)−벌주고 멸하다.

| 참고 |

착한 사람이 인정받고 칭송되는 사회는 좋은 사회이고 반대로, 악덕
한 자가 득세하고 잘사는 사회는 악한 사회이다. 타락한 정치사회에서
는 현실적으로 간악한 인간, 무력을 휘두르는 악한들이 남을 살상하고
남의 재물을 탈취하고 잘살며 권력을 누리고 있다. 한편 양심적이고 착
하고 정직한 사람은 악에 눌려 고생을 하고 못산다. 뿐만 아니라 선량
한 사람들은 악덕한 권력자를 심판도 못하고, 처단하지도 못한다. 그러
나 결국 악은 망하고 선이 흥한다. 그것이 하늘의 심판이고, 인류 역사

의 흐름이다.

2-6/

種瓜得瓜요 **種豆得豆**니라.
종 과 득 과　　종 두 득 두

天網이 **恢恢**하나 **疎而不漏**니라.
천 망　　회 회　　　소 이 불 루

'오이를 심으면 오이를 거두고 콩을 심으면 콩을 거둔다.'
'하늘의 그물은 넓고 성글지만 새거나 빠뜨리지 않는다.'

| 가사체 |

오이씨를 심으면은 오이수확 하게되고
콩씨앗을 심으면은 콩수확을 하게된다
하늘그물 성글지만 빠뜨리지 아니한다

種(씨 종, 심다), 瓜(오이 과), 得(얻을 득), 豆(콩 두), 網(그물 망), 恢(넓을
회), 疎 = 疏(트일 소), 漏(샐 루).

· · ·

○種瓜得瓜(종과득과)－오이를 심으면 오이를 거둔다. ○種豆得豆
(종두득두)－콩을 심으면 콩을 거둔다. ○天網(천망)－하늘의 그물.
○恢恢(회회)－크고 넓다. ○疎(소)－성글다. 사이가 뜨다. ○不漏
(불루)－새거나 빠뜨리지 않는다.

인과응보(因果應報)라고 한다. 선에는 선과(善果)가 여물고, 악에는 악과(惡果)가 여물게 마련이다. 그것이 하늘의 도리이다. 또 하늘의 법망(法網)은 절대로 악을 놓치거나 빠뜨리지 않는다. 하늘 무서운 줄 알고 하늘의 도리를 따라 살아야 한다.

앞에서도 말했다. 하늘의 계산은 우주적인 견지에서 장구한 세월을 두고 내다보고 평가한다. 그러므로 현실적으로 인간 세상에서는 악이 잘살고 선이 패하는 것처럼 보인다. 그러나 긴 안목으로 보면 악은 멸망하고, 선이 승리함을 알 수 있다.

2-7/

子曰, 獲罪於天이면 無所禱也라.
자 왈 획 죄 어 천 무 소 도 야

공자가 말했다. '하늘에 죄를 지면 빌 곳이 없다.'

| 가사체 |

공자님이 말하셨다
하늘에다 죄지으면 용서받을 곳이없다

獲(얻을 획), 罪(허물 죄), 所(바 소), 禱(빌 도).

• • •

○獲罪(획죄)—죄를 얻다. ○於天(어천)—하늘에 대해서. ○無所禱

(무소도)—기도하고 용서받을 데가 없다.

| 참고 |

하늘은 창조주이자 동시에 섭리의 주재자이다. 또 하늘의 도리는 절대선의 도리이다. 그러한 하늘과 하늘의 도리를 어기고 죄를 지면 어디에 대고 용서를 빌 것인가? 자연법칙을 어기면 과학적 성과를 거둘 수 없다.

맹자는 "하늘은 백성의 눈을 통해서 살피고 백성의 귀를 통해서 듣는다(天視自我民視 天聽自我民聽)"라고 말했다. 위정자가 하늘의 도리를 따르고 실천하면 백성들이 잘살고, 하늘도 기뻐하고 더욱 상복(賞福)을 내린다. 반대로 위정자가 하늘의 도리를 어기고 자기 욕심만을 채우면 백성들이 못살고, 하늘이 노하고, 천벌을 내린다.

유교의 천도관(天道觀) 속에는 만물을 낳고 키우고 역사적으로 발전시킨다는 '생명철학적 발전관(生命哲學的 發展觀)'과 '역사적 문화적 발전관(歷史的 文化的 發展觀)'이 확립되어 있다. 그러므로 유교 사상에서는 천도를 기준으로 하고, 선과 악을 분별하고 선을 행하라고 강조한다.

子曰苑生有命富貴在天○萬事分己定　美來由命不由人　瘤瘮家豪富智慧聰明却受貧年月日時　來風送縢王閣運退雷轟賤福碑　自怜○景行錄云禍不可倖免福不可...列子云

제3편
순명편 順命篇

앞의 천명편(天命篇)과 밀접하게 이어진다. 이 편에는 하늘의 명을 따르고 순종해야 한다는 내용의 구절을 추렸다. 첫 구절은 《논어(論語)》에서 공자가 한 말이다. '인간이 살고 죽는 것이 천명으로 정해진다. 또 부귀를 누리고 못 누리고도 하늘의 뜻에 매여 있다(死生有命 富貴在天).'

이 말을 숙명론으로 받아들이면, 인간의 성실한 노력마저 부정하게 된다. 그러나 공자가 말한 뜻은 그와 같은 숙명론이 아니다.

절대자인 하늘과 하늘의 도리를 터득하고 따라야 함을 강조한 것이다. 인간의 존재는 광대하고 영원한 우주에 비하면 미미하기 짝이 없다. 오래 살아도 백년을 넘기기 어려운 인간의 생존은 영원한 시간에 비하면 참으로 순간적이라 하겠다. 또 크기에 있어서도 공중에 뜬 먼지에 불과할 만큼 미미한 존재이다. 본시 인간의 출생·생존·사망이 다 우주의 지배를 받고 있다.

우(宇)는 공간을 뜻하고, 주(宙)는 시간을 뜻한다. 즉 인간은 공간과 시간의 제약을 받으며 생멸(生滅)하는 지극히 작은 존재에 불과하다. 그 우주의 도리가 바로 천도(天道)이다. 자연법칙도 그 천도의 일부인 것이다.

그러나 우매하고 탐욕하고 또 거만한 사람들은 우주를 지배하는 절대자 하늘과 절대선의 도리인 천도를 무시하거나 부정하고 제멋대로 행동한다. 이기적 탐욕과 관능적 쾌락만을 충족시키려고 온갖 악덕을 자행하고 있다. 따라서 공자가 이들을 깨우치고자 한 말이다.

순명편 順命篇

3-1

子曰,

자 왈

死生이 有命하고

사 생 　 유 명

富貴는 在天이라.

부 귀 　 재 천

공자가 말했다. '사람의 죽음과 삶은 천명으로 주어지며, 부
귀도 하늘에 매여 있다.'

| 가사체 |

공자님이 말하셨다
사람들의 죽고삶은 천명으로 주어지며
부유하고 고귀함도 저하늘에 달려있다

死(죽을 사), 命(천명 명), 富(부자 부), 貴(귀할 귀), 在(있을 재).

○死生(사생)-죽고 사는 것. 인간의 수명. ○有命(유명)-천명에 있
다. ○富貴(부귀)-재물이 많고, 고귀하게 됨. ○在天(재천)-하늘에
매여 있다. 하늘에 의해서 부귀가 주어진다.

| 참고 |

하늘이 내려준 생명을 소중히 여기고 하늘의 뜻에 합당하게 삶을 살
아야 한다. 부귀도 하늘에 의해 주어진다. 하늘의 도리를 따라 부지런
히 생산하고, 절약하고 또 국가를 위해 공을 세우면 부귀가 따른다.

3-2/

萬事分已定이어늘 浮生이 空自忙이라.
만 사 분 이 정   부 생   공 자 망

모든 일에는 자기에게 주어진 분수가 이미 정해져 있거늘 뜬
구름 같은 인생이 공연히 수선스레 안달을 떨고 있다.

| 가사체 |

세상만사 분수이미 결정되어 있는데도
세상사람 부질없이 바쁘게들 허둥댄다

萬(일만 만), 事(일 사), 定(정할 정), 浮(뜰 부), 空(빌 공), 忙(바쁠 망).

● ● ●

○萬事(만사)-모든 일, 즉 '나에게 주어진 운명이나 팔자를 위시하

여, 수명·빈부·귀천 및 사업의 성패득실(成敗得失)' 등이 다 포함된다.   ○分已定(분이정)―분수가 이미 정해져 있다.   ○浮生(부생)―뜬 구름같이 떠도는 허망한 인생.   ○空自忙(공자망)―공연히 바쁘게 수선부리고 안달을 떤다.

| 참고 |

이 말도 인간의 노력 자체를 부정하고 무력화하는 말같이 해석하면 안 된다. 하늘의 도리를 따라 선과 악의 분수가 정해져 있거늘 우매한 사람들이 탐욕을 내고, 건성으로 부귀영화를 얻으려고 안달을 떨고 있다는 뜻이다.

3-3/

景行錄에 云,
경 행 록   운

禍는 不可倖免이오
화   불 가 행 면

福은 不可再求니라.
복   불 가 재 구

《경행록》에 있다. '하늘이 내리는 화는 요행으로 면할 수 없고 또 하늘이 내리는 복도 두 번 다시 구할 수 없다.'

| 가사체 |

경행록에 말하였다

저하늘이 내린재앙 요행으로 못면하고

저하늘이 주는福도 두번달라 할수없다
　　　　　　　복

禍(재화 화), 倖(요행 행), 免(면할 면), 福(복 복), 再(두 재), 求(구할 구).

● ● ●

○景行錄(경행록)―1-7 참조.　○禍(화)―죄 지은 자에게 하늘이 내리는 재화.　○不可(불가)―…할 수 없다. 하면 안 된다.　○倖免(행면)―요행으로 면하다.　○不可再求(불가재구)―다시 (복받기를) 바라면 안 된다.

| 참고 |

하늘의 심판은 준엄하다. 악한 자에게 내리는 하늘의 벌을 인간의 꾀나 요행으로는 면할 수 없다. 동시에 한번 선행을 하고, 하늘로부터 상복(賞福)을 받았다고 계속해서 복을 기대하면 안 된다. 복을 받으려면 더욱 선행을 해야 한다.

3-4/

時來면 風送滕王閣이오
시 래　풍 송 등 왕 각

運退면 雷轟薦福碑라.
운 퇴　뇌 굉 천 복 비

때가 오면 바람이 등왕각으로 불고, 운수가 쇠퇴하면 벼락이 천복비에 떨어진다.

때가오면 저바람도 등왕각을 향해불고
운이다해 쇠퇴하면 천복비에 벼락친다

雷(우레 뢰), 轟(울릴 굉), 薦(천거할 천), 福(복 복), 碑(돌기둥 비).

• • •

○時來(시래)—때가 오다. ○風送(풍송)—바람이 불어서 배를 빨리 가게 해주다. ○滕王閣(등왕각)—강서성(江西省)에 있는 누각. 당(唐) 고조(高祖)의 아들이 등왕으로 있을 때 세운 누각. ○運退(운퇴)—운수가 쇠퇴하면. ○雷轟(뇌굉)—우레가 치고 벼락이 떨어지다. ○薦福碑(천복비)—강서성 천복사(薦福寺)에 있는 비석.

| 참고 |

다음과 같은 고사가 있다. 등왕각의 낙성을 기념하는 글짓기 대회가 있었다. 그때에 왕발(王勃)이 탄 배를 바람이 불어서 7백 리 길을 하루에 당도케 했다. 이에 왕발이 지은 등왕각서(滕王閣序)가 으뜸으로 뽑혔다. 이것은 때가 온 경우다. 천복비(薦福碑)는 명필 구양순(歐陽詢)이 글씨를 쓴 유명한 비석이다. 송(宋)에 구래공(寇萊公)이라는 가난한 선비가 있었다. 그에게 천복비의 탁본을 떠오면 후한 돈을 주겠다고 했다. 구래공이 수천리 길을 가서 내일이면 탁본을 뜰 참이었는데 그날 밤에 벼락이 떨어져 비석이 깨져서 탁본을 뜨지 못했다.

3-5/

列子曰,
열 자 왈

痴聾痼啞도 家豪富요
치 롱 고 아   가 호 부

智慧聰明도 却受貧이라,
지 혜 총 명   각 수 빈

年月日時 該載定하니
연 월 일 시 해 재 정

算來에 由命不由人이라.
산 래   유 명 불 유 인

　열자가 말했다. '바보에 귀먹고 고질병에 벙어리라도 그 집
안이 부자일 수가 있고, 지혜롭고 총명해도 도리어 빈궁에 시달
릴 수가 있다. 태어난 연월일시에 따라 사주팔자가 이미 정해
진 바 있으니, 헤아려보면 운명에 따르지 사람에 따르는 것이
아니라 하겠다.'

| 가사체 |

열자께서 말하였다
어리석고 못났어도 잘살수가 있을게고
지혜롭고 총명해도 곤란하게 살수있다
태어난때 그게미리 분명하게 정해져서
운명따라 가난하고 운명따라 부자된다

　痴＝癡(어리석을 치), 聾(귀머거리 롱), 痼(고질 고), 啞(벙어리 아), 豪(호걸
호), 慧(슬기로울 혜), 聰(귀 밝을 총), 却(도리어 각), 該(그 해), 載(실을 재).

○列子(열자)—전국(戰國)시대 도가(道家) 계통의 사상가.　○痴(치)—
어리석다. 바보.　○聾(롱)—귀머거리.　○痼(고)—고질병.　○啞(아)—
벙어리.　○聰明(총명)—총명하다.　○却(각)—도리어.　○受貧(수빈)—
가난한 운수를 받고 가난하게 살다.　○年月日時(연월일시)—출생한
때.　○該載定(해재정)—그에 해당하는 운수나 사주팔자가 정해져 있
다.　○算來(산래)—헤아려 보면.　○由命(유명)—하늘이 준 운명에 의
한다.　○不由人(불유인)—사람에 따르는 것이 아니다.

| 참고 |

옛날 사람들은 '하늘의 운세와 때를 잘 타고나야 부귀영화를 누릴
수 있다'고 생각했다. 하늘의 운세와 때는 곧 우주의 운행과 때가 일치
한다는 뜻이다. 비근한 예를 들겠다. 도덕적으로 문란한 춘추시대에 태
어난 공자는 때를 잘못 타고난 까닭으로 성군(聖君)이 되지 못하고 지성
선사(至聖先師)에 머물고 말았다.

옛날 사람들이 '인간의 생사·신분·빈천 모두가 우주 및 하늘의 도
리에 의해서 결정된다'고 생각한 것을 맹목적인 숙명론이라고 오해하
기 쉽다. 그러나 전통사상에서 성현들이 높인 천운(天運)이나 천시(天
時)는 맹목적인 숙명론과는 다르다.

그것은 하늘의 도리와 역사적인 시운에 맞게 해야 한다는 뜻이다.
그러므로 사람은 자신이 할 수 있는 노력을 다 해야 한다. 그러면 하늘
이 복을 준다. 즉 어느 때에나, 천도를 따르고 자기의 최선을 다 하라는
가르침이 숨어 있다. '인간이 할 일을 다 하고 하늘이 내릴 복을 기대해
야 한다(盡人事 待天命).'

그러나 우매한 사람은 노력도 하지 않고 동물적·이기적 탐욕을 채
우기 위해 악한 짓을 한다. 이러한 자들을 훈계하기 위하여 모든 것이
하늘에 의해서 정해졌다고 하는 것이다.

인간은 누구나 자신과 자신의 생명을 소중히 여긴다. 그 막중한 '나'를 낳고 키워주신 분이 바로 부모님이다. 뿐만이 아니다. 어린 나를 애지중지 가꾸어 건장한 어른이 되게 뒷바라지해 주신 분도 바로 나의 어버이이다. 그리고 양친께서는 이미 나이 드시고 노쇠하셨다. 나의 양친을 누가 가장 친근하게 돌봐야 하나? 바로 자식 된 내가 아닌가? 나를 낳고 키워주신 어버이의 은혜는 하늘보다 높고 바다보다 깊다. 끝없이 감사하고 보답해야 한다. 그것이 효도의 시발이다.

그러나 오늘의 실상은 어떠한가? 많은 사람들이 성실히 양친에게 효도를 하고 있나? 유감스럽게도 '아니다'이다. 많은 사람들이 부모에 대한 효도·효성을 소홀히 하고, 그 결과 나도 모르게 노부모의 마음을 서글프게 하고 있다. 스스로 반성하자. 그리고 늦기 전에 효도하자. 그래야 천추(千秋)의 한을 남기지 않게 된다.

효도의 기본 원리와 뜻은 깊다. 자자손손 이어지면서 집안을 더욱 흥성케 하고 발전케 하는 도리가 바로 효도이다. 효도 속에는 역사나 문화의 발전관이 살아 있다. 그러므로 가정에서 효도를 독실히 실천하면, 국가 및 인류 세계의 역사·문화 발전에 선가치적(善價値的)으로 이바지하는 고결한 인격자가 될 수 있다.

효도는 실천적인 훈련을 통해서 몸에 익히고 습관화되어야 한다. 그러므로 가정에서의 효도 교육이 중요하다. 부모는 자식을 육체적으로만 키우지 말고, 정신적·윤리적·도덕적으로도 인격자가 되도록 엄하게 훈육해야 한다.

효도는 또 좁게는 선조의 이상과 유업을 계승 발전하고, 넓게는 인류의 역사·문화를 더욱 선(善)한 방향으로 발전케 하는 뜻도 있다.

효행편 孝行篇

4-1/

詩曰,
_{시 왈}

父兮生我하시고 母兮鞠我하시니,
_{부 혜 생 아}　　　_{모 혜 국 아}

哀哀父母여 生我劬勞하셨다.
_{애 애 부 모}　_{생 아 구 로}

欲報之德인대 昊天罔極이로다.
_{욕 보 지 덕}　　_{호 천 망 극}

《시경》에 적혀 있다. '아버지가 나의 생명의 씨를 주시고, 어머니는 나를 기르셨네. 애달프다! 부모님께서 나를 낳고 키우시느라 수고하셨네. 그 은덕 갚으려 하나 하늘처럼 넓고 크며, 끝이 없구나!'

| 가사체 |

시경에서 말하였다
아버지가 내생명의 그씨앗을 주시었고

어머니는 이내몸을 젖먹여서 기르셨네
애달프다 부모님이 나를낳아 기르느라
평생동안 쉬지않고 고생하고 애쓰셨네
부모님의 그와같은 은혜은덕 갚으려나
하늘처럼 끝이없어 한가지도 못갚겠네

詩(시 시, 시경), 兮(어조사 혜), 鞠(기를 국), 哀(슬플 애), 劬(수고로울 구), 勞
(일할 로), 報(갚을 보), 德(덕 덕), 昊(하늘 호), 罔(없을 망), 極(다할 극).

• • •

○詩(시)―《시경(詩經)》.   ○兮(혜)―감탄의 뜻을 나타내는 어조사.
○鞠(국)―기르다, 양육하다.   ○哀哀(애애)―아아, 애달프다! ○劬勞
(구로)―애쓰고 수고하다.   ○欲報(욕보)―보답하고자 하나.   ○之德
(지덕)―부모님의 그 은덕.   ○昊(호)―하늘. 여기서는 부모님의 은덕
이 하늘처럼 높고 크다는 뜻. ○罔極(망극)―끝없다. 무한하다.

| 참고 |

  나를 생육하신 부모님의 은혜는 하늘처럼 크고 높기만 하다. 부모님
의 은공에 끝없이 보답해야 한다. 까마귀도 늙은 어미에게 먹이를 물려
준다는 '오유반포지효(烏有反哺之孝)'가 있다.

4-2/

子曰,
자 왈

孝子之事親也는 居則致其敬하고,
효 자 지 사 친 야   거 즉 치 기 경

養則致其樂하고 病則致其憂하고,
양 즉 치 기 락   병 즉 치 기 우

喪則致其哀하고 祭則致其嚴이니라.
상 즉 치 기 애   제 즉 치 기 엄

공자가 말했다. '효자가 부모님 섬길 때에는 다음과 같이 해야 한다. 평상시에는 공경을 다해서 모시고, 음식을 공양해 올릴 때에는 즐겁게 드시도록 하고, 병시중을 들 때에는 진정으로 우려하고, 상례를 치를 때에는 애도를 다하고, 제사를 올릴 때에는 지극히 엄숙하게 모셔야 한다.'

| 가사체 |

공자님이 말하셨다
효성스런 자식들이 어버이를 섬길때는
평소에는 그공경을 다하여서 모셔야고
식사때는 즐거웁게 드시도록 해야하며
병시중을 들때에는 진정으로 우려하고
초상상례 치를때는 진정으로 애도하며
제사지낼 그때에는 엄숙하게 모셔얀다

親(어버이 친), 致(극진히 할 치), 敬(공경할 경), 養(기를 양), 樂(즐길 락), 病(병 병), 憂(근심할 우), 喪(죽을 상), 祭(제사 제), 嚴(엄할 엄).

• • •

○子曰(자왈)—공자의 말.《효경(孝經)》에 있다.   ○孝子之事親也(효자지사친야)—효자의 어버이 섬김은, 혹은 효자가 부모를 모심에 있어서

는. ○居(거)—평상시에는. ○致其敬(치기경)—공경을 다하다. ○養
(양)—부모님을 봉양해 올릴 때에는. ○致其樂(치기락)—즐거운 표정
이나 태도로 부모님을 즐겁게 해 올린다. ○病(병)—병환에 걸리셨을
때에는. ○致其憂(치기우)—근심하며 최선을 다하다. ○喪(상)—상례
때에는. ○哀(애)—진정으로 애도·애척(哀戚)하는 마음으로. ○祭
(제)—제사를 모실 때에는. ○嚴(엄)—엄숙하게 하다.

| 참고 |

사람이 동물과 다른 가장 중요한 요건이 바로 부모님에게 효도하는
것이다. 동물도 새끼를 낳고 본능적으로 키운다. 그러나 새끼는 어미에
게 갚을 줄 모른다. 사람만이 효성으로 부모님 은혜에 보답할 수 있다.
동양에서 높이는 효도는 오랜 역사를 통해 터득한 생활의 지혜이며 윤
리 도덕의 핵심이다. 동양의 빛나는 효도의 전통을 되살리고 위기에 처
한 오늘의 세계를 도덕적으로 구제해야 한다.

4-3/

子曰,
자 왈

父母在어시든 不遠遊하며 遊必有方이니라.
부 모 재   불 원 유   유 필 유 방

공자가 말했다. '부모님이 살아 계시면 자식은 먼 곳으로 여
행 가지 말며, (혹 부득이) 가는 경우에는 반드시 행방을 아뢰어
야 한다.'

공자님이 말하셨다
부모님이 계시거든 멀리여행 가지말며
갈때에는 꼭반드시 가는곳을 알려안다

在(있을 재), 遠(멀 원), 遊(놀 유), 方(모 방).

• • •

○遠遊(원유)－집을 떠나 먼 곳으로 여행하다.   ○有方(유방)－행방이
나 행선지를 부모님께 알리다.

| 참고 |

정성으로 부모님을 봉양함은 적극적인 효도이다. 부모님에게 근심
걱정을 안 끼치고 마음을 안락하게 해 올리는 것도 효도이다. 먼 곳으
로 여행갈 때에는 행방과 행선지를 알려야 한다. 그래야 긴급할 때 연
락이 닿고, 자식이 고향집에 달려와서 일처리를 할 수 있다. 옛날에는
교통이나 통신이 불편했으므로 객지에 나간 자식의 행방을 모르면 불
의의 변을 당했을 때 뜻하지 않게 큰 불효를 저지르게 된다.

4-4/

子曰,
자 왈

父命召어시든 唯而不諾하고,
부 명 소   유 이 불 낙

食在口면 則吐之니라.
식 재 구   즉 토 지

공자가 말했다. '아버지께서 부르시면 '예' 하고 대답하고 지체없이 달려가라. 혹 입속에 음식을 물고 있거든 즉시 뱉도록 하라.'

| 가사체 |

공자님이 말하셨다
아버지가 부르시면 지체없이 달려가라
입에음식 물었으면 이를즉시 뱉아안다

命(명령 명), 김(부를 소), 唯(대답할 유), 諾(대답할 낙), 吐(토할 토).

• • •

○命김(명소)─부르시다. 오라고 명하시다. ○唯(유)─'예' 하고 대답하다. ○不諾(불낙)─지체하지 않고 즉시 달려가다. ○食在口(식재구)─입안에 음식을 품고 있으면. ○吐之(토지)─토해 내다. 뱉다.

| 참고 |

어른이 부르시면 선뜻 대답하고 즉시 달려가서 정중한 태도로 대명(待命)해야 한다. 핑계를 대고 지체하면 안 된다. 자식이 진정으로 부모를 존경하고 부모님의 은혜에 보답하려는 마음이 있어야 여러 가지 효행을 실천할 수 있다. 동물적·이기적 욕심에 빠지거나 관능적 쾌락만을 취하려고 하면 부모에 대한 효도를 할 수 없다. 효자는 항상 세심한 마음가짐으로 부모님 주변을 살피고 불편이 없도록 뒷바라지를 해야

한다. 시대가 바뀌고 기계문명이 발달해도, 부모와 자식 간의 윤리는
변하지 않는다.

4-5/

太公曰,
태 공 왈

孝於親이면 子亦孝之하나니,
효 어 친   자 역 효 지

身旣不孝면 子何孝焉이리오.
신 기 불 효   자 하 효 언

태공이 말했다. '나 자신이 부모에게 효도해야 자식도 나에
게 효도한다. 내가 이미 부모에게 효도를 안했으니, 자식인들
어찌 나에게 효도를 하랴?'

| 가사체 |

태공께서 말하였다
나자신이 부모님을 잘모시고 효도해야
그걸보고 자식들이 나에게도 효도한다
나자신이 부모님께 효도하지 않았으니
자식들이 어찌내게 효도할수 있겠느냐

亦(또 역), 身(자신 신), 旣(이미 기), 何(어찌 하).

○太公(태공)—1-4 참조. ○孝於親(효어친)—부모에게 효도하다. ○身旣不孝(신기불효)—이미 내가 부모에게 효도를 안했으니. ○子何孝焉(자하효언)—자식인들 어찌 나에게 효도를 하랴?

| 참고 |

가정에서 효도 교육을 해야 한다. 부모가 먼저 조부모에게 효도하면 자식들도 본받고 부모에게 효도한다.

4-6/

孝順은 還生孝順子하고 忤逆은 還生忤逆子하니라.
효 순   환 생 효 순 자   오 역   환 생 오 역 자

不信커든 但看簷頭水하라 點點滴滴不差移니라.
불 신   단 간 첨 두 수   점 점 적 적 불 차 이

효순한 사람은 또한 효순한 자식을 낳으며, 오역한 사람은 또한 오역한 자식을 낳는다. 믿지 못하겠거든 처마 끝의 낙숫물을 보라. 방울방울 낙숫물이 같은 지점에 떨어진다.

| 가사체 |

유순하고 효성스런 그런자는 꼭반드시
유순하고 효성있는 그런자식 낳을게고
거역하고 거스르는 그런자는 꼭반드시
거역하고 거스르는 그런자식 낳게된다
내말믿지 못한다면 처마물을 바라보라

방울방울 낙숫물이 한지점에 떨어진다

忤(거스를 오), 逆(거스를 역), 簷(처마 첨), 點(점 점), 滴(물방울 적).

• • •

○ 還(환)－다시. 또한. ○ 忤逆(오역)－반역하다. 거역하다. ○ 但
(단)－오직. 다만. ○ 簷頭(첨두)－처마끝. ○ 不差異(불차이)－위치가
틀리지 않다. 같은 자리에 물방울이 떨어지다.

| 참고 |

효(孝)는 본받을 효(效)에 통하며 '본받고 따른다' 의 뜻이 있다. 가정
교육이 중요하다. 아버지 자신이 부모에게 효도하면 자식들도 본받고
나에게 효도를 할 것이다. 반대로 내가 부모에게 효도하지 않고 늙은
부모를 서글프게 하면, 장차 자식들도 나에게 불효하고 나를 서글프게
할 것이다.

효의 깊은 뜻은 계지술사(繼志述事)다. 즉 선조나 부모의 이상을 계승
하고 집안의 사업을 더욱 발전시킴이다. 자자손손 이어가면서 가문과
가업을 계승 발전케 하고 집안을 더욱 흥성케 하는 것이 효도 효행이
다. 가정에서의 효를 확대하면 국가적으로 충군애민(忠君愛民)하고 공
을 세워 영광된 이름을 내게 될 것이다. 《효경(孝經)》에서 공자는 말했
다. '효도 효행에는 다음과 같이 3단계가 있다. 처음에는 가정에서 부
모님을 잘 섬기는 것이다. 다음에는 국가에서 임금에게 충성하는 것이
다. 그리고 끝으로 자신을 천하에 내세우는 것이다(夫孝始於事親 中於
事君 終於立身).' '입신하고 도를 실천하여 후세에 이름을 떨치고 아울
러 부모님을 빛나게 하는 것이 효의 최종 단계이다(立身行道 揚名於後
世 以顯父母 孝之終也).'

정기(正己)는 자기의 마음이나 행실을 바르게 함이다. 바를 정(正)은 한 일(一)과 멈출 지(止)를 합한 글자이며 그 깊은 뜻은 '하나에 가서 멈추다'이다.

하나는 곧 절대선인 하늘, 혹은 하늘의 도리이다. 《설문(說文)》에는 '아득한 태초에 도가 하나에서 세워졌고 하늘과 땅이 나뉘었고 그로부터 만물이 변화하여 나타났다(惟始太初 道立於一 造分天地 化生萬物)'라고 풀었다. 하나는 곧 만물을 창조하고 섭리하는 유일무이(唯一無二)한 하늘이나 하늘의 도리를 뜻한다.

그러므로 나를 바르게 함은 곧 내가 하늘과 하나가 되고 나의 몸가짐을 하늘의 도리와 하나되게 함이다. 유교사상에서는 선악(善惡) 시비(是非)로 천도를 기준하고 분별한다. 바른 사람은 곧 하늘의 도리를 실천하여 좋은 성과를 거두는 유덕자(有德者)이다.

마음은 몸의 주체이다. 마음이 바르고 착하면 행동이 바르고 착하게 나타나고 마음이 악하면 행동이 악하게 나타난다.

사악한 마음은 곧 이기적·동물적 탐욕을 채우려는 마음이다. 바르고 착한 마음은 곧 하늘의 도리를 깨닫고 따르려는 마음이다. 마음속에 도사리고 있는 이기적·동물적 탐욕을 극복하고 천도를 따라 만물과 만민을 사랑하고 더욱 흥성케 하려는 마음이 곧 정심(定心)이다. 그런 마음씨로 만민을 사랑하고 만사를 바르게 처리하는 것이 곧 정심응물(定心應物)이다.

정심응물은 곧 동물적 본능이나 이기적 탐욕을 억제하고 절대선(絶對善)인 천도를 따라 사물을 처리함이다.

정기편正己篇

5-1/

性理書에 云,
성 리 서   운

見人之善이어든 而尋其之善하고,
견 인 지 선   이 심 기 지 선

見人之惡이면 而尋其之惡이니,
견 인 지 악   이 심 기 지 악

如此라야 方是有益하니라.
여 차   방 시 유 익

《성리서》에 있다. '남의 선행을 보면 나도 선행을 찾아 행하고, 남의 악행을 보면 자신의 악행을 찾아 반성하고 고쳐라. 그렇게 해야 비로소 유익하다.'

| 가사체 |

성리서에 말하였다
남의선행 보게되면 따라하려 노력하고
남의잘못 보게되면 잘못했나 살피거라

이리해야 장차장차 유익함이 있으리라

性(성품 성), 理(이치 리), 善(착할 선), 尋(찾을 심), 如(같을 여), 此(이 차), 方(모 방), 是(옳을 시), 益(더할 익).

・・・

○性理書(성리서)－성리학(性理學)에 관한 책. 어떠한 책인지 자세히 알 수 없다. ○見人之善(견인지선)－남의 좋은 점을 보다. 남이 잘한 것을 보면. ○而尋己之善(이심기지선)－그러면 나도 (그와 같이) 잘 하려고 노력한다. ○而(이)－그러면. ○尋(심)－찾는다. ○見人之惡(견인지악)－남의 결점이나 잘못함을 보면. ○而尋己之惡(이심기지악)－그러면 나의 결점 혹은 나도 저렇게 잘못하지 않았나 하고 살핀다. ○如此(여차)－그렇게 해야. ○方是(방시)－비로소 옳다, 좋다.

| 참고 |

남을 거울로 삼으면 나의 덕성과 인격을 높일 수 있다. 공자는 《논어》에서 말했다. '세 사람이 가면, 그중에 내가 본받고 따라서 배울만 한 스승이 있게 마련이다(三人行 必有我師焉).' 나보다 좋은 사람을 스승으로 삼고, 나보다 못한 사람은 내가 가르친다. 모든 사람의 존재와 특성을 긍정적으로 인정하고 활용해야 한다. 편협한 생각으로 남의 존재와 가치를 함부로 부정하면 안 된다.

5-2/

景行錄에 云,
경 행 록   운

大丈夫當容人이언정 無爲人所容이니라.
대 장 부 당 용 인　　　　　무 위 인 소 용

《경행록》에 있다. '대장부는 마땅히 남을 용서할지언정 남에게서 용서를 받을 처지가 되면 안 된다.'

| 가사체 |

경행록에 말하였다
대장부는 마땅하게 남을용서 하여야지
남에게서 용서받게 되어서는 아니된다

景(볕 경), 錄(기록할 록), 當(당할 당, 마땅히), 所(바 소).

• • •

○景行錄(경행록)－1-7 참조.　○當(당)－마땅히 …하라.　○容人(용인)－남을 용서함.　○無(무)－…하지 마라.　○爲人所容(위인소용)－남에게 용서를 받는다. '위(爲)… 소(所)…' 는 '…에게 …당하다.'

| 참고 |

남에게는 관대하고, 자신에게는 엄격해야 한다. 특히 남의 잘못을 용서해주는 아량이 있어야 한다. 한편 나 자신은 잘못하고 남에게 용서받는 졸장부가 되면 안 된다.

5-3/

太公이 曰,
태공 왈

勿以貴己而賤人하고
물 이 귀 기 이 천 인

勿以自大而蔑小하고
물 이 자 대 이 멸 소

勿以恃勇而輕敵하라.
물 이 시 용 이 경 적

태공이 말했다. '나를 귀히 여긴다고 남을 천대하면 안되며, 내가 크다고 작은 사람을 멸시하면 안 되고, 나의 용맹을 믿고 적을 경시하면 안 된다.'

| 가사체 |

태공께서 말하였다
나를귀히 여긴다고 남을천대 하지말며
나크다고 작은사람 멸시하지 말것이며
나의용맹 그걸믿고 적을경시 하지마라

賤(천할 천), 蔑(업신여길 멸), 恃(믿을 시), 勇(날쌜 용), 輕(가벼울 경).

• • •

○太公(태공)—1-4 참조. ○勿(물)—…하지 마라. ○貴己(귀기)—나를 귀하게 여긴다. ○自大(자대)—내가 크다고 혹은 자신을 존대하게 여기고. ○蔑小(멸소)—남을 멸시하다. ○恃勇(시용)—나의 용맹을 믿고. ○輕敵(경적)—적을 경시하다.

인간은 남과 어울려 살게 마련이다. 다양한 사람들이 서로 어울려 함께 살아야 한다. 누구나 저마다의 특성과 능력을 발휘하되 남의 존재나 가치도 인정하고 존중할 줄 알아야 한다.

5-4/

馬援이 曰,
마 원   왈

聞人之過失이어든 如聞父母之名하여
문 인 지 과 실   여 문 부 모 지 명

耳可得聞이언정 口不可言也니라.
이 가 득 문   구 불 가 언 야

마원이 말했다. '남의 허물을 듣거든 흡사 부모의 이름을 들은 듯이 귀로는 들을지라도 입으로는 말하지 마라.'

| 가사체 |

마원께서 말하였다
남의허물 듣거들랑 부모이름 들은듯이
두귀로는 듣더라도 입으로는 말을말라

• • •

○馬援(마원)—1-5 참조.   ○人之過(인지과)—남의 과실이나 허물.
○聞父母之名(문부모지명)—남이 내 부모의 이름을 부르는 소리를 듣다.   ○可得(가득)—…할 수는 있어도.   ○口不可言(구불가언)—내 입

으로 말하면 안 된다. 자식은 부모의 이름을 함부로 부르면 안 된다.

| 참고 |

　흔히 사람들은 자기 허물은 덮어두고, 남의 허물을 필요 이상으로 들추어내고 과장해서 말한다. 설혹 나에게 대고, 다른 사람이 남을 욕하는 소리를 하는 수가 있는데, 그때에 나는 어쩔 수 없이 욕하는 소리를 귀로 듣게 마련이다. 그러나 나 자신은 절대로 나의 입으로 남을 욕하는 소리는 하지 말아야 한다.

　남들이 혹 내 아버지의 함자를 입에 올리는 수도 있다. 그러나 자신은 절대로 부친의 함자를 입에 올리고 부르면 안 된다. 원칙적으로 아랫사람은 윗사람의 이름을 함부로 부르면 안 된다. 존칭을 써야 한다.

5-5-1/

康節邵先生이 曰,
강 절 소 선 생　왈

聞人之謗이라도 未嘗怒하며
문 인 지 방　　　미 상 노

聞人之譽라도 未嘗喜하며
문 인 지 예　　　미 상 희

聞人之惡이라도 未嘗和하며
문 인 지 악　　　미 상 화

聞人之善이면 則就而和之하고 又從而喜之니라.
문 인 지 선　　즉 취 이 화 지　　우 종 이 희 지

소강절 선생이 말했다. '남이 나를 비방하는 말을 들어도 화내지 말고, 남이 나를 칭찬하는 말을 들어도 기뻐하지 말며, 남을 욕하는 소리를 들어도 함께 어울리지 말고, 남을 칭찬하는 소리를 듣거든 같이 따라서 어울리고 같이 기뻐하라.'

| 가사체 |

강절소옹 선생께서 다음같이 말하였다
남이나를 비방해도 화를내지 말것이며
남이나를 칭찬해도 기뻐하지 말것이며
남을보고 욕을해도 부화뇌동 하지말며
남을보고 칭찬하면 나도함께 기뻐하라

謗(헐뜯을 방), 未(아닐 미), 嘗(맛볼 상), 怒(성낼 노), 譽(기릴 예), 喜(기쁠 희), 和(화할 화), 善(착할 선), 就(이룰 취), 又(또 우), 從(좇을 종).

● ● ●

○康節邵先生(강절소선생)—강절은 시호, 성이 소(邵). 2-2 참조. ○聞人之謗(문인지방)—남이 나를 비방하는 말을 듣다. ○未嘗怒(미상노)—전혀 성내지 않는다. 미상(未嘗)은 …하지 않는다. 일찍이 …하는 일이 없다. ○譽(예)—칭찬하다. ○聞人之惡(문인지악)—남을 욕하는 소리를 듣다. ○和(화)—여기서는 함께 어울려 흉을 보거나 욕을 하다. '부화뇌동(附和雷同)'의 뜻. ○聞人之善(문인지선)—남이 잘했다는 말을 들음. 혹은 남의 선행을 칭찬하는 말을 들음. ○則(즉)—즉시. 이내. ○就而和之(취이화지)—따라서 함께 칭찬하다. 취(就)는 종(從)과 같음. ○從而喜之(종이희지)—함께 따라 기뻐함.

　남이 나를 비방하면 화를 내고, 남이 나를 칭찬하면 기뻐한다. 그러
나 남의 포폄(褒貶)에 놀아나는 것은 결국 나의 주체성이 확립되어 있지
않기 때문이다.

5-5-2/

其詩曰,
기 시 왈

樂見善人하고 樂聞善事하며
낙 견 선 인 　　 낙 문 선 사

樂道善言하고 樂行善意하며
낙 도 선 언 　　 낙 행 선 의

聞人之惡이어든 如負芒刺하고
문 인 지 악 　　　 여 부 망 자

聞人之善이어든 如佩蘭蕙니라.
문 인 지 선 　　　 여 패 난 혜

　또 시에서 말했다. '착한 사람 보기를 즐거워하고 착한 일 듣
기를 즐거워하며, 착한 말 하기를 즐거워하고 착한 뜻 행하기를
즐거워하라. 남의 허물을 듣거든 가시를 등에 진 듯이 껄끄럽게
여기고, 남의 착함을 듣거든 난초를 몸에 지닌 듯 좋아해라.'

| 가사체 |

　덧붙여서 그의 詩에 다음같이 말하였다
　　　　　　　　시

착한사람 보는것을 즐거웁게 여겨야며
착한일을 듣는것을 즐거웁게 여겨야며
착한말을 하는것을 즐거웁게 여겨야며
착한뜻을 행하기를 즐거웁게 여기어라
남의허물 듣거들랑 껄끄럽게 여겨야고
남의착함 듣거들랑 좋아해야 하느니라
선을행한 사람에겐 저하늘이 복을주고
악을행한 사람에겐 저하늘이 재앙준다

樂(즐길 락), 事(일 사), 道(말할 도), 意(뜻 의), 負(질 부), 芒(까끄라기 망), 刺(가시 자), 如(같을 여), 佩(찰 패), 蘭(난초 란), 蕙(혜초 혜).

• • •

○樂見善人(낙견선인)―착한 사람 보기를 즐기다. 선인을 찾아보고 또 선인과 어울리기를 좋아하다. 낙(樂)은 동사로 '견인선(見人善)'을 목적어로 취하고 있다. ○聞善事(문선사)―착한 일에 관한 말 듣기를 즐기다. ○道善言(도선언)―착한 말을 하다. '도(道)'는 말하다. ○行善意(행선의)―뜻이 착하고 정의로운 행동을 함. '의(意)'는 '옳을 의(義)'와 뜻이 통함. ○聞人之惡(문인지악)―남에 대한 욕 혹은 남의 악덕이나 악행에 대한 말을 듣다. ○負(부)―등에 지다. ○芒刺(망자)―가시. ○佩(패)―몸에 차다. ○蘭蕙(난혜)―난초가 향기를 풍기듯이 군자는 덕을 주변 사람에게 풍겨야 한다는 뜻.

| 참고 |

앞에서 '남을 칭찬하는 소리를 듣거든 같이 따라서 어울리고 같이 기뻐하라'고 했다. 여기서는 더 자세하게 '착한 사람 보기를 즐거워하고, 착한 일 듣기를 즐거워하며, 착한 말 하기를 즐거워하고, 착한 일 행하기를 즐거워하고, 또 남의 착함을 듣거든 난초를 몸에 지닌 듯 좋아

하라'고 했다. 한편 '남의 허물을 듣거든 가시를 등에 진 듯이 껄끄럽게 여기라' 고도 했다. 나와 더불어 남이 함께 바르고 착하게 행동해야 모든 사람이 어울려 사는 공동체가 바르고 착하게 된다. 나도 착하고 남들도 착하게 살아야 한다. 도덕이 바른 정의사회에서는 서로 권선징악(勸善懲惡)하게 마련이다.

5-6/

道吾善者는 是吾賊이오,
도 오 선 자　　시 오 적

道吾惡者는 是吾師니라.
도 오 악 자　　시 오 사

　나를 착하다고 말하는 사람은 나를 해치는 적이고, 나를 나쁘다고 탓하는 사람은 나의 스승이다.

| 가사체 |

　착한점을 말해주면 나해치는 적이되고
　나쁜점을 말해주면 바로나의 스승이다

　道(길 도, 말하다), 吾(나 오), 善(착할 선), 賊(도둑 적), 師(스승 사).

• • •

○道(도) ─ 말하다.　○是(시) ─ …이다.　○賊(적) ─ 나를 해치는 사람.
○道吾善者是吾賊(도오선자시오적) ─ 나를 착하다고 말하는 사람은 나를 해치는 적이다. '도오선자(道吾善者)'는 주어, '시(是)'는 판단사(判

斷詞), '오적(吾賊)'은 판단사 '시(是)'의 빈어(賓語 : 목적어)이다.

| 참고 |

아첨하는 사람은 결과적으로 나를 해치는 적이고, 반대로 잘못을 탓하는 사람이 나에게 도움을 주는 스승이라 하겠다.

5-7/

太公이 曰,
태 공   왈

勤爲無價之寶요
근 위 무 가 지 보

愼是護身之符니라.
신 시 호 신 지 부

태공이 말했다. '근면은 값 없이 귀중한 보배이고, 근신은 내 몸을 지켜 주는 부적이다.'

| 가사체 |

태공께서 말하였다
부지런히 일하는건 값이없는 보배이고
신중하게 행동함은 몸지키는 符籍이다
                                        부 적

勤(부지런할 근), 寶(보배 보), 愼(삼갈 신), 護(보호할 호), 符(부신 부).

○太公(태공)—1-4 참조.　○勤(근)—근면.　○無價之寶(무가지보)—값을 헤아릴 수 없을 만큼 귀중한 보배.　○愼(신)—신중함. 몸가짐을 신중히 함.　○護身(호신)—몸을 지켜 주는. 보호해 주는.　○符(부)—부적.

| 참고 |

근면하게 일해서 벌고 알뜰하게 저축을 하면 부(富)를 축적할 수 있다. 아울러 몸가짐을 신중하게 하면 탈 없이 살 수 있다.

5-8/

景行錄에 曰,
경 행 록　　왈

保生者는 寡慾하고
보 생 자　　과 욕

保身者는 避名이라
보 신 자　　피 명

寡慾은 易나 無名은 難이라.
과 욕　　이　무 명　　난

《경행록》에 있다. '삶을 잘 보전하는 사람은 욕심을 줄이고, 몸을 잘 보전하는 사람은 이름 나기를 피한다. 욕심 줄이기는 쉬우나 이름 피하기는 어렵다.'

경행록에 말하였다
삶을보전 하려하면 욕심적게 내야하고
몸을보전 하려하면 이름나길 피하여라
자기욕심 줄이기는 쉬울수도 있지만은
이름나지 않게하긴 어렵고도 어렵다네

保(지킬 보), 寡(적을 과), 避(피할 피), 易(쉬울 이), 難(어려울 난).

• • •

○保生(보생)−삶을 잘 간직함. ○寡慾(과욕)−욕심을 적게 함. ○避名(피명)−명예를 얻거나 이름 나기를 피함. ○易(이)−용이하다. 쉽다. ○無名(무명)−이름이나 공적을 나타내지 않음. ○難(난)−어렵다.

| 참고 |

명철보신(明哲保身)하기 위해서는 욕심을 줄이고 세속적인 명리(名利)에 집착하지 말아야 한다. 욕심을 억제하는 일은 어느 정도까지는 할 수 있다. 그러나 이름 나기를 피하기는 어렵다.

5-9/

子曰, 君子有三戒하니,
자왈 군자유삼계

少之時엔 血氣未定이라 戒之在色하고
소지시 혈기미정 계지재색

及其壯也엔 血氣方剛이라 戒之在鬪하고
급 기 장 야   혈 기 방 강   계 지 재 투

及其老也엔 血氣旣衰라 戒之在得이니라.
급 기 노 야   혈 기 기 쇠   계 지 재 득

공자가 말했다. '군자에게는 세 가지 경계할 것이 있다. 어릴 때에는 혈기가 미처 안정되지 못했으니 여색을 경계하고, 장성하면 혈기가 마냥 세차므로 싸움을 경계하고, 늙으면 혈기가 이미 쇠했으니 탐욕을 경계해야 한다.'

| 가사체 |

공자님이 말하셨다
군자들이 경계할게 세가지가 있느니라
청소년땐 혈기미정 女色을랑 경계하고
　　　　　　　　여 색
장년기엔 혈기왕성 싸우는일 경계하고
노년기엔 혈기쇠약 욕심탐욕 경계하라

戒(경계할 계), 血(피 혈), 氣(기운 기), 定(정할 정), 色(빛 색), 及(미칠 급), 壯(씩씩할 장), 剛(굳셀 강), 鬪(싸움 투), 旣(이미 기), 衰(쇠할 쇠).

· · ·

○君子(군자)―학식과 덕행을 겸비한 지성인. ○三戒(삼계)―세 가지 삼가야 할 일. ○血氣(혈기)―생명의 근원이 되는 원기, 의기. ○未定(미정)―아직 안정되지 못함. ○戒之在色(계지재색)―경계할 것이 색에 있다. 여색을 경계해야 한다. ○及(급)―…함에 이르러. ○壯(장)―장년이 되다. ○方剛(방강)―마냥 세차고 강하다. ○鬪(투)― 싸움. 투쟁. ○旣衰(기쇠)―이미 쇠퇴함. ○得(득)―재물이나 명예를 얻으려는 욕심. 수양이 부족하면 늙을수록 탐욕을 부린다.

혈기가 굳기도 전에 여색에 빠지면 몸을 망치고, 혈기가 넘친다고 싸움질하면 패가망신하며, 혈기가 쇠퇴한 노경에 탐욕을 부리면 추하고, 욕구불만으로 더욱 생명을 단축하게 마련이다. 군자는 항상 중용지도(中庸之道)를 지켜야 한다.

5-10-1 /

孫眞人養生銘에 云,
손 진 인 양 생 명   운

怒甚이면 偏傷氣요 思多면 太損神이라
노 심   편 상 기   사 다   태 손 신

神疲면 心易役이오 氣弱이면 病相因이라.
신 피   심 이 역   기 약   병 상 인

손진인이 〈양생명〉에서 말했다. '성을 심하게 내면 기가 쏠려 상하게 되고, 생각이 많으면 맑은 정신을 크게 손상한다. 정신이 피곤하면 마음이 쉽게 지치고, 기가 약해지면 따라서 병이 생긴다.'

| 가사체 |

손진인의 양생명에 다음같이 말하였다
화를너무 내게되면 맑은氣運 손상되고
　　　　　　　　　　기 운
생각너무 많이하면 맑은정신 손상된다
자기정신 피곤하면 마음쉽게 지쳐지고

氣運쇠약 하게되면 뒤따라서 병이온다
기 운

孫(손자 손), 眞(참 진), 養(기를 양), 銘(새길 명), 怒(성낼 노), 甚(심할 심), 偏(치우칠 편), 傷(상처 상), 損(덜 손, 손상), 神(정신 신), 疲(지칠 피), 役(부릴 역), 弱(약할 약), 病(병 병), 相(서로 상), 因(인할 인).

• • •

○孫眞人(손진인)—도교(道敎)의 도사. ○養生銘(양생명)—양생을 위한 계명. ○怒甚(노심)—화를 심하게 내다. ○偏傷氣(편상기)—기가 한쪽으로 치우쳐 상하다. ○思多(사다)—잡된 생각이 많으면. ○太損神(태손신)—맑은 정신을 크게 해치다. ○神疲(신피)—정신이 피곤해지면. ○心易役(심이역)—마음이 쉽게 지치다. 고달프게 됨. ○氣弱(기약)—기가 약해지면. ○病相因(병상인)—그로 인하여 병이 나다.

| 참고 |

정신이 맑아야 마음도 맑고, 따라서 몸도 건강하고 활기차게 살 수 있다. 반대로 정신이 탁하고 흐리면 마음도 몸도 쉽사리 고달파지고 병에 걸리기 쉽다. 정신을 안정시키기 위해서는 잡념과 탐욕을 버리고 기를 손상시키는 격노(激怒)를 피해야 한다.

5-10-2/

勿使悲歡極하고 當令飮食均하며
물 사 비 환 극　　당 령 음 식 균

再三防夜醉하고 第一戒晨嗔하라.
재 삼 방 야 취　　제 일 계 신 진

'슬픔과 기쁨을 심하게 나타내지 말고 음식을 마땅히 고르게 섭취하며, 밤에 술 취하는 일을 거듭 금하고, 새벽에 성내는 것을 가장 경계해야 한다.'

| 가사체 |

　슬퍼함과 기뻐함을 너무심히 하지말고
　먹을것과 마실것을 고루고루 섭취하며
　밤에술에 취하는걸 두번세번 막아야고
　새벽녘에 성내는걸 첫번째로 경계하라

　　悲(슬플 비), 歡(기뻐할 환), 極(다할 극), 當(당할 당), 令(영 령), 均(고를 균), 醉(취할 취), 第(차례 제), 戒(경계할 계), 晨(새벽 신), 嗔(성낼 진).

　　　　　　　• • •

　　○勿使(물사)—…하게 하지 마라.　○悲歡極(비환극)—슬픔이나 기쁨이 극에 달하다.　○當令(당령)—마땅히 …하게 하다.　○飲食均(음식균)—음식 드는 것을 적당히 고르게 함.　○防夜醉(방야취)—밤에 술에 취하는 것을 삼가다.　○戒晨嗔(계신진)—새벽에 성내는 일을 삼가다.

| 참고 |

　감정을 잘 조절하고 절도 있는 생활을 해야 한다. 특히 새벽에 성을 내면 심기(心氣)가 흐트러지고 또 하루 종일 안정하지 못한다. 한편 밤에 술취해 곤드라지면 정신적으로 멍청한 사람이 될 뿐만 아니라 날로 건강을 해치고 마침내는 폐인이 될 우려마저 있다. 양생(養生)은 하늘이 나에게 준 삶과 건강을 보전하는 일이다. 양생의 요체(要體)는 육체적인 면보다 정신적인 면이 더 중하다.

5-11/

景行錄_에 曰,
경 행 록　　　왈

食淡精神爽_{이오} 心淸夢寐安_{이라.}
식 담 정 신 상　　　　심 청 몽 매 안

《경행록》에서 말했다. '음식이 담백하면 정신도 상쾌하고, 마음이 맑으면 꿈자리도 편하다.'

| 가사체 |

경행록에 말하였다
먹는것이 담백하면 그정신도 상쾌하고
마음속이 맑아지면 꿈자리도 편안하다

淡(담박할 담), 精(정미 정), 爽(시원할 상), 夢(꿈 몽), 寐(잠잘 매).

• • •

○景行錄(경행록)—1-7 참조. ○食淡(식담)—먹는 것이 담백하다. ○爽(상)—상쾌하다. ○心淸(심청)—마음이 맑다. ○夢寐安(몽매안)—잠자리서 꿈자리가 편하다. 매(寐)는 잠자다.

| 참고 |

식생활을 담백하게 해야 정신도 맑고 마음도 허정(虛靜)하고 몸도 편하고 밤에 불면증이나 악몽에 시달리지도 않는다. 재물이나 권세에 대한 욕심을 억제할 수 있어야 심성이나 정신이 안정되고 따라서 건강하고 안락한 삶을 살 수 있다.

定心應物이면 雖不讀書라도
정 심 응 물　　수 부 독 서

可以爲有德君子니라.
가 이 위 유 덕 군 자

　마음을 바로 정하고 사물을 잘 처리할 수 있다면 비록 글공부를 안했어도 덕 있는 군자라 할 수 있다.

| 가사체 |

　마음가짐 바로하고 일처리를 잘한다면
　글공부를 안했어도 군자라고 할만하다

　　定(정할 정), 心(마음 심), 應(응할 응), 物(만물 물), 雖(비록 수), 讀(읽을 독), 書(글 서), 爲(할 위), 有(있을 유), 德(덕 덕), 君(임금 군), 子(아들 자).

　　　　　　　　　• • •

　　○定心(정심)―마음을 바로잡다.　○應物(응물)―사물을 잘 처리함. 사물에 적절히 대응함.　○可以爲(가이위)―…할 수 있다. 여기서는 군자가 될 수 있다. 혹은 군자라 하겠다.

| 참고 |

　하늘의 도리를 기준으로 마음을 바르게 안정시키고 모든 사물을 도리에 합당하게 처리하면 덕 있는 군자라 할 수 있다. 이와 같은 사람을 '중용지도(中庸之道)'를 터득한 군자라고 한다. 중용지도는 곧 절대선인 하늘의 도리이다. 정치를 비롯하여 모든 사물을, 천도를 바탕으로 바르게 처리해야 한다. 오늘의 많은 지식인들은 학식이나 기능을 악용

하고 이기적 탐욕을 채우는 데 골몰하고 있다. 따라서 그들은 군자가
아니다.

5-13/

近思錄_에 云,
근 사 록   운

懲忿_을 如救火_{하고}
징 분   여 구 화

窒慾_을 如防水_{하라.}
질 욕   여 방 수

《근사록》에 적혀 있다. '분심 누르기를 불 끄듯이 하고 욕심
막기를 홍수 막듯이 하라.'

| 가사체 |

근사록에 말하였다
화를눌러 참는것을 불끄듯이 해야하고
자기욕심 막는것을 홍수막듯 해야한다

近(가까울 근), 錄(기록할 록), 懲(징계할 징), 忿(성낼 분), 如(같을 여), 救(건
질 구), 窒(막을 질), 慾(욕심 욕), 防(둑 방, 막다).

• • •

○近思錄(근사록)—송(宋)대의 성리학자 주자(朱子)와 그의 제자 여조
겸(呂祖謙)이 함께 편찬한 수양서. ○懲忿(징분)—분심을 눌러 참는
다. ○如(여)—…와 같다. ○救火(구화)—불을 끄다. ○窒慾(질욕)—

욕심을 막다. ㅇ防水(방수)—홍수를 막다.

| 참고 |

가슴속의 불이 바로 분(忿)이다. 불을 끄듯이 분을 눌러야 파멸하지 않는다. 한편 홍수처럼 넘치면 걷잡을 수 없는 것이 욕심이다. 욕심을 잘 제어해야 패가망신하지 않는다. 감정이나 욕심을 억제하는 것을 곧 자기제어라고 한다. 왕양명(王陽明)은 말했다. '산속에 숨은 도적을 격파하기는 쉬워도 마음속에 도사리고 있는 도적을 치기는 어렵다(破山中賊易 破心中賊難).'《논어》에서 공자는 말했다. '사리사욕을 극복하고 천리에 돌아감이 인이다(克己復禮爲仁).' 이기적 탐욕을 극복해야 인덕(仁德)을 세울 수 있다. 예(禮)는 곧 천리(天理)이다.

5-14/

夷堅志에 云,
이 견 지   운

避色을 如避讐하고 避風을 如避箭하라.
피 색   여 피 수   피 풍   여 피 전

莫喫空心茶하고 少食中夜飯하라.
막 끽 공 심 다   소 식 중 야 반

《이견지》에 적혀 있다. '여색 피하기를 원수 피하듯이 하고, 바람 피하기를 화살 피하듯이 하라. 공복에는 차를 마시지 말고 밤중에는 밥을 가볍게 들어라.'

이견지에 말하였다
여자여색 피하기를 원수처럼 피해야고
세찬바람 피하기를 화살처럼 피해야며
공복에는 차마시는 그런일이 없게하고
밤중에는 밥을많이 먹는일이 없게하라

避(피할 피), 讐(원수 수), 風(바람 풍), 箭(화살 전), 莫(말 막), 喫(마실 끽),
空(빌 공), 茶(차 다), 食(밥 식), 夜(밤 야), 飯(밥 반).

• • •

○夷堅志(이견지)─송(宋)나라 홍매(洪邁)가 엮은 책. ○避(피)─피하
다. 삼가다. ○讐(수)─원수. ○莫(막)─…하지 마라. ○喫(끽)─마
시다. ○空心(공심)─여기서는 빈속. 공복(空腹)의 뜻. ○莫喫空心茶
(막끽공심차)─빈 속에 차를 마시지 마라. ○中夜飯(중야반)─한밤중
에 (먹는) 밥. 밤참.

| 참고 |

여색에 빠지면 정기를 잃고 마음이 퇴폐하고 정신이 산란해진다. 심
하게 바람맞으면 폐인이 된다. 그러므로 항상 여색과 바람을 피하도록
경계해야 한다. 한편 공복에는 자극성이 심한 차를 마시지 마라. 어쩌
다가 밤늦게 음식을 드는 경우에는 가볍게 들어라. 밤새도록 마시고 노
는 것은 육체 건강에도 해롭고 정신적으로도 나쁘다. 절도 있는 생활이
곧 건강의 비결이다.

5-15 /

荀子曰,
순 자 왈

無用之辯과 不急之察을 棄而勿治하라.
무 용 지 변   불 급 지 찰   기 이 물 치

　순자가 말했다. '쓸데없는 말과 급하지 않은 일은 내버려두고 말하거나 다스리지 마라.'

| 가사체 |

　순자께서 말하였다
　아무쓸데 없는말과 급하지가 않은일은
　내버려서 묻어두고 말하거나 하지마라

　　荀(풀이름 순), 用(쓸 용), 辯(말 잘할 변), 急(급할 급), 察(살필 찰), 棄(버릴 기), 勿(말 물), 治(다스릴 치).

　　　　　　　　　• • •

　　○荀子(순자, 기원전 298~기원전 238)－전국(戰國)시대의 사상가로, 성악설(性惡說)을 주장했다.　○辯(변)－말. 변론.　○察(찰)－살핌. 여기서는 볼일의 뜻.　○勿治(물치)－다스리지 마라. 하지 마라.

| 참고 |

　'삶'의 소중함을 깊이 알아야 한다. 하늘이 나에게 생명을 주고 삶을 누리게 한 뜻을 깊이 살펴야 한다. 모든 사람은 저마다 하늘로부터 내려 받은 귀중한 사명이 있다. 그것은 곧 인류의 역사 문화 발전에 선가치적(善價値的)으로 이바지함이다. 그러므로 모든 사람은 저마다 보

람있는 삶을 살아야 한다.

5-16 /

子曰,
_{자 왈}

衆好之_{라도} 必察焉_{하고}
_{중 호 지}　_{필 찰 언}

衆惡之_{라도} 必察焉_{하라.}
_{중 오 지}　_{필 찰 언}

　공자가 말했다. '대중이 좋아해도 반드시 잘 살펴보고, 대중
이 싫어해도 반드시 잘 살펴보아라.'

| 가사체 |

　공자님이 말하셨다
　대중모두 싫어해도 꼭반드시 살펴보고
　대중모두 좋아해도 꼭반드시 살펴보라

　　衆(무리 중), 好(좋을 호), 必(반드시 필), 察(살필 찰), 惡(미워할 오).

· · ·

　　○衆(중)—대중.　○好之(호지)—좋아하다.　○必察焉(필찰언)—반드시
살펴보다.　○惡之(오지)—미워하다.

공자의 말에는 두 가지의 뜻이 내포되어 있다. 하나는 대중의 뜻을 존중하라는 뜻이다. 다른 하나는 백성을 다스릴 군자는 독선적이거나 경솔하게 부화뇌동(附和雷動)하면 안 된다는 것이다. 어디까지나 천도를 기준으로 대중과 함께, 혹은 대중을 교화해야 한다.

5-17/

酒中不語는 眞君子요
주 중 불 어   진 군 자

財上分明은 大丈夫라.
재 상 분 명   대 장 부

술 취한 중에도 말이 없어야 참된 군자이고, 재물에 대한 셈이 분명해야 사내대장부이다.

| 가사체 |

술취해도 말삼가면 진정으로 군자이고
재물셈을 밝게하면 진정으로 대장부다

眞(참 진), 財(재물 재), 丈(어른 장), 夫(지아비 부).

• • •

○酒中(주중)－취중에. ○不語(불어)－허튼 소리를 하지 않다. ○財上分明(재상분명)－재물이나 금전에 대한 셈이 분명하다.

군자는 취중에도 입이 무거워야 하고, 대장부는 재물보다도 대의(大義)를 앞세워야 한다. 《논어》에 '견리사의(見利思義)' 란 말이 있다. 명예나 이득을 취하기에 앞서 대의명분을 먼저 가려야 한다.

5-18/

萬事從寬이면 **其福自厚**니라.
만 사 종 관   기 복 자 후

모든 일을 너그럽게 처리하면 복이 저절로 많게 된다.

| 가사체 |

여러가지 모든일을 너그럽게 처리하면
복이절로 많이온다

從(좇을 종), 寬(너그러울 관), 福(복 복), 自(스스로 자), 厚(두터울 후).

• • •

○ 從寬(종관)―침착하고 관대하다. ○ 其福(기복)―그에 따르는 복.
○ 自厚(자후)―스스로 후하게 되다.

| 참고 |

침착하고 너그러운 태도로 모든 사람과 사귀고, 또 모든 사물을 처리하면 결과도 좋고 또 그로 인한 복도 후하게 얻을 수 있다. '침착하고

너그러운 태도'를 취하기 위해서는 '나의 마음을 비워야 한다.' 즉 '좁은 편견이나 아집을 버리고 만물을 품고 키워주는 하늘의 마음과 하늘의 도리를 따라야 한다.' 도(道)에서 덕(德)이 선다.

5-19/

太公이 曰,
태 공   왈

欲量他人커든 先須自量하라.
욕 량 타 인   선 수 자 량

傷人之語는 還是自傷이니,
상 인 지 어   환 시 자 상

含血噴人이면 先汚其口니라.
함 혈 분 인   선 오 기 구

강태공이 말했다. '남을 헤아리려면 먼저 자신을 헤아려 보아라. 남을 해치는 말은 도리어 자신을 해친다. 피를 입에 물고 남에게 뿜으면 먼저 제 입을 더럽힌다.'

| 가사체 |

강태공이 말하였다
남을알고 싶거들랑 먼저자신 헤아려라
남해치는 그런말은 되레자신 해친다네
피머금고 뿜으면은 제입먼저 더럽힌다

量(헤아릴 량), 須(모름지기 수), 傷(상처 상), 還(돌아올 환), 含(머금을 함), 血(피 혈), 噴(뿜을 분), 汚(더러울 오).

．．．

○太公(태공)―1-4 참조.   ○欲(욕)―…하고자 한다.   ○量(량)―헤아리다. 저울질하고 비평하다.   ○須(수)―모름지기 …해라.   ○自量(자량)―자기 자신을 헤아려 봄.   ○傷人之語(상인지어)―남을 해치거나 상하게 하는 말.   ○還是(환시)―도리어.   ○自傷(자상)―자신을 상하게 함.   ○含血(함혈)―입에 피를 물고.   ○噴人(분인)―남에게 뿜는다.   ○汚(오)―더럽히다.

| 참고 |

남을 탓하기에 앞서 나 자신을 탓하라. 남을 욕하면 그 욕은 자신에게 되돌아온다. 남을 욕하면 내 입이 먼저 더러워진다. 설사 남이 나를 욕하더라도 나는 관대한 마음으로 그를 품어야 한다.

5-20/

凡戲는 無益이오 惟勤이 有功이니라.
범 희   무 익   유 근   유 공

모든 놀이는 무익하다. 다만 근면이 공을 이룩한다.

| 가사체 |

모든놀이 무익하다
부지런함 그것만이 자기공적 이룩한다

戲(희롱할 희), 益(이익 익), 惟(오직 유), 勤(부지런할 근).

• • •

○凡(범)—무릇. 모든. ○戲(희)—놀이. 장난. ○惟(유)—오직. ○勤
(근)—근면. 부지런함. ○有功(유공)—공적을 내다. 보람이 있다.

| 참고 |

부지런히 배우고 일해서 보람된 삶을 살아야 한다. 특히 청소년은
공부와 독서에 열중해야 한다. 그래야 훌륭한 사람이 된다.

5-21 /

太公이 曰,
태 공   왈

瓜田에 不納履하고 李下에 不整冠이라.
과 전   불 납 리   이 하   부 정 관

강태공이 말했다. '외밭에는 발을 들여놓지 말고, 오얏나무
아래에서는 갓을 고쳐 쓰지 마라.'

| 가사체 |

태공께서 말하였다
외밭에는 신발신고 들어가지 말것이며
오얏나무 아래에선 갓을고쳐 쓰지말라

瓜(오이 과), 納(바칠 납), 履(신 리), 李(오얏 리), 冠(갓 관).

• • •

○瓜田(과전)-참외나 오이밭. ○不納履(불납리)-발을 들여놓지 않
다. ○不整冠(부정관)-갓을 고쳐 쓰지 않는다.

| 참고 |

남에게 오해나 의심을 받지 않도록 조심해야 한다. '신중한 몸가짐
이 자신을 지키는 부적이다(愼是護身之符).'〈5-7〉

5-22-1/

景行錄에 曰,
경 행 록   왈

心可逸이언정 形不可不勞요,
심 가 일   형 불 가 불 로

道可樂이언정 心不可不憂니라.
도 가 락   심 불 가 불 우

《경행록》에서 말했다. '마음을 안락하게 갖더라도 몸은 수고
롭게 부려야 한다. 도를 즐겁게 여기더라도 마음으로는 항상
염려해야 한다.'

| 가사체 |

경행록에 말하였다

자기마음 편안하게 가질수는 있지만은
자기몸을 수고롭게 하지않을 수가없고
바른道를 즐거웁게 여길수는 있지만은
마음으론 늘언제나 염려해야 하느니라

可(옳을 가), 逸(편안할 일), 勞(힘쓸 로), 樂(즐길 락), 憂(근심할 우).

• • •

○心可逸(심가일)—마음을 편하게 가진다는 뜻은, 곧 천명(天命)을 따르고 태연자약(泰然自若)함이다. ○形不可不勞(형불가불로)—몸은 수고롭게 부리지 않으면 안 된다. 즉 부지런히 활동하고 일해야 한다. ○道可樂(도가락)—천도를 따르고 행하면서 즐거운 삶을 산다. ○心不可不憂(심불가불우)—마음으로 걱정하고 항상 조심해야 한다.

5-22-2/

形不勞 則怠惰易弊하고
형 불 로 즉 태 타 이 폐

心不憂 則荒淫不定이라.
심 불 우 즉 황 음 부 정

'몸을 수고롭게 부리지 않으면 늘어져서 못쓰게 되기 쉽고, 마음으로 염려하지 않으면 황음 방탕하여 불안정하게 된다.'

| 가사체 |

자기몸을 수고롭게 부리지를 않으면은

늘어지고 게을러져 쓰지못해 지기쉽고
마음으로 늘언제나 염려하지 않으면은
황음방탕 거기빠져 안정하지 못해진다

怠(게으를 태), 惰(게으를 타), 弊(해질 폐), 荒(거칠 황), 淫(음란할 음).

• • •

○ 怠惰(태타)－태만하고 늘어지다.   ○ 易弊(이폐)－쉽게 못쓰게 됨.
○ 荒淫(황음)－생활이 거칠고 난잡하게 되다.

5-22-3/

故로 逸生於勞而常休하고
고   일 생 어 로 이 상 휴

樂生於憂而無厭하나니
낙 생 어 우 이 무 염

逸樂者는 憂勞를 豈可忘乎아.
일 락 자   우 로   기 가 망 호

'그러므로 안락도 수고로움을 통해서 얻어야 항상 좋고, 삶의
즐거움도 마음고생을 통해야 물리지 않는다. 안락한 자라도 어
찌 걱정이나 수고로움을 잊을 수 있으랴?'

| 가사체 |

그러므로 편안함은
수고로움 그를통해 얻어야만 항상좋고

자기삶의 즐거움도
마음고생 통해야만 물리지를 아니한다
편안하고 즐거운자
걱정이나 수고로움 잊을수가 있겠는가

逸(안일할 일), 勞(수고로울 로), 厭(싫을 염), 憂(근심할 우), 豈(어찌 기).

• • •

○故逸生於勞(고일생어로)-편함도 수고로움을 통해 얻어져야. ○而
常休(이상휴)-항상 좋다. 휴(休)는 아름답고 좋다. ○樂生於憂(낙생어
우)-마음고생을 통해서 얻은 즐거움. ○而無厭(이무염)-즐거움이
물리지 않는다. ○逸樂者(일락자)-일락을 누리려는 사람. ○憂勞
(우로)-걱정과 노고. ○豈可忘乎(기가망호)-어찌 잊을 수 있으랴.

| 참고 |

　마음으로 염려하며 몸을 수고롭게 부려야 참다운 삶의 즐거움을 얻
고 기쁨을 누릴 수 있다. 삶의 보람은 활동하고 사회적으로 공을 세움
에 있다. 하늘은 우리에게 인류의 역사와 문화 발전에 기여하라고 귀중
한 생명을 내려주었다. 그러므로 놀면 안 된다.

5-23/

耳不聞人之非하고 目不視人之短하고
이 불 문 인 지 비　　　목 불 시 인 지 단

口不言人之過라야 庶幾君子니라.
구 불 언 인 지 과　　　서 기 군 자

귀로는 남을 비방하는 말을 듣지 말고, 눈으로는 남의 단점을 보지 않고, 입으로는 남의 허물을 말하지 않아야 비로소 군자에 가깝다.

| 가사체 |

자기자신 두귀로는 남의非行 듣지않고
　　　　　　　　　비 행
자기자신 두눈으론 남의단점 보지않고
자기자신 입으로는 남의과실 말안해야
이러하게 한다면은 거의군자 가깝단다

　視(볼 시), 短(짧을 단), 過(지날 과, 허물), 庶(여러 서), 幾(기미 기).

• • •

○耳不聞(이불문)―귀로 듣지 않음. ○人之非(인지비)―남을 비방하는 말. '비(非)'는 비방할 비(誹)에 통함. ○人之短(인지단)―남의 단점. ○人之過(인지과)―남의 과실. 허물. ○庶幾(서기)―가깝다. 거의 …와 같다.

| 참고 |

군자는 남의 장점은 살리고 단점은 고치게 도와주어야 한다. 남의 결점만을 들춰내고 공격하면 서로 존립할 수 없게 된다.

5-24/

蔡伯皆曰,
채 백 개 왈

喜怒在心이면 **言出於口**하나니
희 노 재 심　　　언 출 어 구

不可不愼이니라.
불 가 불 신

　　채백개가 말했다. '기쁨이나 노여움이 마음에 있으면, 입을 통해 말로 나타나니 삼가지 않으면 안 된다.'

| 가사체 |

　　채백개가 말하였다
　　기쁨이나 노여움이 마음속에 있으면은
　　말이되어 입밖으로 나타나게 마련이니
　　어찌하여 삼가지를 않아서야 되겠는가

　　　　喜(기쁠 희), 怒(성낼 노), 於(어조사 어), 愼(삼갈 신).

　　　　　　　　　　• • •

　　○蔡伯皆(채백개)―중국 후한(後漢)의 학자. 영자팔법(永字八法)을 고안했다.　○喜怒(희노)―기쁨이나 노여움.　○言出於口(언출어구)―입을 통해 말로 나타난다.　○不可不愼(불가불신)―삼가지 않으면 안 된다.

| 참고 |

　　우선 마음속에 과격한 감정이 일지 않도록 수양해야 한다. 그 다음에 격한 감정을 원색적으로 토해내지 않게 자제해야 한다.

5-25/

宰予晝寢이어늘 子曰,
재여주침   자왈

朽木은 不可雕也요
후목   불가조야

糞土之墻은 不可圬也니라.
분토지장   불가오야

　재여가 낮잠 자는 것을 보고 공자가 말했다. '썩은 나무에는
조각할 수 없고 분토로 쌓은 담에는 흙손질할 수가 없다.'

| 가사체 |

宰予께서 낮잠자자 공자님이 말하셨다
재여
썩은나무 그런나무 조각조차 할수없고
썩은흙을 쌓은담은 흙손질도 할수없지

　　寢(잠잘 침), 朽(썩을 후), 雕(새길 조), 糞(똥 분), 墻(담 장), 圬(흙손 오).

• • •

　　○宰予(재여)—공자의 제자.　○朽木(후목)—썩은 나무.　○不可雕(불
가조)—조각할 수 없다.　○糞土(분토)—썩은 흙.　○圬(오)—흙손질하
다.

| 참고 |

　바탕이 좋아야 아름답게 꾸밀 수 있다. "낮잠만 자는 저런 게으름뱅
이를 무엇에 쓸까?" 공자는 유머러스하게 핀잔을 주었다. 학교 강의 시
간에, 잠자는 학생들은 크게 각성해야 한다.

紫虛元君 誠諭心文曰,
자 허 원 군 성 유 심 문 왈

福生於淸儉하고 德生於卑退하고
복 생 어 청 검　　　 덕 생 어 비 퇴

道生於安靜하고 命生於和暢하니라.
도 생 어 안 정　　　 명 생 어 화 창

　자허원군이 〈성유심문〉에서 말했다. '복은 청렴하고 검소하게 사는 데서 생기고, 덕은 자기를 낮추고 사양하는 데서 생기고, 도는 안정되고 허정한 마음에서 터득되고, 생명은 화창한 속에서 자란다.'

| 가사체 |

자허원군 성유심문 이란글에 말하였다
福이란건 검소하게 사는데서 생겨나고
복
德이란건 겸손함과 사양함에 생겨나며
덕
道란것은 조용함과 안정함에 터득되고
도
生命이란 온화하고 맑은데서 자라난다
생 명

　　福(복 복), 儉(검소할 검), 卑(낮을 비), 靜(고요할 정), 暢(펼 창).

* * *

　○紫虛元君(자허원군)―도교에서 높이는 여자 신선. 남자 신선은 진군(眞君)이라 부름.　○誠諭心文(성유심문)―성실하게 마음을 지니라고 가르친 글.　○生於(생어)―…에서 나오다.　○淸儉(청검)―청렴과 검소.　○卑退(비퇴)―비하와 겸양.　○安靜(안정)―안정과 조용함.

○ 和暢(화창)－온화하고 맑음.

| 참고 |

맑고 검소한 생활, 청렴하고 절약하는 생활을 해야 복을 받는다. 덕성이 높은 사람은 스스로 비하하고 겸양한다. 마음이 안정되고 허정(虛靜)해야 깊고 높은 도리를 터득할 수 있다. 천지와 일체(一體)를 이루고 남을 사랑해야 장수할 수 있다.

5-26-2/

憂生於多慾하고 禍生於多貪하고
우 생 어 다 욕   화 생 어 다 탐

過生於輕慢하고 罪生於不仁이니라.
과 생 어 경 만   죄 생 어 불 인

'근심은 지나친 욕심에서 생기고, 환난은 지나친 탐욕에서 생기며, 과오는 경솔과 태만에서 생기고, 죄악은 어질지 않음에서 생긴다.'

| 가사체 |

근심이란 지나친그 욕심에서 생겨나고

患難이란 지나친그 탐욕에서 생겨나며
환 난

過誤란건 경솔함과 태만함에 생겨나고
과 오

罪惡이란 어질지를 않음에서 생겨난다
죄 악

慾(욕심 욕), 貪(탐할 탐), 慢(게으를 만), 罪(허물 죄), 仁(어질 인).

· · ·

○憂(우)―근심. ○多慾(다욕)―많은 욕심. ○禍(화)―화근. ○貪
(탐)―탐욕. ○過(과)―과실. 잘못. ○輕慢(경만)―경솔과 태만. ○罪
(죄)―죄악. 범죄. ○不仁(불인)―어질지 않음, 즉 잔인함.

5-26-3/

戒眼莫看他非하고 戒口莫談他短하고
계 안 막 간 타 비   계 구 막 담 타 단

戒心莫自貪嗔하고 戒身莫隨惡伴하라.
계 심 막 자 탐 진   계 신 막 수 악 반

'눈을 삼가 남의 비행을 들추어내지 말고, 입을 삼가 남의 단
점을 떠벌리지 말며, 마음을 삼가 탐욕 부리거나 진노하지 말
고, 몸을 삼가 악한 무리와 짝짓고 따르지 마라.'

| 가사체 |

자기눈을 삼가여서 남의非行 캐지말고
　　　　　　　　　　　　비행

자기입을 삼가여서 남의短點 말을말고
　　　　　　　　　　　　단점

자기마음 삼가여서 貪慾念怒 내지말며
　　　　　　　　　　　탐욕분노

자기몸을 삼가여서 나쁜무리 쫓지말라

戒(경계할 계), 嗔(성낼 진), 隨(따를 수), 伴(짝 반).

○戒(계)―경계하고 삼가다. ○他非(타비)―타인의 비행. ○談(담)―
말하다. 떠벌리다. ○貪嗔(탐진)―탐내고 성내다. ○隨(수)―따르다.
○惡伴(악반)―나쁜 무리와 짝하다.

5-26-4/

無益之言을 **莫妄說**하고
무 익 지 언　　　막 망 설

不干己事를 **莫妄爲**하라.
불 간 기 사　　　막 망 위

'유익하지 않은 말은 하지 말고 나와 무관한 일은 함부로 간
여하지 마라.'

| 가사체 |

有益하지 않은말은 함부로들 하지말고
유 익
나와관계 없는일은 함부로들 간여말라

益(이득 익), 妄(허망할 망), 說(말씀 설), 干(방패 간).

• • •

○無益之言(무익지언)―이롭지 않은 말. ○莫妄說(막망설)―함부로
말하지 마라. ○不干之事(불간지사)―나와 관계가 없는 일. ○莫妄
爲(막망위)―함부로 나서서 간섭하지 마라.

인간 세상의 모든 '우환(憂患)·재난(災難)·죄악(罪惡)' 등이 다 인간의 마음가짐에서 연유한다. 마음은 몸의 주인이다. 마음이 바르고 착하면 행동도 바르고 착하게 된다.

마음속에 욕심이 많고 탐욕이 넘치면 만사에 걱정과 재화가 따르게 마련이다. 남을 무시하고 잔인하게 대하면 결국에는 죄를 짓게 된다. 남의 단점을 들춰내거나 비방하지 말고, 서로 사랑하고 잘 어울려야 한다.

5-26-5/

尊君王하고 孝父母하며 敬尊長하고
존군왕   효부모   경존장

奉有德하고 別賢愚하고 恕無識하라.
봉유덕   별현우   서무식

'군왕을 존중하고 부모에게 효도하며, 연장자를 공경하고 덕 있는 사람을 받들며, 슬기와 어리석음은 가리되 무식으로 인한 잘못은 용서해 주어라.'

| 가사체 |

임금님을 존중하고 부모님께 효도하며
웃어른을 공경하고 德있는이 떠받들며
                 덕
어진자와 不肖한자 분별하고 가리지만
        불초
無識으로 생긴잘못 용서하고 덮어줘라
무식

尊(높을 존), 孝(효도 효), 敬(공경할 경), 奉(받들 봉), 別(나눌 별), 賢(어질
현), 愚(어리석을 우), 恕(용서할 서), 識(알 식).

• • •

○尊(존)—존경하다. ○敬尊長(경존장)—웃어른을 공경하다. ○奉有
德(봉유덕)—덕 있는 사람을 받들다. ○別賢愚(별현우)—슬기와 어리
석음을 분별하다. ○恕無識(서무식)—무식으로 인한 잘못을 용서함.

| 참고 |

나라의 중심인 임금에게는 충성하고, 가정에서는 부모에게 효도하
며, 사회에서는 연장자를 높이고 유덕자를 받들어야 한다. 남을 사랑하
고 협동하되 현명한 사람과 우매한 자를 잘 분별해야 한다. 한편 알지
못하고 잘못을 한 사람은 너그럽게 용서해 주어라. 충(忠)·효(孝)·제
(悌)·서(恕) 및 경장(敬長)·존현(尊賢) 등 여섯 개는 전통윤리의 덕목이
다. '충(忠)'의 깊은 뜻을 바르게 알아야 한다. '충'은 '최선을 다한다'
는 뜻이다. 즉 인군(仁君)을 잘 받드는 것이 충이다. 포악하고 악덕한 독
재자에게 굴종(屈從)하는 것은 '충'이 아니다.

5-26-6

物順來而勿拒하고 物既去而勿追하고
물 순 래 이 물 거   물 기 거 이 물 추

身未遇而勿望하고 事已過而勿思하라.
신 미 우 이 물 망   사 이 과 이 물 사

'순리로 들어온 재물은 굳이 물리치지 말되 이미 없어진 재

물은 미련을 두고 뒤쫓지 마라. 내 몸에 닥치지 않을 것을 바라지 말며 지나간 일을 생각하지 마라.'

順理대로 오는재물 물리치지 말것이며
순 리
몸에아직 안닥친건 바라지를 말것이며
이미지나 가버린일 생각지를 말것이다

　　順(순할 순), 拒(막을 거), 旣(이미 기), 遇(만날 우), 望(바랄 망).

　　　　　　　　　　　　• • •

　　○物(물)—재물. 넓게는 사물.　　○順來(순래)—순리로 오다.　　○勿拒
(물거)—거절하지 마라.　　○旣(기)—이미.　　○追(추)—뒤쫓다.　　○身未
遇(신미우)—아직 내 몸에 와 닿지 않다.　　○望(망)—바라다.

　　재물이나 부귀영화가 순리로 닥쳐오면 잘 받고 누려라. 한편 이미
없어지거나 놓친 재물이나 부귀영화는 깨끗이 잊어라.

5-26-7

聰明도 多暗昧요 算計도 失便宜니라
총 명 　다 암 매 　산 계 　실 편 의

損人이면 終自失이오 依勢면 禍相隨라.
손 인 　종 자 실 　의 세 　화 상 수

'총명한 사람도 어둡게 모를 때가 많고, 잘 세운 계책도 불편하고 맞지 않을 때가 있다. 남에게 손해를 주면 끝내는 자신도 잃게 되고, 세도에 의존하면 나중에 재화가 함께 따른다.'

| 가사체 |

총명해도 깜깜하게 모를때가 많이있고
좋은계획 세웠어도 맞지않을 때가있다
남들에게 손해주면 끝내자신 손해보고
세도세력 의존하면 재앙함께 뒤따른다

聰(귀밝을 총), 昧(어두울 매), 便(편할 편), 勢(기세 세), 隨(따를 수).

• • •

○聰明(총명)-슬기롭다. ○暗昧(암매)-어둡고 어리석다. ○算計(산계)-잘 헤아린 계책. 잘 세운 계략. ○便宜(편의)-편리하고 좋다. ○損人(손인)-남을 해치다. 손해보게 하다. ○終(종)-끝내는. ○依勢(의세)-남의 세도에 의지하면. ○禍相隨(화상수)-화가 함께 따른다.

| 참고 |

인간의 능력에는 한계가 있다. 총명한 사람도 모르는 것이 많고, 잘 세운 계책에도 부족함이 있는 법이다. 절대로 자만하면 안 된다. 남을 해치면 자기도 다치고, 남의 세도를 믿고 무모한 짓을 하면 종국에는 재난을 입을 것이다.

5-26-8/

戒之在心_{하고} 守之在氣_{하라},
계 지 재 심   수 지 재 기

爲不節而亡家_{하고} 因不廉而失位_{니라}.
위 부 절 이 망 가   인 불 렴 이 실 위

'마음가짐을 신중하게 하고 원기를 잘 간직하라. 절제하지 않기 때문에 집안을 망치고, 청렴하지 않음으로 인하여 자리를 잃는다.'

| 가사체 |

마음가짐 신중하고 생명元氣 잘지켜라
              원기
절제하지 아니하여 자기집안 다망치고
청렴하지 아니하여 자기자리 잃게된다

戒(경계할 계), 守(지킬 수), 節(마디 절), 因(인할 인), 廉(청렴할 렴).

• • •

○戒之(계지)—경계하라. 삼가라. ○在心(재심)—마음속에서. ○守之在氣(수지재기)—원기를 잘 간직하고 지키다. ○爲不節(위부절)—절제하지 않기 때문에. ○因不廉(인불렴)—청렴하지 않음으로 인하여.

| 참고 |

주자는 '마음이 몸의 주인이다(心者 身之主也)' 라고 말했다. 마음가짐을 삼가야 몸과 행동이 바르게 된다. 생명의 근원인 원기(元氣)를 잘 지키고 간직해야 수명장수할 수 있다. 절약하지 않거나 청렴하지 않으면 패가망신하게 된다.

5-26-9/

勸君自警於平生하노니 可歎可警而可思라,
권 군 자 경 어 평 생　　　　가 탄 가 경 이 가 사

上臨之以天鑑하고 下察之以地祇라,
상 림 지 이 천 감　　　　하 찰 지 이 지 기

明有三法相繼하고 暗有鬼神相隨라,
명 유 삼 법 상 계　　　　암 유 귀 신 상 수

惟正可守요 心不可欺니 戒之戒之하라.
유 정 가 수　　심 불 가 기　　계 지 계 지

　'그대에게 권한다. 평생을 스스로 경계하라. (이상의 훈계들을) 깊이 탄복하고 명심하고 지켜라. 위로는 하늘의 거울이 내려 보고 있으며, 아래로는 땅의 신령들이 살피고 있다. 밝은 곳에는 삼법이 이어져 있고, 어둠에서는 귀신들이 따르고 있다. 오직 바른 도리를 지키고 양심을 속이지 마라. (이상의 가르침을) 삼가고 또 삼가야 한다.'

| 가사체 |

그대에게 권하노라
평생두고 스스로를 경계하고 경계하라
위와같은 훈계들을 명심하며 지키거라
저위로는 하늘거울 내려보고 있을게고
아래로는 땅의신령 살펴보고 있을게다
밝고밝은 곳에서는 세가지법 서로잇고
어두운곳 그런데는 귀신들이 뒤따른다
오직다만 바른도리 잘따르고 지켜야며

자기양심 속여서는 안되느니 삼가여라

勸(권할 권), 君(그대 군), 警(경계할 경), 歎(탄식할 탄), 思(생각할 사), 臨(임할 림), 鑑(거울 감), 察(살필 찰), 祇(토지신 기), 繼(이을 계), 鬼(귀신 귀), 神(귀신 신), 隨(따를 수), 惟(오직 유), 欺(속일 기).

• • •

○勸君(권군)—그대에게 권한다. ○自警(자경)—스스로 경계하라. ○於平生(어평생)—평생을 두고. ○可歎(가탄)—탄복할 만하다. ○警(경)—경계하고 삼가다. ○上(상)—위로는, 혹은 상제(上帝). 하느님. ○臨之(임지)—(하늘이) 군림하여 감시하고 있다. ○以鑑(이감)—거울을 가지고, 혹은 밝게 보고 있다. ○地祇(지기)—땅의 신령. 토지신을 통해서 살핀다. ○明(명)—밝을 때. 낮에는. ○三法(삼법)—불교에서 말하는 '교(敎)·행(行)·증(證)'이다. 교는 가르침, 행은 행함, 증은 가르침대로 행하여 나타난 좋은 결과. 열매. ○相繼(상계)—서로 이어진다, 밀접하게 인과관계를 맺고 있다. ○暗(암)—어둠. 밤에는. ○有鬼神(유귀신)—귀신이 있다. 죽은 사람의 혼령을 귀신이라고 한다. ○相隨(상수)—함께 따른다. ○惟(유)—오직. 어디까지나. ○正可守(정가수)—바른 도리만을 따르고 지켜야 한다. ○心不可欺(심불가기)—마음, 즉 양심을 속이면 안 된다. ○戒之(계지)—경계하고 삼가라.

| 참고 |

하늘에서는 천신(天神)이 내려다보고 있고, 아래서는 신령들이 항상 살피고 있다. 설사 사람의 눈은 속일 수 있어도 하늘과 땅을 속일 수는 없다. 한편 원인과 결과는 언제나 일치한다. 좋은 가르침과 착한 동기에서 나온 행동은 선과(善果)를 맺고 악한 가르침과 나쁜 동기에서 나온 행동은 악과(惡果)를 맺는 법이다. 그것이 천도(天道) 천리(天理)이다.

중국도 고대에는 하늘을 인격신으로 믿었다. 그러나 후세에는 차츰 '우주 천지 자연 만물'을 '창조하고 섭리하는 절대(絶對) 및 절대선(絶對善)의 도리의 극치'라고 정신적으로 파악하게 되었다.

사람도 하늘에 의해서 태어났고 인간의 본성도 하늘에 의해서 주어졌다. 그러므로 고귀한 본성을 바탕으로 천도·천리를 따라 바르게 살아야 한다. '바를 정(正)'은 '하나(一)에 가서 멈추다(止)'의 뜻을 합친 글자이다. 하나는 곧 하늘을 말한다. 하늘은 만물의 창조주이고 동시에 우주의 운행과 천지 자연 만물의 생성 변화의 도리를 주재하는 절대(絶對)이다.

그 절대의 도리가 '하늘의 도리, 곧 천도(天道)'이다. 그러므로 땅 위에 사는 사람은 천도를 따르고 실천해야 한다. 그래야 살고 흥한다. 지상에 사는 사람이 천도를 따르고 실천해서 얻은 좋은 성과를 지덕(地德)이라고 한다.

그러나 많은 사람들이 정신적으로 천도를 깨닫지 못하고, 반대로 '동물적·이기적 탐욕이나 육체적 쾌락'만을 추구하며 채우려고 온갖 악덕한 짓을 자행하고 있다. 그래서 지상 세계가 타락하고 전란과 불행이 넘치고 있는 것이다.

안분(安分)이란 하늘에 의해 주어진 자기의 분수에 만족함이다. 분수라는 말의 뜻을 좁게는 자기에게 주어진 사회적인 처지라고 풀이할 수 있다. 그러나 분수 속에는 크고 넓은 많은 뜻이 포함되어 있다.

우선 '내가 만물의 영장인 인간으로 태어났다'는 엄연한 사실이다. 그러므로 나는 만물의 창조주인 '하늘'과 '절대선의 하늘의 도리'를 알아야 한다. 사람으로 태어났으면서 하늘과 하늘의 도리를 모르면 동물적인 존재가 되고, 사람의 분수를 알고 또 지킬 수가 없다.

인간은 누구나 이 세상에 태어나기 전에 자기의 분수를 스스로 선택할 수 없다. '내가 사람으로 태어났다. 내가 20세기 후반에 한국의 모씨 집안의 맏아들로 태어났다'는 사실 등이 다 하늘이 정해 준 분수라 하겠다.

그뿐만이 아니다. 선천적으로 나에게 주어진 나의 소질·재능·성질 및 체질 등도 다 하늘이 나에게 준 분수에 속한다고 생각할 수 있다.

그렇다고 숙명론에 빠져 인간의 모든 노력을 부정하라는 뜻은 아니다. 또 그래서도 안 된다. 나에게 주어진 분수, 즉 환경이나 위상 및 소질을 최대한으로 살리고 활용하고 성실하게 노력해서 나름대로의 좋은 성과를 거두어야 한다. 그렇게 하는 것이 내가 나의 삶을 주체적으로 잘 사는 것이며 또 그것을 '분수에 만족함[安分]'이라고 한다.

제6편에 있는 7개 항은 자연의 평범한 도리를 따라 무난하게 살라고 가르치고 있다. 엉뚱한 생각이나 과도한 욕심을 버리고 안분지족(安分知足)하면 인생을 한가롭고 즐겁게 살 수 있음을 깨우치고 있다.

노자는 말했다. '만족함을 아는 사람이 부자이다(知足者富).' '만족할 줄 알면 욕을 보지 않는다(知足不辱).'

안분편 安分篇

6-1 /

景行錄에 云,
경 행 록　　운

知足이면 可樂이요
지 족　　가 락

務貪이면 則憂니라.
무 탐　　즉 우

《경행록》에 있다. '족할 줄 알면 삶을 즐길 수 있으나, 탐욕을 부리고 채우려고 하면 모든 근심과 걱정이 일어나게 된다.'

| 가사체 |

경행록에 말하였다
넉넉함을 안다면은 즐거울수 있을게고
욕심냄이 많으면은 근심함이 있느니라

足(만족할 족), 務(힘쓸 무), 貪(탐할 탐), 則(곧 즉), 憂(근심할 우).

○景行錄(경행록)-1-7 참조. ○知足(지족)-만족할 줄 알다. ○可樂(가락)-즐길 수 있다. 삶을 즐겁게 살 수 있다. ○務貪(무탐)-탐욕을 부리다. '무(務)' 는 애를 쓰다. 힘쓰다. 탐욕을 채우려고 애를 쓰다. ○則(즉)-그러면. ○憂(우)-모든 근심 걱정이 일어난다.

| 참고 |

안분지족(安分知足)이란 자기 분수에 안주(安住)하고 하늘이 나에게 준 모든 위상(位相)에 만족하며 산다는 뜻이다. 절대선인 하늘은 인간에게 선본성(善本性)을 주었다. 따라서 착하게 사는 것이 안분지족이다. 사람이면서 동물적 · 이기적 탐욕을 끝없이 채우려고 하니까 인간 세상에 온갖 마찰과 비극이 발생한다. '안분지족' 은 결국 '안빈낙도(安貧樂道)' 와 같은 경지이다.

6-2/

知足者는 貧賤亦樂하고
지 족 자   빈 천 역 락

不知足者는 富貴亦憂니라.
부 지 족 자   부 귀 역 우

만족할 줄 아는 사람은 가난하고 천해도 즐겁게 살지만, 만족을 모르는 사람은 부귀를 누려도 걱정스럽기만 하다.

| 가사체 |

만족함을 아는자는 가난해도 즐겁지만

만족함을 모르는자 부귀해도 근심많다

貧(가난할 빈), 賤(천할 천), 亦(또 역), 富(부할 부), 貴(귀할 귀).

● ● ●

○ 知足者(지족자)—만족할 줄 아는 사람. ○ 貧賤(빈천)—가난하고 천
하다. ○ 亦(역)—역시. ○ 樂(락)—즐겁게 산다.

| 참고 |

바로 앞의 말을 구체적으로 예시했다. 인생을 즐겁게 사느냐 짜증스
럽게 사느냐 하는 것은 외형적 재물이나 지위보다도 자신의 마음가짐
에 있다. 안빈낙도(安貧樂道)해야 한다.

6-3/

濫想은 徒傷神이요 妄動은 反致禍니라.
남 상   도 상 신   망 동   반 치 화

허황한 생각은 공연히 정신을 상하게 하고, 경망한 행동은 도
리어 재화를 초래한다.

| 가사체 |

그허황한 생각들은 맑은정신 손상하고
그경망한 행동들은 재앙초래 하느니라

濫(함부로 람), 徒(공연할 도), 傷(상처 상), 妄(허망할 망), 反(되돌릴 반).

• • •

○濫想(남상)－허황된 생각. ○徒(도)－공연히, 다만. ○傷神(상신)－
정신을 상하다. ○妄動(망동)－경거망동(輕擧妄動). ○反(반)－반대
로. 도리어. ○致禍(치화)－재화를 부른다.

| 참고 |

　사람은 사람답게 살아야 한다. 사람이면서 동물적·이기적 욕심을
채우기 위해 남을 살상(殺傷)하고 남의 재물을 탈취하면 안 된다. 간악
하게 남을 속이거나 무력으로 남을 유린하려는 생각은 인간의 '선본성
(善本性)'에 위배된다. 그러므로 잡념과 욕심은 인간의 맑은 정신을 흐
리게 하고, 몸을 병들게 한다. 경거망동하면 재화를 초래하게 된다. 탐
욕을 버리고 자신의 분수를 지키면 조용하고 즐겁게 살 수 있다. 하늘
은 사람에게 하늘의 도리를 깨닫고 실천할 수 있는 선본성을 주었다.
따라서 허황한 욕심을 버리고 착한 본성을 따라야 한다.

6-4/

知足常足이면 終身不辱하고
지 족 상 족　　　　종 신 불 욕

知止常止면 終身無恥니라.
지 지 상 지　　　　종 신 무 치

　족할 줄 알고 항상 만족한 마음으로 살면 평생토록 욕되지 않

을 것이다. 머무를 줄 알고 항상 적절하게 머무르면 평생토록 창피함이 없을 것이다.

| 가사체 |

족한줄을 알고알아 늘언제나 넉넉하면
평생토록 욕되지를 아니할수 있을게고
머무를줄 알고알아 언제나잘 머무르면
이한평생 다하도록 창피함이 없으리다

常(항상 상), 終(끝날 종), 辱(욕될 욕), 止(머물 지), 恥(부끄러워할 치).

• • •

○知足常足(지족상족)－족할 줄 알고 만족한 마음으로 산다. ○終身 (종신)－평생을 두고. ○不辱(불욕)－욕을 보지 않는다. ○知止常止 (지지상지)－머무를 줄 알고 머무르다. ○無恥(무치)－창피하지 않다.

| 참고 |

욕심을 억제하고 안분지족(安分知足)하면 욕되지 않고 창피하지 않고 평생을 즐겁게 살 수 있다.

6-5/

書曰, 滿招損하고 謙受益이니라.
서 왈 만 초 손 겸 수 익

《서경》에 있다. '차면 줄어들고 겸손하면 이롭다.'

| 가사체 |

서경에서 말하였다
가득차면 줄어들고 겸손하면 이득본다

滿(찰 만), 招(부를 초), 損(덜 손), 謙(겸손할 겸), 受(받을 수), 益(더할 익).

• • •

○書(서)−《서경(書經)》. 즉《상서(尙書)》. ○滿招損(만초손)−가득 차면 줄어든다. ○謙受益(겸수익)−겸손하면 도리어 이득을 본다.

| 참고 |

이 말은《서경》〈대우모(大禹謨)〉에 있는 구절이다. 자연의 이치가 다 같다. 높이 올라가면 떨어지고 가득 차면 줄게 마련이다. 기타 다음과 같은 말이 있다.
'달도 차면 이지러진다(月滿則虧).'
'사물도 극에 달하면 쇠퇴한다(物盛則衰).'
노자는 다음과 같이 말했다.
'부귀를 누리고 교만하면 스스로 남에게 허물을 남기게 된다(富貴而驕 自遺其咎).'
'많이 저장하면 크게 잃는다(多藏必厚亡).'

安分吟_에 曰,
안 분 음   왈

安分_{이면} 身無辱_{이요}
안 분   신 무 욕

知機_면 心自閑_{이라}
지 기   심 자 한

雖居人世上_{이나} 却是出人間_{이니라.}
수 거 인 세 상   각 시 출 인 간

〈안분음〉에서 말했다. '분수에 만족하면 몸에 욕됨이 없고, 천기를 터득하면 마음이 스스로 한가하나니, 비록 인간 세상에 살고 있으면서도 인간 세상을 벗어난 것이라 하겠다.'

| 가사체 |

안분음에 말하였다
내분수에 만족하면 나의몸에 욕됨없고
일의機微 터득하면 마음절로 한가하니
    기 미
인간세상 살더라도 인간세상 벗어났다

吟(읊을 음), 辱(욕 욕), 知(알 지), 機(틀 기), 閑(한가할 한), 雖(비록 수), 居(있을 거), 世(세상 세), 却(도리어 각).

• • •

○安分吟(안분음)—송(宋)대의 소옹(邵雍)이 지은 시. 〈격양시(擊壤詩)〉라고도 함.   ○安分(안분)—자기 분수에 안주(安住)함.   ○身無辱(신무욕)—몸에 욕됨이 없다.   ○知機(지기)—천기(天機)나 하늘의 기미(機微)를 알다. 천기는 우주의 메커니즘(mechanism).   ○心自閑(심자한)—

마음이 스스로 한가롭다. ○居(거)−살다. 몸담고 있다. ○人世上(인
세상)−인간 세상. ○却是(각시)−도리어. ○出人間(출인간)−세상에
서 벗어나다.

| 참고 |

　맑은 하늘의 오묘한 뜻과 도리를 깨닫고 하늘과 하나가 되면 추악한
인간 속세에서 해탈할 수가 있다. 천도와 천명을 터득하고 인간적인 추
악한 탐욕을 부리지 않는 것이 바로 천기(天機)를 바르게 아는 것이다.
전통사상에서는 우주를 하나의 거대한 생명체로 본다. 따라서 우주의
메커니즘이 곧 천기이다. 그 천기의 하나가 바로 자연법칙이다. 과학자
가 자연법칙을 활용해서 좋은 성과를 올리듯이 사회나 국가의 윤리 도
덕 및 정치도 천도 천기를 기준으로 하고 실천해야 한다. 그것이 곧 안
분(安分)이고 지기(知機)이다.

6-7/

子曰, 不在其位면 不謀其政이니라.
자 왈　부 재 기 위　　불 모 기 정

　공자가 말했다. '그 자리에 있지 않으면 그 정사를 도모하지
마라.'

| 가사체 |

　공자님이 말하셨다

그자리에 있잖으면 **政事論議** 못하니라
정 사 논 의

不(아닐 불), 在(있을 재), 其(그 기), 位(자리 위), 謀(꾀할 모), 政(정사 정).

• • •

○不在其位(부재기위)—그 직위에 있지 않으면.   ○不謀其政(불모기
정)—그 직위에서 행할 정사를 논하거나 꾀하지 마라.

| 참고 |

자기의 직분을 충실하게 수행하는 동시에 남의 직책에 대하여 간섭
하거나 비평하는 일을 삼가야 한다. '군자는 생각하는 바가 그 직위를
벗어나지 않게 해야 한다(君子思不出其位).' (曾子) '군자는 자기가 처
한 위상에 맞게 행동하고 밖의 것을 바라지 않는다. 부귀를 누리게 되
면 부귀를 누리는 사람답게 행동하고, 빈천한 자리에 떨어지면 빈천한
사람답게 행동한다(君子素其位而行 不願乎其外 素富貴行乎富貴 素貧
賤行乎貧賤).' 《中庸》

世人不解青天意空使身心半夜愁○撃壤詩云富貴如將智力求仲...
○撃壤詩云富貴如將智力求仲...
景行錄云坐密室如通衢馭寸心如六馬可免過○心不負人面無...
如衙防意如城○心不負人○時○懼法朝朝樂欺公日日憂
圓而行欲方○念念要如臨戰日心心常似過橋時
與人不追悔○孫思邈曰膽欲大...
施厚望薄者不報貴而忘賤者不久
海守之以謙勇力振世守之以怯...
切被天下之以讓富有四海守之...
患不到聖賢地位也○子曰聡明...
昏爾曹但當以責人之心責己恕...
戒爾曹但當以責人之心責己...
世人不解青天意空使身心半夜愁○撃壤詩云富貴如將智力求仲...
○撃壤詩云富貴如將智力求仲...

존심(存心)은 바르고 착한 마음을 항상 간직하라는 뜻이다. 누구나 예사롭게 마음이 있다고 말한다. 그러나 그 마음이 인체의 어느 부위에 있으며 그 모양이나 크기가 어떠한지 알 수가 없다. 그러면서 사람은 누구나 다 '나는 마음이 있다'고 말한다.

남의 장기(臟器)를 이식(移植)하여 죽어 가는 생명이나 기능을 소생시킬 수 있을 만큼 놀랍게 발달한 오늘의 의학으로도 마음의 실체를 과학적으로 설명하지 못한다. 천하의 명의(名醫)도 사람의 마음을 정확하게 지적해내지 못한다. 그러나 사람마다 마음은 분명히 있으며, 그 마음이 사람의 언행을 주재하고 있음을 누구나 다 알고 있다.

옛사람은 '보이지 않는 마음이 몸속 어딘가에 있으며 그 크기는 한 치도 못되게 작은 것이다'라고 생각했다. 그래서 '속에 있는 작은 마음[寸心]'이라고 일컬었다.

그 작은 마음이 행동으로 나타난다. 착한 마음은 착한 행동으로 나타나고, 악한 마음은 악한 행동으로 나타난다. 그러므로 옛사람들은 마음의 수양, 즉 심성의 함양을 중하게 여겼던 것이다.

한 치의 작은 마음, 즉 촌심(寸心)은 선심(善心)과 악심(惡心)으로 대별할 수 있다. 하늘의 도리를 따르고, 지성으로 부모님에게 효도하고, 또 남을 사랑하고 더 나아가 나라에 충성하고 인류의 문화 발전에 이바지하려는 마음은 '착한 마음[善心]'이다. 반대로 욕심을 채우기 위해 남을 억압하거나 유린하고 간악한 수단으로 재물이나 명예를 획득하려는 마음은 '악심(惡心) 혹은 사심(邪心)'이다.

하늘은 인간에게 선본성(善本性)을 부여했다. 그러므로 누구나 수양하여 심성을 함양하면 착한 사람이 된다. 인성교육을 중시해야 한다.

존심편 存心篇

7-1/

景行錄에 云,
경행록 운

坐密室을 如通衢하고
좌밀실 여통구

馭寸心을 如六馬하면 可免過니라.
어촌심 여육마 가면과

《경행록》에 있다. '밀실에 앉아 있어도 마치 네거리에 있는 것처럼 하고, 작은 마음 제어하기를 흡사 육두마차 부리듯 하면 가히 허물을 면할 수 있을 것이다.'

| 가사체 |

경행록에 말하였다
비밀스런 방에서도 네거리에 앉은듯이
작은마음 다스리길 六頭馬車 몰듯하여
　　　　　　　　　육두마차
긴장하고 조심하면 많은허물 면하리다

密(은밀할 밀), 衢(네거리 구), 馭(말 부릴 어), 免(면할 면), 過(허물 과).

• • •

○坐密室(좌밀실)−밀실에 앉아 있다. ○如通衢(여통구)−사방으로 통
하는 네거리에 있는 것처럼 조심한다. ○馭(어)−말을 부리다. ○寸
心(촌심)−작은 마음. ○如六馬(여육마)−육두마차(六頭馬車) 몰듯 (긴
장하고 조심하다).

| 참고 |

   마음은 남의 눈에 보이는 것이 아니다. 그러므로 사람들은 나쁜 마
음을 품으면서 겉으로는 아닌 척한다. 그러나 마음은 말이나 행동으로
나타나게 마련이다. 나쁜 마음은 나쁘게 나타나고, 착한 마음은 착하게
나타난다. 그러므로 자기가 스스로 자기 마음을 잘 단속해야 한다. 특
히 동물적·이기적 탐욕이나, 육체적·감각적 쾌락을 채우려는 타락한
마음을 잘 제어해야 한다. 육두마차(六頭馬車)를 몰듯이 긴장하고 조심
해야 한다. 《대학》에는 '군자는 홀로 있을 때를 삼간다(君子愼其獨
也)'라는 말이 있다.

7-2/

擊壤詩에 云,
격 양 시 운

富貴를 如將智力求인대 仲尼年少合封侯라.
부 귀 여 장 지 력 구   중 니 연 소 합 봉 후

世人은 不解靑天意하고 空使身心半夜愁로라.
세 인 불 해 청 천 의   공 사 신 심 반 야 수

〈격양시〉에 있다. '부귀를 지능의 힘만으로 얻는다면 공자는 젊어서 마땅히 제후가 되었을 것이다. 세상 사람들은 푸른 하늘의 뜻을 모르고 공연히 한밤중에 몸과 마음으로 슬퍼하고 고민을 한다.'

| 가사체 |

격양시에 말하였다
부귀영화 그것들을 지혜로써 얻는다면
공자님은 젊었을때 제후책봉 되셨겠지
이세상을 사는사람 푸른하늘 뜻모르고
공연히들 한밤중에 몸과마음 괴롭힌다

如(만약 여), 智(슬기 지), 封(봉할 봉), 侯(제후 후), 解(풀 해), 愁(시름 수).

• • •

○ 擊壤詩(격양시)—송(宋)대의 학자 소옹(邵雍)이 엮은 시집. ○ 富貴(부귀)—부유하고 신분이 높음. ○ 如(여)—만약에. ○ 將(장)—…으로써. ○ 智力(지력)—지혜로운 힘. 지식이나 슬기. ○ 仲尼(중니)—공자의 자(字). 공자의 모친 안씨(顔氏)가 이산(尼山)에 기도를 올리고 낳았다. ○ 合封侯(합봉후)—제후의 봉을 받아야 마땅하다. ○ 不解(불해)—이해하지 못하고. ○ 青天意(청천의)—푸른 하늘의 뜻. ○ 空(공)—공연히. ○ 使身心愁(사신심수)—(허황된 욕심을 품고) 몸과 마음을 괴롭힌다.

| 참고 |

공자는 《논어(論語)》에서 말했다. '죽고 사는 것은 천명으로 주어지고 부귀는 하늘에 매여 있다(死生有命 富貴在天).' 그러나 속인들은 욕

심만으로 부귀를 누리려고 안달을 한다. 노자(老子)는 말했다. '천도는 편애하지 않고 항상 선인을 편든다(天道無親 常與善人).' 즉 하늘은 선인(善)에게 복을 내린다.

7-3-1

范忠宣公이 戒子弟曰,
범 충 선 공   계 자 제 왈

人雖至愚나 責人則明하고
인 수 지 우   책 인 즉 명

雖有聰明이나 恕己則昏이라.
수 유 총 명   서 기 즉 혼

범충선공이 자제를 훈계하여 말했다. '지극히 어리석은 사람이라도 남을 책할 때에는 영악하고, 총명한 사람이라도 자신의 잘못은 흐리멍덩 넘기려 한다.'

| 가사체 |

충선공이 자제들을 경계하여 말하였다
자신비록 지극히도 어리석은 자라해도
남을책망 할때에는 밝고또한 靈惡하다
　　　　　　　　　　　　　　　영 악
자신비록 지극히도 총명한자 라고해도
자기잘못 용서할땐 얼렁뚱땅 넘어간다

責(꾸짖을 책), 聰(귀 밝을 총), 恕(용서할 서), 昏(어두울 혼).

○范忠宣公(범충선공)—송(宋)대의 명신 범중엄(范仲淹)의 아들. 학문과 덕이 높아 재상까지 올랐다. ○至愚(지우)—지극히 우매하다. ○責人則明(책인즉명)—남을 책망할 때는 영악하다. ○恕己則昏(서기즉혼)—자신의 허물을 용서할 때는 흐리멍덩한 척하고 넘어간다.

| 참고 |

남을 공격하기 좋아하는 사람은, 곧 무식하고 우매한 사람이다. 자기의 잘못을 숨기고 가리려는 사람은 현명한 사람이 아니다. 진정으로 현명한 사람은 자신에게 엄하고 남에게 관대하다.

7-3-2 /

爾曹는 但當 以責人之心으로 責己하고
이 조 단 당 이 책 인 지 심 책 기

恕己之心으로 恕人하면
서 기 지 심 서 인

則不患不到聖賢地位也니라.
즉 불 환 부 도 성 현 지 위 야

'너희들은 마땅히 남을 책하는 마음으로 자신을 책하고, 자신을 용서하는 마음으로 남을 용서해 주어야 한다. 그러면 성인의 경지에 이르지 못할까 걱정하지 않아도 된다.'

| 가사체 |

너희들은 당연히도

남꾸짖는 마음으로 자기자신 책망하고
자기허물 용서하듯 다른사람 용서하면
성인경지 못오를까 걱정필요 없느니라

爾(너 이), 曹(무리 조), 患(근심 환), 聖(성스러울 성), 賢(어질 현).

• • •

○爾曹(이조)─너희들. ○但當(단당)─오직 마땅히 …해야 한다. ○以
責人之心(이책인지심)─남을 책하는 마음으로써. ○恕己之心(서기지
심)─자신의 허물을 용서하는 너그러운 마음. ○不患不到(불환부도)─
이르지 못할 것을 걱정하지 않음.

| 참고 |

남의 과실을 관대하게 용서하고 반대로 자신의 잘못을 엄격하게 다
스려야 한다. 그러면 성현의 경지에 도달할 수 있다. 특히 용서의 미덕
을 발휘해야 한다. 용서는 소극적인 사랑이다.

자신의 마음이나 행동을 엄히 단속하고 또 자신의 허물을 엄하게 책
망해야 한다. 그것이 자기 수양이다. 한편 남에게는 되도록 관대하게
포용하는 아량을 지녀야 한다.

7-4/

聰明思睿라도 守之以愚하고
총 명 사 예   수 지 이 우

功被天下라도 守之以讓하고
공 피 천 하   수 지 이 양

勇力振世라도 守之以怯하고
용 력 진 세　　 수 지 이 겁

富有四海라도 守之以謙하라.
부 유 사 해　　 수 지 이 겸

　총명하고 슬기로워도 어리석음으로 지켜야 하고, 공명이 천
하에 넘쳐도 겸양하는 마음으로 지켜야 하며, 용맹이 세상에 떨
쳐도 겁먹은 마음으로 지켜야 하고, 재물이 사해에 넘쳐도 겸손
한 태도로 지켜야 한다.

| 가사체 |

슬기롭고 총명하고 사려깊고 밝더라도
어리석음 그것으로 총명슬기 지켜야고
세운功績 온천하에 넘쳐나고 넘쳐나도
　　공 적
겸양하는 마음으로 그공적을 지켜야며
용맹함이 온세상에 크게널리 떨치어도
겁을먹은 마음으로 그용맹을 지켜야고
재물들이 온四海에 가득넘쳐 나더라도
　　　　사 해
겸손한그 태도로써 그재물을 지켜얀다

　　睿(깊고 밝을 예), 愚(어리석을 우), 讓(사양할 양), 勇(날쌜 용), 振(떨칠 진),
　　怯(겁낼 겁), 謙(겸손할 겸).

　　　　　　　　　• • •

　　○思睿(사예)─슬기롭고 사려가 깊어도. ○守之以愚(수지이우)─어리
석음으로써 지켜야 한다. ○功被天下(공피천하)─공명이 천하를 덮
을 만해도. ○守之以讓(수지이양)─예양(禮讓)하는 태도로 공명을 지
켜야 한다. ○勇力振世(용력진세)─용맹과 힘이 세상에 떨쳐도. ○守.

之以怯(수지이겁)ー겁 많은 사람처럼 신중하게 해야 한다. ○富有四
海(부유사해)ー천하의 재물을 다 소유해도. ○守之以謙(수지이겸)ー부
를 겸손으로 간직하고 지켜야 한다.

| 참고 |

알아도 모른 척하고 더욱 배워야 한다. 공을 세우고도 예양(禮讓)하
고, 힘이나 재물이 있어도 남에게 겸손할 줄 알아야 한다. 순자(荀子)는
다음과 같이 말했다.

'신분이 높으면 남에게 공손해야 하고 부자일수록 검소하게 살아야
하며 적에게 이겨도 더욱 경계해야 한다(身貴而愈恭 家富而愈儉 勝敵
而愈戒).'

7-5/

素書云,
소 서 운

薄施厚望者는 不報하고
박 시 후 망 자   불 보

貴而忘賤者는 不久니라.
귀 이 망 천 자   불 구

소서에서 말했다. '박하게 베풀고 후한 것을 바라는 사람은
보답을 못 받고, 귀하게 되고 천했던 때를 잊은 자는 오래가지
못한다.'

| 가사체 |

소서에서 말하였다
베풀기를 적게하고 많은보답 바라는자
보답받지 못할게고
尊貴하게 되고나서 卑賤한때 잊은자는
　존 귀　　　　　　비 천
오래가지 못하리라

　　薄(엷을 박), 施(베풀 시), 厚(두터울 후), 報(갚을 보), 賤(천할 천).

• • •

　○素書(소서)－한(漢)의 황석공(黃石公)이 쓴 책.　○薄施厚望(박시후
망)－적게 베풀고 많은 보답을 바람.　○不報(불보)－보답받지 못함.
○貴而忘賤(귀이망천)－귀하게 되고 나서 천했을 때를 잊는다.　○不
久(불구)－(귀한 자리를) 오래 지키지 못함.

| 참고 |

　남에게는 많이 베풀고 남으로부터는 적게 받는 것이 좋다. 이 말은
불로소득(不勞所得)하면 안 된다는 뜻도 있다. 속담에 '개구리 올챙이
때를 모른다' 는 말이 있다. 출세하고 높은 자리에 올랐다고 옛 친구나
전에 신세진 사람들을 모른 척하는 패은망덕(悖恩忘德)한 자는 필시 하
늘의 벌을 받는다.

7-6/

施恩이어든 勿求報하고
시 은　　　　　물 구 보

與人이어든 **勿追悔**하라.
여 인　　　　 물 추 회

은혜를 베풀되 그에 대한 보답을 바라지 말고, 남에게 주고
나서 나중에 후회하지 마라.

| 가사체 |

恩澤으로 주었거든
은 택
그에대한 보답을랑 바라서는 아니되고
타인에게 주었거든
뒤에가서 아깝다고 후회해선 아니된다

施(베풀 시), 勿(말 물), 報(갚을 보), 與(줄 여), 追(쫓을 추), 悔(뉘우칠 회).

　　　　　　　　　　• • •

○施恩(시은)－남에게 은혜를 베풀다.　○勿求報(물구보)－보답을 바
라지 마라.　○與人(여인)－남에게 주다.　○勿追悔(물추회)－뒤늦게
(남에게 준 것을) 후회하지 마라.

| 참고 |

부모가 자녀를 사랑하는 참사랑의 심정으로 남에게 은혜를 베풀어
라. 그리고 보답을 바라지 마라. 또 남에게 베푼 일을 나중에 아깝게 생
각하거나 후회하지 마라. 진정한 사랑은 '상대를 좋은 사람 되게 하기
위하여 아무런 조건 없이 내가 정성으로 후원해 주는 행동이다.'

孫思邈이 曰,
손 사 막　　왈

膽欲大 而心欲小하고
담 욕 대　이 심 욕 소

知欲圓 而行欲方하라.
지 욕 원　이 행 욕 방

　손사막이 말했다. '담력은 클지라도 마음가짐은 작은 듯 신중하고, 지식은 둥글고 넓게 가지되 행실은 방정해야 한다.'

| 가사체 |

　손사막이 말하였다
　자기담력 클지라도 신중하려 해야하고
　지식이란 넓게갖되 그행실은 발라얀다

　　邈(멀 막), 膽(쓸개 담), 欲(하고자 할 욕), 圓(둥글 원), 方(모 방).

• • •

　○孫思邈(손사막)－당(唐)나라의 학자. ○膽(담)－쓸개. ○心欲小(심욕소)－마음가짐을 작은 듯이 하라. 마음을 세심하게 쓰라는 뜻. ○知欲圓(지욕원)－지식을 둥글고 넓게 가져라. ○行欲方(행욕방)－행실은 방정해야 한다. 바르고 절도가 있어야 한다.

| 참고 |

　기상이나 포부는 담대하고 대범해야 한다. 하지만 사려나 행동은 치밀하고 신중해야 한다. 학문이나 지식은 박학다식(博學多識)하되, 행실

은 절대선인 천도를 따라 한결같고 방정하고 독실해야 한다. 《회남자(淮南子)》에 있다. '지혜는 둥글고 원만해야 한다. 그러나 행실은 방정해야 한다(智欲圓 而行欲方).' 방정한 행동은 곧 천도를 따라 광명정대(光明正大)하고 공평무사(公平無私)한 행동이다.

7-8/

念念要如臨戰日하고
염 념 요 여 임 전 일

心心常似過橋時하라.
심 심 상 사 과 교 시

생각은 전투에 임하는 날처럼 신중하게 하고, 마음은 다리를 건널 때처럼 조심스럽게 가져라.

| 가사체 |

생각이란 싸움터에
나아갔을 때와같이 신중하게 해야하고
마음이란 늘언제나
다리건널 때와같이 조심스레 가지거라

念(생각할 념), 臨(임할 림), 戰(싸울 전), 似(같을 사), 橋(다리 교).

• • •

○念念(염념)−생각하고 또 생각한다. ○要(요)−…해야 한다. ○臨戰日(임전일)−전투에 임하는 날. ○心心(심심)−조심하고 또 조심한

다. ○常(상)─항상. 언제나. ○似(사)─…와 같게. ○過橋時(과교시)─다리를 건너갈 때.

생각과 행동을 신중하게 해야 한다. 전투에 임하는 날처럼 또 위험한 다리를 건너갈 때처럼 긴장하고 조심조심해야 한다.

이 말을 표면적인 비유라고만 생각하지 말고, 그 깊은 뜻을 생각해 보자. 이 세상의 전쟁은 사람들이 서로 저마다의 탐욕을 채우기 위해서 서로 죽이고 토지나 재물을 쟁탈하는 악덕한 범죄행위다. 개인적 차원의 싸움이나 국가 간의 전쟁이나 그 바탕은 동물적·이기적 탐욕이다.

사람도 같다. '한마음' 속에 두 마음이 공존하면서 싸우고 있다. 즉 '착한 마음'과 '악한 마음'이 서로 싸우고 있다. 악한 마음을 제어하고 선한 마음을 높여야 한다.

7-9/

懼法이면 朝朝樂이오
구 법   조 조 락

欺公이면 日日憂니라.
기 공   일 일 우

법도를 두렵게 여기고 따르면 아침마다 즐겁고, 공사를 속이면 날마다 근심스럽게 살아야 한다.

나라법을 겁을내면 아침마다 즐거웁고
나랏일을 속이면은 매일매일 근심한다

懼(두려워할 구), 法(법 법), 樂(즐거울 락), 欺(속일 기), 憂(근심할 우).

• • •

○懼法(구법)─나라의 법을 두렵게 여기고 지킨다. ○朝朝(조조)─매
일 아침. ○欺公(기공)─공무, 공사(公事)를 기만하다. ○憂(우)─근
심하고 걱정함.

| 참고 |

사(私)보다 공(公)을 앞세우고 높여야 한다. 사리사욕(私利私慾)을 채
우기 위해 대의명분(大義名分)을 망각하고 국법을 어기거나 공사(公事)
를 문란케 하면 고생스럽게 살아야 한다.

7-10/

朱文公이 曰,
주 문 공   왈

守口如瓶하고 防意如城하라.
수 구 여 병   방 의 여 성

주자가 말했다. '입 지키기를 병을 막듯이 하고, 욕심 막기를
성을 지키듯이 하라.'

| 가사체 |

주문공이 말하였다
입조심을 하는것은 병을막듯 해야하고
과한욕심 막는것은 성지키듯 해야한다

守(지킬 수), 瓶(병 병), 防(막을 방), 城(성 성).

• • •

○朱文公(주문공)－주자(朱子).   ○守口(수구)－입조심하다.   ○如瓶(여병)－병마개를 막아놓듯 함.   ○防意(방의)－과도한 의욕이나 욕심을 제어함.   ○如城(여성)－성문을 엄중히 지키듯이 욕심을 막다.

| 참고 |

입을 함부로 놀리지 말고 한마디 말이라도 신중하게 해야 한다. 말 때문에 인간관계가 틀어지고 또 세상이 시끄러워진다. 마음 단속을 흡사 성문을 지키듯이 엄하게 해야 한다. 맹자는 말했다. '학문을 배우는 근본은 다른 것이 아니다. 자신의 마음을 수습하고자 함이다(學問之道 無他 求其放心而已矣).'

7-11/

心不負人이면 **面無慙色**이니라.
심 불 부 인   면 무 참 색

마음속에 남을 배반할 생각이 없다면 얼굴에도 부끄러운 기

색이 나타나지 않는다.

마음속에 다른사람 배반하는 그런생각
털끝만도 없었다면 얼굴에도 처음부터
부끄러워 하는기색 나타나지 않느니라

負(등질 부), 無(없을 무), 慙(부끄러울 참), 色(빛 색).

• • •

○ 負(부)─등지다. 배반하다. ○ 人(인)─여기서는 남, 상대방의 뜻.
○ 慙色(참색)─부끄러워하는 기색, 표정.

| 참고 |

마음이 맑으면 얼굴도 맑고, 마음이 탁하면 얼굴도 탁하게 된다. 마
음은 밖으로 나타나게 마련이다. 광명정대(光明正大)한 천도를 따르고
실천하려는 마음을 지니고 착하게 살면, 얼굴이 맑아지고 또 빛나게 마
련이다.

7-12/

人無百歲人이나 枉作千年計니라.
인 무 백 세 인   왕 작 천 년 계

사람은 누구나 백 년을 살지 못하거늘 부질없이 천 년을 살

것처럼 (욕심을 부리며) 계획을 세운다.

| 가사체 |

사람들은 누구든지 백년살지 못하지만
천년살듯 욕심부려 계획들을 세우니라

百(일백 백), 歲(해 세), 枉(굽을 왕), 作(지을 작), 年(해 년), 計(꾀 계).

• • •

○百歲人(백세인) — 백세를 사는 사람.   ○枉(왕) — 부질없이.   ○千年計(천년계) — 욕심에 있어 천 년을 살듯이 계획을 세운다.

| 참고 |

사람은 오래 살아야 백 년이다. 그러나 천 년을 살 것처럼 탐욕을 부리고 과분하게 재물을 모으니 딱하다. 한없는 욕심을 채우기 위해 서로 쟁탈하기 때문에 세상이 아수라장으로 화하는 것이다.

7-13/

寇萊公六悔銘에 云,
구 래 공 육 회 명   운

官行私曲이면 失時悔하고
관 행 사 곡   실 시 회

富不儉用이면 貧時悔하고
부 불 검 용   빈 시 회

見事不學이면 用時悔하고
견 사 불 학 용 시 회

藝不少學이면 過時悔하고
예 불 소 학 과 시 회

醉後狂言이면 醒時悔하고
취 후 광 언 성 시 회

安不將息이면 病時悔니라.
안 부 장 식 병 시 회

　구래공이 〈육회명〉에서 말했다. '벼슬할 때에 사욕을 앞세워
잘못하면 실직하고 나서 후회하고, 부유할 때에 절약하지 않으
면 가난해지고 나서 후회하게 되고, 젊어서 기술을 배우지 않으
면 뒤늦게 나이 들어 후회하고, 일을 보고 배우지 않으면 자신
이 일을 할 때에 후회하게 되고, 술에 취해서 망언을 하면 깨어
난 다음에 후회하게 되고, 몸이 성할 때에 양생하지 않으면 병
들어 후회하게 된다.'

| 가사체 |

구래공의 육회명에 다음같은 말이있다
벼슬할때 잘못하면 실직해서 후회하고
부유할때 낭비하면 가난한뒤 후회하고
일을처리 하는것을 보고서도 안배우면
자기자신 그런일을 처리할때 후회하고
젊어기술 못배우면 나이들어 후회하고
술에취해 망언하면 깨어나서 후회하고
건강할때 양생소홀 병든뒤에 후회한다

寇(도둑 구), 萊(명아주 래), 悔(뉘우칠 회), 銘(새길 명), 曲(굽을 곡), 儉(검소할 검), 藝(기예 예), 醉(취할 취), 狂(미칠 광), 醒(깰 성), 息(숨쉴 식).

• • •

○寇萊公(구래공)—북송(北宋)의 고관. 성이 구(寇), 호가 내국공(萊國公). ○六悔銘(육회명)—구래공이 쓴 여섯 가지의 후회할 일을 삼가라는 계명. ○官行(관행)—관리로서 행세할 때에. 관직에 있으면서. ○私曲(사곡)—사사로운 이득을 취하고 도리에 어긋나게 일처리를 함. ○失時(실시)—실각했을 때에. ○悔(회)—후회하다. 뉘우치다. ○儉用(검용)—씀씀이를 절약함. ○藝(예)—기능·기술. ○見事(견사)—일처리하는 것을 보다. ○用時(용시)—같은 일을 처리할 때. ○過時(과시)—뒤늦게. ○醉後(취후)—술에 취해서. ○狂言(광언)—망언을 하다. ○醒時(성시)—깨어나서. ○安(안)—건강하고 안락할 때에. ○不將息(부장식)—몸을 잘 보양하고 양생(養生)하지 않으면.

| 참고 |

구래공의 〈육회명〉을 요약하면 다음과 같다. ①관직에 있을 때 사리사욕을 취하지 마라. ②부유할 때 근검절약하라. ③젊어서 기술을 배워라. ④일찍이 일 처리하는 능력을 키워야 한다. ⑤술 취했을 때 흰소리치지 마라. ⑥평소에 건강관리를 잘하라.

7-14/

益智書에 云,
익 지 서   운

寧無事而家貧이언정 莫有事而家富요
영 무 사 이 가 빈   막 유 사 이 가 부

寧無事而住茅屋이언정 不有事而住金屋이요
영 무 사 이 주 모 옥　　　　불 유 사 이 주 금 옥

寧無病而食麤飯이언정 不有病而服良藥이니라.
영 무 병 이 식 추 반　　　　불 유 병 이 복 양 약

《익지서》에서 말했다. '탈 많게 부유하느니 차라리 탈없이 가난한 편이 낫다. 탈 많으면서 대궐에 사느니 차라리 탈없이 초가집에 사는 편이 낫다. 병들어 좋은 약을 드느니 차라리 병 없이 조밥을 먹는 편이 낫다.'

| 가사체 |

익지서에 말하였다
탈이많이 있으면서 부유하게 살기보다
탈이없이 가난하게 사는편이 나을게고
탈이많이 있으면서 좋은집에 살기보다
탈이없이 초가집에 사는편이 나을게고
병이들어 좋은약을 먹으면서 살기보다
병이없이 거친밥을 먹는편이 좋으리라

益(더할 익), 寧(편안할 녕), 莫(말 막), 茅(띠 모), 屋(집 옥), 金(황금 금), 麤(거칠 추), 飯(밥 반), 服(복용할 복), 良(좋을 량), 藥(약 약).

• • •

○益智書(익지서)—2-4 참조.　○寧(영)—차라리 …하는 편이 좋다.
○寧無事而家貧(영무사이가빈)—집안에 탈없이 가난하게 사는 편이 낫다.　○莫有(막유)—…하는 일이 없어야 한다.　○莫有事而家富(막유사이가부)—집안에 탈이 있으면서 부자로 사는 것보다.　○服(복)—(약을) 복용하다.　○寧無事而住茅屋(영무사이주모옥)—차라리 사고없

이, 즉 편안하게 초가집에 사는 편이 낫다. ○茅屋(모옥)-띠풀집. 초
가집.   ○不有事而住金屋(불유사이주금옥)-'사고에 시달리면서〔有
事〕''황금의 집에 살지〔住金屋〕를''않겠다〔不〕'. ○寧無病而食蠶飯
(영무병이식추반) 不有病而服良藥(불유병이복양약)-병에 시달리면서
좋은 약을 복용하느니, 차라리 조밥을 들면서도 건강하게 살겠다.
○蠶飯(추반)-잡곡밥. 조밥.

| 참고 |

부자로 큰집에 살면서 집안에 탈이 많은 것보다 가난하게 살아도 화
목하고 집안이 안락한 편이 좋다. 약을 복용하면서 병에 시달리는 것보
다 보리밥 들면서 건강하게 사는 편이 더 좋고 행복하다.

7-15/

心安이면 茅屋穩하고
심 안   모 옥 온

性定이면 菜羹香이니라.
성 정   채 갱 향

'마음이 편안하면 초가집도 안온하고, 성품이 안정되면 나물
국도 향기롭다.'

| 가사체 |

내마음이 편안하면 초가집도 안온하고
내성품이 안정되면 나물국도 향기롭다

穩(평온할 온), 性(성품 성), 菜(나물 채), 羹(국 갱), 香(향기 향).

• • •

○心安(심안)－마음이 편하다. ○茅屋穩(모옥온)－초가집에서 살아
도 안온하다. ○菜羹香(채갱향)－나물국도 향기롭다.

| 참고 |

　하늘의 도리를 따라서 살고 심성(心性)이 착하고 안정되면 외형적인
어려움이나 가난도 쉽사리 극복할 수 있다. 마음이 편하고 안정되려면
허황한 욕심이나 과격한 감정을 억제해야 한다. 특히 재물이나 권력에
대한 탐욕을 억제하지 못하면 자기도 불행하고 종국에는 남을 해치게
된다.

7-16/

景行錄에 云,
경 행 록　　운

責人者는 不全交요
책 인 자　　부 전 교

自恕者는 不改過라.
자 서 자　　불 개 과

　《경행록》에 있다. '남을 책하는 자는 온전하게 사귈 수 없고,
자기 허물을 흐리는 자는 자기의 잘못을 고치지 못한다.'

| 가사체 |

경행록에 말하였다
남을책망 하는사람 온전하게 못사귀고
자기허물 호도하면 자기과실 못고친다

責(꾸짖을 책), 交(사귈 교), 恕(용서할 서), 改(고칠 개), 過(허물 과).

• • •

○責人(책인)−남을 탓하다, 책망하다. ○不全交(부전교)−남과 온전
하게 교제할 수 없다. ○自恕者(자서자)−자신의 허물을 호도하는 사
람. ○不改過(불개과)−자신의 잘못을 고치지 못함.

| 참고 |

남에게는 관용을 베풀고 자기 관리는 엄하게 하라.

7-17-1/

夙興夜寐하며 所思忠孝者는
숙 흥 야 매   소 사 충 효 자

人不知라도 天必知之니라.
인 부 지   천 필 지 지

새벽부터 밤늦게까지 부모에게 효도하고 임금에게 충성하는
사람을, 남들은 모를지라도 하늘은 반드시 알아준다.

새벽부터 밤늦도록 부모에게 효도하고
임금에게 충성하는 그런사람 그사람을
사람들은 몰라봐도 하늘은꼭 알아준다

夙(일찍 숙), 興(일 흥), 寐(잠잘 매), 忠(충성 충), 孝(효도 효).

· · ·

○夙興夜寐(숙흥야매)—아침에 일찍 일어나고 밤에 늦게 잔다. 즉 국
가나 가정을 위해 부지런히 일하고 충성을 한다. ○所思(소사)—생각
하는 바. ○忠孝(충효)—충성과 효도.

| 참고 |

지성감천(至誠感天)이라. 정성에는 하늘도 감동한다.

7-17-2/

飽食煖衣하여 怡然自衛者는
포 식 난 의   이 연 자 위 자

身雖安이나 其如子孫何오?
신 수 안   기 여 자 손 하

배불리 먹고 따뜻하게 입고 자신의 안락만을 위하면 제 한 몸
은 편하지만 그 자손들은 어찌될 것인가?

배부르게 밥을먹고 따뜻하게 옷을입고
자신안락 위한다면 자손들은 어찌될꼬

飽(물릴 포), 煖(따뜻할 난), 怡(기쁠 이), 衛(지킬 위), 雖(비록 수).

• • •

○飽食(포식)—배불리 먹다. ○煖衣(난의)—따뜻하게 입는다. ○怡
然(이연)—즐거워함. ○自衛(자위)—자기만을 위함. ○雖(수)—비록
…이나. ○其如子孫何(기여자손하)—그의 자손들은 어찌될 것인가?

| 참고 |

가정이나 국가는 자자손손(子子孫孫) 세세대대(世世代代)로 이어지면
서 더욱 발전한다. 오늘의 나는 과거의 문화 유산을 계승하고 나의 노
력과 공적으로 더욱 발전시켜서 후손에게 물려줄 책임이 있다. 나만을
위해서 산다는 생각은 잘못이다. 일가(一家)의 흥성과 역사의 발전을 위
해 최선을 다해야 한다.

7-18/

以愛妻子之心으로 事親則曲盡其孝요
이 애 처 자 지 심   사 친 즉 곡 진 기 효

以保富貴之心으로 奉君則無往不忠이오
이 보 부 귀 지 심   봉 군 즉 무 왕 불 충

以責人之心으로 責己則寡過요
이 책 인 지 심   책 기 즉 과 과

以恕己之心으로 恕人則全交니라.
이 서 기 지 심   서 인 즉 전 교

처자를 사랑하는 마음으로 어버이를 섬기면 그 효도가 극진하게 되고, 부귀를 보전하려는 마음으로 임금을 섬기면 어느 면에서나 불충할 수 없으며, 남을 책망하는 마음으로 자신을 엄하게 책망하면 자신의 허물이 적어질 것이고, 자신을 용서하는 마음으로 남을 용서해주면 남과의 교제가 원만하게 될 것이다.

| 가사체 |

처자식을 사랑하듯 어버이를 섬긴다면
그효도가 극진하게 될수있을 것이고요
부귀보전 하고싶듯 임금님을 받든다면
그어떠한 면에서나 불충할수 없을게고
다른사람 책망하는 그와같은 마음으로
자신엄히 책망하면 자신허물 적어지고
자기자신 용서하듯 다른사람 용서하면
남과사귐 온전하게 할수있을 것이니라

以(써 이), 愛(사랑 애), 妻(아내 처), 事(섬길 사), 則(곧 즉), 盡(다될 진), 保(지킬 보), 往(갈 왕), 寡(적을 과), 恕(용서할 서).

• • •

○以(이)…之心(지심)－…하는 마음으로써. ○愛妻子(애처자)－아내와 자식을 사랑함. ○事親(사친)－부모님을 섬김. ○曲盡(곡진)－자세하고 간곡함. ○保(보)－간직하다. ○奉君(봉군)－임금을 받들다. ○無往不忠(무왕불충)－어디로 가나, 어느 경우에나 불충함이 없다. ○寡過(과과)－허물이나 과실이 적어진다. ○全交(전교)－사귐이 온

전하게 된다.

선과 악의 차이는 마음가짐에 있다. 이기적인 마음을 확대해서 이타
(利他)로 돌려쓰면 훌륭한 인격자가 될 수 있다.

7-19/

爾謀不臧이면 悔之何及이며
이 모 부 장   회 지 하 급

爾見不長이면 敎之何益이리오?
이 견 부 장   교 지 하 익

利心專則背道요
이 심 전 즉 배 도

私意確則滅公이니라.
사 의 확 즉 멸 공

너의 계획이 옳지 못했으니 후회한들 무슨 소용이 있느냐?
너의 식견이 크지 못하거늘 가르친들 무슨 도움이 되겠느냐?
이기심에 골몰하면 바른 도리를 어기게 될 것이며, 사(私)만을
고집하면 공(公)을 망치게 될 것이다.

| 가사체 |

너의계획 옳잖으니 뉘우친들 소용없고
너의식견 크잖으니 일러준들 무엇하리

이기심에 골몰하면 바른도리 위배되고
자기의견 고집하면 공공사업 망치리라

爾(너 이), 謀(꾀할 모), 臧(착할 장), 悔(뉘우칠 회), 益(더할 익), 利(이로울
리), 專(오로지 전), 背(등 배), 確(군을 확), 滅(멸망할 멸).

• • •

○爾(이)−그대. ○謀(모)−꾀함. ○不臧(부장)−착하지 않다. ○見
(견)−식견. ○不長(부장)−크거나 넓지 않다. ○利心(이심)−이(利)
를 탐하는 마음. 재물이나 권력을 탐내는 마음. ○專(전)−전념함.
골몰함. ○背道(배도)−바른 도리에 위배된다. ○私意(사의)−사사
로운 의견. ○確(확)−고집하다. ○滅公(멸공)−공론(公論)을 무시하
다. 혹은 공사(公事)를 망치게 하다.

| 참고 |

악하게 하고 후회한들 무슨 소용이 있는가? 편협하고 식견이 좁은
사람에게는 가르칠 수 없다. 이기적 탐욕이 넘치면 하늘의 도리를 어기
게 된다. 대공무사(大公無私)해야 한다.

7-20/

生事면 事生이요 省事면 事省이라.
생 사　사 생　　생 사　사 생

일을 만들면 일이 있게 되고, 일을 덜면 일이 없게 된다.

일이란건 만들면은 그런일이 생겨나고
일이란건 덜게되면 그런일이 없게된다

生(날 생), 事(일 사), 省(생략할 생).

• • •

○生事(생사) - 일을 만들다. ○省(생) - 생략하다.

| 참고 |

욕심을 바탕으로 일을 꾸미면 세상이 복잡하게 뒤틀리고 악하게 된
다. 마음을 비우면 세상이 조용하고 평안하게 된다.

제7편에 관한 설명을 보충하겠다. 공자가《논어》에서 말했다. '덕은
외롭지 않다. 반드시 이웃이 있다(德不孤 必有隣).' 선한 행동과 어진
덕행은 남이 알아준다는 뜻이다. 선하고 어진 덕행의 기본은 충효(忠孝)
다. 충(忠)은 나라의 중심점(中心點)인 임금에게 정성을 바치는 덕행이
고, 효(孝)는 정성껏 부모를 공양하는 덕행이다. 충성(忠誠)이나 효순(孝
順)은 다 지성에서 나온다. '지성을 다하는 사람만이 능히 모든 것을 감
화시킬 수 있다(惟天下至誠 爲能化).'(《中庸》)

景行錄云人性
不可反削水者免百
一時之氣成
忍不戒小事成
忍心上火只作耳邊風長短家家
是非無實相究竟終成空
硯賜一言爲修身之美夫子曰
上于張曰何爲忍之夫子曰天子
侠忍之成其大官吏忍之進其位
貴失妻忍忍其子孤朋友
無患禍子張曰不忍忍如何夫
空虛諸侯不忍喪其軀官吏不
忍各分居夫妻不忍令子孤朋友
身不忍患不除子曰不忍不忍非人
者必遇敵○惡人罵善人善人總不對
涼罵者口熱沸正如人唾天還從己墜

제8편 계성편(戒性篇)은 주로 '남에게 성질부리는 일을 삼가라'는 글이 많다. 남을 대할 때, 온화하고 인자한 태도를 지니고 어려운 일을 처리할 때나 힘들고 고생스러운 경우에도 신중한 태도로 참고 견디는 자기 수양을 해야 한다. 함부로 성미를 부리거나 자신의 감정을 원색적으로 과격하게 나타내면 안 된다. 인격 수양의 제일보가 바로 자신의 감정을 억제하고 또 이기적 탐욕을 극복하는 것이다. 인격 수양은 훈련에 의해서 차츰 높아지게 마련이다. 따라서 탐욕이나 감정의 억제도 꾸준한 훈련과 노력을 바탕으로 점진적으로 이루어지게 자기 수양을 해야 한다. 어려서부터 가정과 사회의 규범이나 예의 범절을 잘 배우고 실천을 통해 몸에 익숙하게 해야 한다. 그런 다음에 인간관계의 기본 도리인 윤리와 도덕을 따르려는 이성의 힘으로 이기적인 탐욕을 억제하고 또 순간적인 감정의 폭발을 억제하는 힘을 키워야 한다.

이성과 감정을 조화시키는 것이 인격 수양이다. 동물적으로 왈칵 성을 내고 남에게 덤비면 안 된다. '땅에 엎어진 물을 되담을 수 없듯이, 한 번 폭발한 감정을 되돌릴 수 없다.(8-1)' 그러므로 항시 감정 폭발, 특히 노기(怒氣)의 폭발을 마음속에서부터 제어하도록 수양해야 한다. 마음으로 참는 것을 한자로 '참을 인(忍)'이라 한다. 그 글자는 '마음 심(心)과 칼날 인(刃)'의 두 글자를 합한 것이다. 감정이나 분기를 폭발시키면 자기의 마음도 아프고 상대의 마음도 아프다. 그러므로 참고 또 참아야 한다. 공자는 다음과 같이 말했다. '천자가 참으면 나라에 해가 없고, 제후가 참으면 세력이 크게 되고, 관리가 참으면 지위가 높아지고, 형제가 참으면 집안이 부귀를 누리게 되고, 부부가 참으면 평생을 해로하게 되고, 붕우가 참으면 명성을 잃지 않고, 자신이 참으면 재앙이 없을 것이다.(8-5-3)'

계성편 戒性篇

8-1/

景行錄에 云,
경행록   운

人性은 如水니라
인성   여수

水一傾 則不可復이요
수일경   즉불가복

性一縱 則不可反이니
성일종   즉불가반

制水者는 必以堤防하고
제수자   필이제방

制性者는 必以禮法이니라.
제성자   필이예법

《경행록》에서 말했다. '사람의 성품은 물과 같다. 물은 한 번
엎질러지면 다시 되돌려 담을 수 없고 성품은 한 번 방종해지면
다시 되돌릴 수 없다. 물을 제어하려면 반드시 제방으로써 막
듯이 성품을 제어하려면 반드시 예법으로써 해야 한다.'

| 가사체 |

경행록에 말하였다
사람성품 물과같다
물은한번 쏟아지면 도로담을 수가없고
성품한번 놓여지면 되돌릴수 없게된다
물을제어 하려면은 제방으로 해야하고
성품제어 하려면은 예법으로 해야한다

傾(기울 경), 縱(늘어질 종), 制(제어할 제), 堤(방죽 제), 禮(예도 례).

• • •

○人性(인성)－사람의 성품. ○如水(여수)－물과 같다. ○一傾(일
경)－물이 기울고 쏟아지면. ○不可復(불가복)－되돌려 담을 수 없다.
○縱(종)－마음이 산란해지다, 방종하게 되다. ○反(반)－되돌아오
다. ○制水(제수)－물을 막다. ○以堤防(이제방)－제방으로써. ○制
性(제성)－나쁜 성품을 억제한다. ○禮法(예법)－예절과 법도. 예의범
절.

| 참고 |

하늘로부터 주어진 인간의 본성은 착하다. 그러나 이기적인 욕심에
혼탁하게 되며 심하면 사나워지고 방종해진다. 땅에 엎질러진 물을 되
담을 수 없듯이 한 번 일탈한 성품은 되돌리기 어렵다. 어려서부터 예
절과 법도로써 잘 제어해야 한다. 특히 가정교육을 통해 자녀들에게 예
의범절을 가르치고 훈련을 해야 한다. 내버려두면 동물 이하의 존재가
된다.

8-2/

忍一時之忿이면
<small>인 일 시 지 분</small>

免百日之憂니라.
<small>면 백 일 지 우</small>

순간의 분을 참으면 백 일의 근심을 면할 수 있다.

| 가사체 |

일시적인 분노격분 그런것을 참으면은
백일간의 근심걱정 면할수가 있느니라

忍(참을 인), 忿(성낼 분), 免(면할 면), 憂(근심할 우).

• • •

○忍(인)―참다. 인내함.   ○忿(분)―분노. 분기.   ○免(면)―면하다.
○百日之憂(백일지우)―백 일 동안의 걱정, 근심.

| 참고 |

일시적인 분노나 격분을 참지 못하고 폭발시켜 남을 매도하거나 남
과 싸움을 하면 결국은 서로 원한을 품게 되고, 심한 경우에는 인명을
살상하는 불상사까지 발생하게 되며, 사회적으로 죄를 범하고 평생을
불행하게 살아야 한다. '참을 인(忍)'은 '자신의 마음에 칼날을 댄 듯이
분을 참고 견딘다'는 뜻이다. 평소에 예의범절을 몸에 익히면 분기를
참을 수 있다.

8-3 /

得忍且忍하고 得戒且戒하라
득 인 차 인　　　 득 계 차 계

不忍不戒면 小事成大니라.
불 인 불 계　　　 소 사 성 대

　참고 또 참아야 하며 삼가고 또 삼가야 한다. 참지 않고 삼가
지 않으면 작은 일을 크게 만든다.

| 가사체 |

　참고또한 참아얀다 삼가고또 삼가얀다
　참는것도 아니하고 삼가지도 않으면은
　작고작은 그런일을 크고도큰 낭패된다

　　忍(참을 인), 且(또 차), 戒(경계할 계), 事(일 사), 成(이룰 성).

· · ·

　　○得(득)―…해야 한다.　○且(차)―거듭. 또한.　○戒(계)―삼가다.
　○得忍且忍(득인차인)―참고 또 참아야 한다.　○得戒且戒(득계차계)―
　경계하고 또 경계해야 한다.　○不忍不戒(불인불계)―참지 않고 삼가
　지 않으면.　○小事成大(소사성대)―작은 일을 큰 낭패거리로 만든다.

| 참고 |

　분을 참고 삼가야 한다. 대수롭지 않은 일을 가지고 분통을 터뜨리
면 서로 싸우고 급기야는 큰 불상사를 초래할 수 있다.

愚濁生嗔怒는 皆因理不通이라
우 탁 생 진 노   개 인 리 불 통

休添心上火하고 只作耳邊風하라.
휴 첨 심 상 화   지 작 이 변 풍

　어리석고 흐릿한 사람이 진노하는 까닭은 단지 사리에 통하지 못하기 때문이다. 마음의 불길을 돋아 올리지 말고 귓가에 바람같이 흘려라.

| 가사체 |

　어리석고 흐릿한자 성을내는 그까닭은
　모두그가 일의理致 알지못해 그렇단다
　　　　　　이 치
　마음속의 그불길을 돋우지도 말것이며
　귓가바람 스치듯이 흘려버려 무시하라

　　愚(어리석을 우), 濁(흐릴 탁), 嗔(성낼 진), 添(더할 첨), 邊(가 변).

　　　　　　　● ● ●

　○愚濁(우탁)—어리석고 탁하고 흐릿한 사람. ○生嗔怒(생진노)—화를 내다. 눈을 부라리고 성을 내다. ○皆(개)—다. 모두. ○因(인)—…로 인하여. ○理不通(이불통)—사리에 통하지 못하기 때문에 쉽게 성을 내고 분을 터뜨리는 것이다. ○休(휴)—…하지 마라. ○添心上火(첨심상화)—마음에 불을 돋아올린다. ○只(지)—단지. ○作耳邊風(작이변풍)—귓가의 바람 스치듯이 무시한다.

머리가 우둔하고 마음이 탁하고 흐릿한 사람일수록 쉽사리 성을 내고 화를 낸다. 그 모두가 사리에 밝게 통하지 못하기 때문이다. 그러므로 함께 맞장구를 치며 열을 내면 안 된다. 불에 기름을 쏟는 격이 된다.

8-4-2/

長短은 家家有요 炎凉은 處處同이라
장 단　가가유　염 량　처 처 동

是非는 無相實하여 究竟摠成空이니라.
시 비　무 상 실　구 경 총 성 공

장점 단점은 누구에게나 있고 더위와 추위는 어디에나 같다. 옳고 그름은 본래 실상이 없으며 마침내는 모두가 공허하게 되게 마련이다.

| 가사체 |

장점들과 단점들은 누구에나 있는게고
더운것과 추운것은 어디에나 똑같단다
옳은것과 그른것은 본래부터 實相없어
　　　　　　　　　　　　　　실 상
마침내는 그모두가 공허하게 되느니라

短(짧을 단), 炎(불탈 염), 凉 = 涼(서늘할 량), 處(살 처), 非(아닐 비), 實(열매 실), 究(궁구할 구), 竟(다할 경), 摠(모두 총).

○長短家家有(장단가가유)─어느 집안에나 혹은 사람마다 장단점이 있다.   ○炎涼處處同(염량처처동)─어디에서나 더위와 추위가 같다. 대국적인 경지에서 보면 자연의 도리는 같다는 뜻.   ○是非無相實(시비무상실)─사람들이 서로 시비를 따지지만 아무도 실상(實相)이나 본체(本體)를 알고 있는 사람은 없다.   ○究竟(구경)─구명(究明)하고 따져보면. 결국은.   ○摠(총)─모두. '거느릴 총(總)'과 같은 뜻.   ○成空(성공)─빈 것이 된다. 허무하다.

| 참고 |

　대부분의 사람들은 엇비슷하다. 저마다의 장단점이 있고, 또 각자의 의견이 다르게 마련이다. 그렇거늘 서로 선악시비(善惡是非)를 따지고 언쟁을 하며 고집을 부린다. 아무도 절대적 진리나 실상을 깨닫고 아는 사람이 없으니 결국은 부질없는 짓이라 하겠다.

　하늘과 하늘의 도리를 기준으로 선악시비를 판단해야 한다. 그러나 사람들은 자기를 기준으로 하고 '좋다, 나쁘다'를 가리려고 한다. 그러므로 서로 싸우게 마련이다. 결국 '성을 내고 분기를 터뜨리는 자는 어리석은 사람이다(愚濁生嗔怒 皆因理不通).' 그러므로 그를 상대하고 싸우면 안 된다. '마음의 불길을 돋아올리지 말고 귓가에 바람같이 흘려야 한다(休添心上火 只作耳邊風).'

　그렇다고 그를 경멸하거나 무시하는 태도를 노골적으로 내보이면 안 된다. 그러면 그는 더욱 화를 낼 것이다. 상대가 누그러지거나 감정이 진정된 다음에 정성으로 그를 달래고 타일러 스스로 깨닫게 하는 것이 좋다.

8-5-1/

子張이 欲行에 辭於夫子할새
자장　욕행　　사어부자

願賜一言이면 爲修身之美하노이다.
원사일언　　위수신지미

　자장이 떠나고자 공자에게 하직인사를 올리고 아뢰었다. '한
말씀 내려주시면 수신의 미덕으로 삼겠습니다.'

| 가사체 |

　자장께서 떠나고자
　공자님께 하직인사 올리고서 말하였다
　한말씀을 주신다면
　몸을닦는 미덕으로 삼으려고 하옵니다

　　辭(말 사), 願(원할 원), 賜(줄 사), 修(닦을 수), 美(아름다울 미).

· · ·

　　○子張(자장)－공자의 제자.　○辭(사)－하직 인사를 하다.　○願
(원)－원한다.　○賜一言(사일언)－한 말씀 내려주십시오.　○爲修身
之美(위수신지미)－수신의 미덕으로 삼겠다.

8-5-2/

子曰,
자 왈

百行之本은 忍之爲上이니라.
백 행 지 본   인 지 위 상

子張이 曰,
자 장   왈

何爲忍之이나이까?
하 위 인 지

공자가 말했다. '모든 행동의 근본으로 참음을 으뜸으로 삼아라.'
자장이 다시 물었다. '참음이란 어떻게 하는 것입니까?'

| 가사체 |

공자님이 말하셨다
모든행동 근본으로 참을忍字 으뜸이다
         인 자
자장께서 말하였다
참음이란 그어떻게 하는것을 말합니까

曰(가로 왈), 本(밑 본), 忍(참을 인), 爲(할 위), 張(베풀 장), 何(어찌 하).

• • •

○百行之本(백행지본)—백행의 근본. ○忍之(인지)—참음. '지(之)'는
동사임을 나타내는 조사. ○爲上(위상)—으뜸으로 친다. ○何爲(하
위)—(참음이란) 어떻게 하는 것입니까?

| 참고 |

수신의 근본을 묻는 제자에게 공자는 '참을 인(忍)'을 강조했다. 사
사로운 욕심과 과격한 감정 표현을 억제하는 것을 수신의 출발점으로

삼아야 한다.

8-5-3 /

子曰,
자 왈

天子忍之면 國無害하고
천 자 인 지   국 무 해

諸侯忍之면 成其大하고
제 후 인 지   성 기 대

官吏忍之면 進其位하고
관 리 인 지   진 기 위

兄弟忍之면 家富貴하고
형 제 인 지   가 부 귀

夫妻忍之면 終其世하고
부 처 인 지   종 기 세

朋友忍之면 名不廢하고
붕 우 인 지   명 불 폐

自身忍之면 無禍害니라.
자 신 인 지   무 화 해

공자가 말했다. '천자가 참으면 나라에 해가 없고, 제후가 참으면 세력이 크게 되고, 관리가 참으면 지위가 높아지고, 형제가 참으면 집안이 부귀해지고, 부부가 참으면 평생을 해로하게 되고, 붕우가 참으면 명성을 잃지 않고, 자신이 참으면 재앙이 없을 것이다.'

공자님이 말하셨다
천자께서 참으면은 그나라에 해가없고
제후께서 참으면은 그세력이 크게되고
벼슬아치 참으면은 그지위가 높아지고
형제간에 참으면은 그집안이 부귀하고
부부간에 참으면은 한평생을 해로하고
친구간에 참으면은 명성잃지 않게되고
그자신이 참으면은 재해화난 면하리라

諸(모든 제), 侯(임금 후), 吏(벼슬아치 리), 夫(지아비 부), 妻(아내 처), 終(끝
날 종), 朋(벗 붕), 廢(폐할 폐), 禍(재화 화).

• • •

○諸侯(제후)—지방 국가의 임금. ○成其大(성기대)—그 나라가 커지
다. ○進其位(진기위)—그 지위가 높아진다. ○終其世(종기세)—일생
을 잘 마친다. 부부 해로함. ○名不廢(명불폐)—명성을 잃지 않음.
○無禍害(무화해)—재해나 화난을 면할 것이다.

| 참고 |

　참음의 공덕(功德)을 여러 계층으로 나누어 열거했다. 위로는 천자로
부터 아래로는 일반 서민까지 참는 수양을 해야 한다. 이기적 탐욕이나
과격한 감정 표출은 모든 재난의 근원이다.

8-5-4/

子張이 曰,
자 장   왈

不忍則何如이꼬?
불 인 즉 하 여

子曰,
자 왈

天子不忍이면 國空虛하고
천 자 불 인   국 공 허

諸侯不忍이면 喪其軀하고
제 후 불 인   상 기 구

官吏不忍이면 刑法誅하고
관 리 불 인   형 법 주

兄弟不忍이면 各分居하고
형 제 불 인   각 분 거

夫妻不忍이면 令子孤하고
부 처 불 인   영 자 고

朋友不忍이면 情意疎하고
붕 우 불 인   정 의 소

自身不忍이면 患不除니라.
자 신 불 인   환 부 제

자장이 물었다. '참지 않으면 어떻게 됩니까?'

공자가 대답했다. '천자가 참지 않으면 나라가 텅 비게 되고, 제후가 참지 않으면 자신의 몸까지 잃게 되고, 관리가 참지 않으면 형법에 걸려 죽게 되고, 형제가 참지 않으면 제각기 흩어져 살게 되고, 부부가 참지 않으면 자식들을 고아로 만들고, 붕우가 참지 않으면 우정과 의리가 소원해지고, 자신이 참지 않으

면 화를 면치 못한다.'

자장께서 말하였다
천자께서 못참으면 그어떻게 되옵니까
공자님이 말하셨다
천자께서 못참으면 그나라가 비게되고
제후께서 못참으면 자신몸을 잃게되고
벼슬아치 못참으면 형법걸려 죽게되고
형제간에 못참으면 각각따로 살게되고
부부간에 못참으면 자식고아 되게하고
친구간에 못참으면 우정의리 멀어지고
그자신이 못참으면 화를면치 못하리라

虛(빌 허), 喪(죽을 상), 軀(몸 구), 刑(형벌 형), 誅(벨 주), 居(있을 거), 令(시킬 령), 孤(외로울 고), 疎=疏(트일 소), 患(근심 환), 除(제거할 제).

• • •

○ 國空虛(국공허)—나라가 텅 비게 된다. 즉 훌륭한 인재가 없어지고 또 재물이 탕진되고 국력이 약해진다. ○ 喪其軀(상기구)—몸과 생명마저 잃게 됨. ○ 刑法誅(형법주)—형법에 걸려 주멸됨. ○ 令子孤(영자고)—자식을 고아로 만들다. ○ 情意疎(정의소)—우정과 의리가 소원해짐. ○ 患不除(환부제)—재화(災禍)나 환난(患難)을 제거할 수 없다.

8-5-5/

子張이 曰,
<small>자 장 왈</small>

善哉善哉라 難忍難忍이여
<small>선 재 선 재 난 인 난 인</small>

非人不忍이요 不忍非人이로다.
<small>비 인 불 인 불 인 비 인</small>

자장이 말했다. '참음이란 좋은 것이군요. 그러나 참기는 어렵고 또 어렵군요! 사람이 아니면 못 참으며, 못 참으면 사람이 아니로다.'

| 가사체 |

자장께서 말하였다 좋습니다 좋습니다
참는것은 어렵도다 참는것은 어렵도다
진정사람 아니면은 참을수가 없을게고
참을줄을 모른다면 진정사람 아니로다

哉(어조사 재), 難(어려울 난), 非(아닐 비).

• • •

○善哉(선재)−좋구나! '재(哉)'는 감탄 조사. ○難忍(난인)−참기 어렵다. ○人(인)−인덕을 갖춘 사람. 인(人)은 어질 인(仁)에 통함.

| 참고 |

대의(大義)를 위해 소아(小我)를 극복해야 한다. 그러기 위해서는 각자가 동물적·이기적 탐욕을 억제하고 원색적 감정 폭발을 눌러야 한

다. 안 그러면 공동체를 구성할 수 없다. 공자는 말했다. '천자가 참지 않으면 나라가 망하고, 제후가 참지 않으면 몸을 잃게 되고, 관리가 참지 않으면 법에 걸려 죽게 되고, 형제가 참지 않으면 분산하게 되고, 부부가 참지 않으면 자식들을 고아로 만들고, 붕우가 참지 않으면 의리가 단절되고, 자신이 참지 않으면 화를 면치 못한다.'

8-6/

景行錄에 云,
경 행 록   운

屈己者는 能處重하고
굴 기 자   능 처 중

好勝者는 必遇敵이니라.
호 승 자   필 우 적

《경행록》에서 말했다. '자신을 굽히는 사람이라야 중대사를 처리할 수 있다. 이기기를 좋아하는 사람은 반드시 적을 만나게 될 것이다.'

| 가사체 |

경행록에 말하였다
자기자신 굽히는자 중대사를 처리하나
이기기를 좋아하면 강한적을 만나리라

屈(굽을 굴), 己(자기 기), 能(능할 능), 處(살 처), 好(좋을 호), 勝(이길 승),

必(반드시 필), 遇(만날 우), 敵(원수 적).

• • •

○屈己者(굴기자)—자기를 굽힐 줄 아는 사람. ○處重(처중)—중대한
일을 처리함. ○好勝者(호승자)—이기기를 좋아하는 사람. ○必遇敵
(필우적)—반드시 강한 적을 만나다.

| 참고 |

'자기를 굽힘'은 굴종(屈從)과 다르다. 자기만의 편견·아집·탐욕
을 버리고, 대의명분을 밝히고 또 소아(小我)보다 대아(大我)를 높인다는
뜻이다. 그래야 큰일을 할 수가 있다. 자기의 좁은 식견이나 고집만을
부리면 또 다른 고집쟁이와 맞부닥뜨리고 싸우게 마련이다. 심성을 수
양하고 인격이 높은 사람은 대의(大義)를 위해 살신성인(殺身成仁)한다.

8-7/

惡人이 罵善人커든 善人은 摠不對하라
악인　매선인　선인　총부대

不對는 心淸閑이오 罵者는 口熱沸니라
부대　심청한　매자　구열비

正如人唾天하여 還從己身墜니라.
정여인타천　환종기신추

악한 사람이 선한 사람에게 욕을 하고 대들어도 선한 사람은
아예 그 자에게 대꾸도 하지 마라. 대꾸하지 않는 사람의 마음
은 맑고 한가하지만, 욕하는 자의 입은 뜨겁게 끓어오르고 있을

것이다. 마치 사람이 하늘에 대고 침을 뱉는 격으로 (뱉는 욕이나 침이) 도로 제 몸에 떨어진다.

| 가사체 |

악한자가 선한사람 욕을하고 대들어도
선한자는 아예그자 대꾸하지 말지어다
대꾸하지 않는사람 마음맑고 한가하나
욕하는자 그의입은 열을받아 끓느니라
이건마치 사람들이 하늘에다 침뱉으면
침이바로 자기몸에 떨어지는 것과같다

罵(욕할 매), 摠(모두 총), 沸(끓을 비), 唾(침 타), 墜(떨어질 추).

* * *

○罵(매)─욕하다. 매도하다.　○摠(총)─아예. 통. 總과 같음.　○不對(부대)─상대하지 않는다. 대꾸하지 않음.　○淸閑(청한)─맑고 한가함.　○口熱沸(구열비)─(욕하는 자의) 입이 뜨겁게 끓어오르고 있다. ○正如(정여)─바로 …와 같다.　○人唾天(인타천)─사람이 하늘에 대고 침을 뱉음.　○還(환)─도리어, 혹은 되돌아와서.　○從己身(종기신)─자기의 몸을 따라.　○墜(추)─떨어지다. 추락하다.

| 참고 |

하늘에 대고 침을 뱉으면 그 침은 다시 제 몸에 떨어진다. 그와 같이 남에게 욕을 하면 자기에게로 욕이 되돌아온다.

8-8/

我若被人罵라도 佯聾不分說하라
아 약 피 인 매　　양 롱 불 분 설

譬如火燒空하여 不救自然滅이라
비 여 화 소 공　　불 구 자 연 멸

我心等虛空이어늘 摠爾飜脣舌이니라.
아 심 등 허 공　　총 이 번 순 설

　내가 만약 남에게 욕을 먹더라도 귀먹은 체하고 해명하려 들
지 마라. 비유하면 불이 공중에서 타는 것과 같으니, 끄지 않아
도 저절로 꺼지게 마련이다. 나의 마음은 텅 빈 하늘과 같거늘
그대가 공연히 입술과 혀를 놀리는 것이다.

│ 가사체 │

내가만약 남들에게 욕을얻어 먹더라도
귀먹은체 하고서는 해명하려 들지마라
이런것은 비유하면 공중에서 불났을때
끄잖아도 꺼지는것 그런것과 똑같단다
내마음은 마치저기 빈하늘과 똑같거늘
오직그대 쓸데없이 혀와입술 놀리누나

　被(이불 피), 佯(거짓 양), 聾(귀머거리 롱), 譬(비유할 비), 燒(사를 소), 滅(멸
망할 멸), 飜(뒤칠 번), 脣(입술 순).

· · ·

　○被人罵(피인매)─남에게 매도되다.　○佯(양)─거짓으로 …인 척하
다.　○聾(롱)─귀머거리.　○不分說(불분설)─해명하지 않음.　○譬如
(비여)─비유하면 …와 같다.　○火燒空(화소공)─텅 빈 공중에서 불이

타다. ○不救(불구)-불을 끄지 않아도. ○自然滅(자연멸)-스스로
꺼지다. ○等(등)-같다. ○虛空(허공)-텅 빈 하늘. ○摠(총)-오직.
모두. ○爾(이)-그대. ○飜(번)-펄럭이다. ○脣舌(순설)-입술과
혀.

| 참고 |

　욕하고 매도하는 자를 상대하지 마라. 상대가 불같이 화를 내고 덤
벼들어도 맞장구를 안 치면 그 불이 꺼지게 마련이다.

8-9/

凡事留人情이면 後來好相見하리라.
　　범 사 유 인 정　　　후 래 호 상 견

　모든 일에 인정을 남겨두면 후일에 서로 좋은 낯으로 보게 된
다.

| 가사체 |

　이세상의 모든일에 따뜻한情 남겨두면
　　　　　　　　　　　정
　먼훗날에 만났을때 서로좋게 보게되리

　　凡(무릇 범), 事(일 사), 留(머무를 류), 情(뜻 정), 後(뒤 후), 來(올 래), 好(좋
　　을 호), 相(서로 상), 見(볼 견).

○凡事(범사)—모든 일. ○留人情(유인정)—모든 사람에게 다정하다.
○後來(후래)—후일에. ○好相見(호상견)—좋은 감정으로 서로 대한
다.

모든 사람을 사랑하고 모든 사람에게 인정을 베풀어라. 제1편에 있
다. '남에게 은혜와 의리를 넓게 베풀어라. 인생살이 어느 곳에서 또
만나지 않으랴. 남에게 원수와 원한을 맺게 하지 마라. 좁은 길목에서
마주치면 피하기 어렵다(恩義廣施 人生何處 不相逢 讐怨莫結 路逢狹
處 難回避).'

사람은 하늘로부터 착한 본성을 받고 태어났다. 그러나 동물적 본능
과 이기적 탐욕을 앞세우므로 남을 속이거나 심하면 남을 해치게 하고
재물을 탈취하는 악덕을 자행하는 것이다. 하늘이 준 착한 본성을 잃지
않기 위해서는 동물적이고 또 이기적인 탐욕을 억제하고 참아야 한다.
《논어(論語)》에서 공자는 말했다. '사사로운 욕심을 극복하고 예에 돌
아가야 인덕을 세운다(克己復禮爲仁).'

인간도 동물이다. 그러므로 육체적·동물적 생활을 영위한다. 그러나 인간은 동물과는 차원이 다르게 높은 정신적·윤리 도덕적 문화생활을 한다. 그러므로 학문과 문화를 배워 익히고 선인(先人)들의 역사 문화를 계승하고 더욱 새롭게 발전시켜야 한다. 바꾸어 말하면, 동물적 생존을 넘어서 인간다운 삶을 영위하기 위해서는 학문이나 문화를 바탕으로 삶을 영위해야 하며, 인류의 역사 문화를 계승 발전시켜야 한다. 그 속에서 인간의 존엄성과 보람을 찾을 수 있다.

인간에게 몸과 정신이 있듯이 인류의 문화도 외형적 물질문화와 내면적 정신문화가 있다. 따라서 이 두 가지를 잘 조화해야 한다. 특히 물질보다 정신 가치를 높여야 한다. 그런데 많은 사람들이 정신 가치를 소외하고 다만 물질 가치만을 높임으로써 여러 가지 폐단이 발생하고 있다.

정신문화 속에는 가정에서의 효도 및 사회에서의 윤리 도덕의 실천이 포함된다. 이를 바르게 알고 실천하기 위해서는 잘 배우고 훈련을 해야 한다. 공자는 말했다. '배워서 알고 때에 맞춰 실습하고 몸에 익히니 즐겁지 않으냐?(學而時習之 不亦說乎)'

인간의 존엄성을 높이고 인류를 빛나게 하는 것이 바로 학문이며, 그 학문은 많은 사람들의 총명과 노력의 결정(結晶)이다. 우리도 더욱 새롭고 가치가 높은 학문과 문화를 창출하여 후세에 물려주어야 한다.

한편 외형적 물질생활보다 더 귀중하고 차원이 높은 것이 바로 인간의 정신적 도의 생활이다. 그러므로 우리는 물질생활을 발전시키는 과학·기술을 배우고 익힘과 아울러 보다 더 도의 생활을 높이는 윤리·도덕을 중시하고 실천해야 한다.

근학편 勤學篇

9-1/

子夏曰,
<small>자 하 왈</small>

博學而篤志하고 切問而近思면
<small>박 학 이 독 지　　　절 문 이 근 사</small>

仁在其中矣니라.
<small>인 재 기 중 의</small>

　자하가 말했다. '넓게 배우고 뜻을 독실하게 갖고 절실하게
묻고 친근하게 생각하면 그 속에서 인을 터득할 것이다.'

| 가사체 |

　자하께서 말하였다
　넓게두루 글배우고 독실하게 뜻세우고
　절실하게 물어보고 나로부터 생각하면
　仁德그게 그속에서 절로절로 나오리라
　<small>인 덕</small>

　　博(넓을 박), 篤(도타울 독), 志(뜻 지), 切(끊을 절), 矣(어조사 의).

○博學(박학)-넓게 배우다.   ○篤志(독지)-뜻을 독실하게 세우다.
○切問(절문)-문제의 핵심을 절실하게 묻다.   ○近思(근사)-내 자신
이 바르게 생각하다.   ○仁(인)-인행(仁行)·인덕(仁德)·인도(仁道).
○在其中矣(재기중의)-그 속에 인이 있다.

| 참고 |

　'박학(博學)'은 넓게 배우고 식견을 넓게 함이다. '독지(篤志)'는 큰
뜻을 품고 독실하게 행동함이다. '절문(切問)'은 현실적으로 자신이 행
할 바를 스스로 묻는 것이다. '근사(近思)'는 스스로 생각하고, 행동함
이다. 그 속에 인(仁)이 있다. 공자는 인(仁)을 최고의 덕목으로 높였다.
인을 현대적으로 풀이하면 크게 두 가지 뜻이 있다. ①육친애 및 동족
애를 바탕으로 한 협동이다. ②사랑과 협동을 실천하여 모든 사람이
함께 잘사는 공동체를 구성하는 최고의 덕목이다. 인(仁)을 이루기 위
해서는 '박학(博學)·독지(篤志)·절문(切問)·근사(近思)' 해야 한다.

9-2/

莊子曰,
장 자 왈

人之不學은 如登天而無術하고
인 지 불 학　　여 등 천 이 무 술

學而智遠이면 如披祥雲而觀靑天하고
학 이 지 원　　여 피 상 운 이 도 청 천

登高山而望四海니라.
등 고 산 이 망 사 해

장자가 말했다. '사람이 배우지 않고 (살려는 것은) 마치 도술 없이 하늘에 오르려는 것과 같다. 배워서 지식이 원대하게 되면 마치 상서로운 구름을 헤치고 푸른 하늘을 보고 높은 산에 올라 사방의 바다를 내려다보는 것과 같다.'

| 가사체 |

장자께서 말하였다
배우지를 아니하면
도술없이 하늘위로 오르려는 것과같고
배우고서 많이알면
상서로운 구름뚫고 푸른하늘 바라보고
높은산에 올라가서 내려보는 것과같다

莊(풀 성할 장), 如(같을 여), 登(오를 등), 術(꾀 술), 智(슬기 지), 遠(멀 원), 披(나눌 피), 祥(상서로울 상), 雲(구름 운), 覩(볼 도), 海(바다 해).

• • •

○莊子(장자)-1-3 참조. ○登(등)-오르다. ○登天而無術(등천이무술)-신선이 되어 하늘에 오르고 싶으나 도술이 없어 못함. ○智遠(지원)-학식이나 지혜가 많고 원대함. ○披祥雲(피상운)-상서로운 구름을 헤치다. ○覩(도)-보다. ○望(망)-바라보다.

| 참고 |

사람은 배워야 도리를 터득하고 지혜롭게 살 수 있다. 참 진리를 깨달으면 미망(迷妄)의 구름을 헤치고 진여(眞如)의 세계를 볼 수 있고 또 지혜가 높으면 고산(高山)에 올라가 사방을 내려보듯이 모든 것을 밝게

관조(觀照)할 수 있다.

9-3/

禮記_에 曰,
예 기   왈

玉不琢_{이면} 不成器_{하고}
옥 불 탁   불 성 기

人不學_{이면} 不知義_{니라.}
인 불 학   부 지 의

《예기》에서 말했다. '옥돌은 다듬지 않으면 옥 그릇이 되지 않고, 사람은 배우지 않으면 도의를 알지 못한다.'

| 가사체 |

예기에서 말하였다
제아무리 옥이라도 다듬지를 아니하면
아름다운 옥그릇이 될수없는 것과같이
사람이라 하는자는 배우지를 아니하면
사람들이 지켜야할 의리도덕 모르리라

禮(예도 례), 琢(쪼을 탁), 器(그릇 기), 義(옳을 의).

• • •

○禮記(예기)－오경(五經)의 하나로서 예의 원리와 예절에 대한 기록.
○玉不琢(옥불탁)－옥돌도 다듬지 않으면.   ○不成器(불성기)－옥 그

릇이나 기물이 되지 못함. ○不學(불학)—배우지 않으면. ○義(의)—
도의(道義) 및 사회생활의 바른 의리나 준칙(準則).

| 참고 |

배울 학(學)의 깊은 뜻은 '배워서 하늘의 도리를 깨닫고〔覺〕 아울러
그 도리를 실천함〔效〕이다.' 기능이나 기술을 배우고 익히는 일도 중요
하다. 그러나 더 중요한 것은 인간으로서 바르고 보람있게 사는 도리를
터득하고 실천하는 일이다.

9-4 /

太公이 曰,
태 공   왈

人生不學이면 如冥冥夜行이니라.
인 생 불 학   여 명 명 야 행

강태공이 말했다. '사람으로 태어나 살면서 배우지 않으면
흡사 어두운 밤길을 가는 것과 같다.'

| 가사체 |

태공께서 말하였다
사람으로 태어나서 배우지를 아니하면
어둔밤길 가는것과 아주같다 할것이다

如(같을 여), 冥(어두울 명), 夜(밤 야), 行(갈 행).

· · ·

○太公(태공)—1-4 참조. ○人生(인생)—사람이 살면서. ○冥冥(명명)—어둡고 어둡다. ○夜行(야행)—밤길을 가다.

| 참고 |

배우지 않으면 삶의 도리와 바른길을 모른다. 마치 암흑의 밤길을 헤매듯 맹목적인 삶을 살게 될 것이다.

9-5/

韓文公이 曰,
한 문 공   왈

人不通古今이면 馬牛而襟裾니라.
인 불 통 고 금   마 우 이 금 거

한퇴지가 말했다. '사람이 고금에 통하지 못하면 말이나 소에게 옷을 입혀논 꼴이 된다.'

| 가사체 |

한문공이 말하였다 사람이라 하는자가
지난역사 오늘사정 통달하지 못하면은
말과소에 옷을입힌 그런꼴이 되느니라

韓(나라 이름 한), 古(예 고), 今(이제 금), 襟(옷깃 금), 裾(옷자락 거).

• • •

○韓文公(한문공)—당대(唐代)의 문장가 한유(韓愈), 자는 퇴지(退之).
○通古今(통고금)—과거의 역사와 오늘의 사정에 통달함. ○襟裾(금
거)—옷을 입음. '금(襟)'은 옷깃, '거(裾)'는 옷자락, 두루마기.

| 참고 |

　인류는 문화를 창조하고 계승하면서 더욱 역사적으로 발전하고 있
다. 오늘 우리가 누리고 있는 문화도 선인들이 남긴 귀중한 문화적 유
산이다. 우리도 후손에게 빛나는 문화를 물려주어야 한다. 그렇게 하는
것이 오늘에 사는 우리의 책무이며 삶의 보람이다. 이와 같은 역사 계
승과 문화 발전에 대한 의식을 가지고 모든 사람이 저마다 실천적으로
이바지해야 한다.

9-6-1

朱文公이 曰,
주 문 공 왈

家若貧이라도 不可因貧而廢學하고
가 약 빈   불 가 인 빈 이 폐 학

家若富라도 不可恃富而怠學이라
가 약 부   불 가 시 부 이 태 학

貧若勤學이면 可以立身이오
빈 약 근 학   가 이 입 신

富若勤學이면 **名乃光榮**이라.
부 약 근 학　　　　명 내 광 영

　주자가 말했다. '집안이 가난해도 그로 인해 학문을 폐해서
는 안 되고, 집안이 부유해도 그를 믿고 학문을 태만히 하면 안
된다. 가난한 자가 부지런히 배우면 입신출세할 것이고, 부유
한 자가 부지런히 배우면 이름을 빛내고 영달할 것이다.'

| 가사체 |

朱文公이 말하였다
주 문 공
자기집안 가난해도 안배우면 아니되고
자기집안 부유해도 부지런히 배워얀다
가난해도 배운다면 입신출세 할수있고
부유해도 배운다면 이름더욱 빛내리라

　　若(만약 약), 貧(가난할 빈), 因(인할 인), 廢(폐할 폐), 恃(믿을 시), 怠(게으를
　　태), 勤(부지런할 근), 乃(이에 내), 榮(꽃 영).

　　　　　　　　　　　● ● ●

　　○朱文公(주문공)－주자. 7-10 참조.　○家若貧(가약빈)－집안이 만약
가난해도.　○因貧(인빈)－가난으로 인해. 가난을 핑계하고.　○廢學
(폐학)－학문을 폐하다.　○恃富(시부)－부유함을 믿다.　○怠學(태
학)－배움을 태만히 함.　○貧若勤學(빈약근학)－가난해도 부지런히
배우면.　○立身(입신)－입신출세.　○乃(내)－즉. 곧.　○光榮(광영)－
이름이 빛나고 집안이 번성한다.

惟見學者顯達이요 不見學者無成이니라.
유 견 학 자 현 달　　　불 견 학 자 무 성

배운 사람만이 사회에 나타나고 성공한다. 배우고도 덕을 이
루지 못한 예는 없다.

| 가사체 |

배운사람 그자만이 출세하고 성공한다
배우고도 德이루지 못한예는 있지않다
　　　　덕

惟(오직 유), 顯(나타날 현), 達(통달할 달).

· · ·

○惟(유)－오직.　○學者顯達(학자현달)－배운 사람이 나타나고 공을
세운다. 입신출세한다.　○不見(불견)－보지 못하다. 그런 일이 없다.
○無成(무성)－성공하지 못함. 덕을 이루지 못함.

9-6-3/

學者는 乃身之寶요
학 자　　내 신 지 보

學者는 乃世之珍이라
학 자　　내 세 지 진

是故로 學則乃爲君子요 不學則爲小人이니
시 고　학 즉 내 위 군 자　　불 학 즉 위 소 인

後之學者는 宜各勉之하라.
후 지 학 자   의 각 면 지

　학문은 곧 내 자신에게 보배가 되고, 또 학문은 곧 세상이 진귀하게 높이는 것이다. 그러므로 배우면 군자가 되고 안 배우면 소인이 된다. 후학자는 각각 힘써 배우도록 하라.

| 가사체 |

　학문이란 바로내게 보배같은 존재이고
　학문이란 세상에서 진귀하게 여긴단다
　그러므로 배우면은 有德군자 될것이고
　　　　　　　　　유 덕
　배우지를 아니하면 소인들이 될것이다
　후학자는 각자힘써 배우도록 할지어다

　　則(곧 즉), 乃(이에 내), 宜(마땅할 의), 各(각각 각), 勉(힘쓸 면).

　　　　　　　　　　• • •

　　ㅇ學者(학자)—여기서는 학문.　ㅇ身之寶(신지보)—몸의 보배.　ㅇ世之
珍(세지진)—세상이 진귀하게 여김.　ㅇ君子(군자)—학식과 인덕(仁德)
을 갖춘 인격자.　ㅇ小人(소인)—자기의 물질적 이득만을 탐하는 사
람.

| 참고 |

　개인이나 사회 및 국가가 발전하기 위해서는 학문이 절대로 필요하다. 학문을 바탕으로 과학 기술도 발달하고 사회의 윤리 도덕도 향상되고, 또 국가도 부강(富强)하게 된다. 단 학문이나 과학 기술은 선용되어야 한다. 그러기 위해서는 모든 사람이 대아(大我)에 사는 군자가 되어

야 한다. 지식을 악용하는 소인이 되면 안 된다.

9-7/

徽宗皇帝曰,
휘 종 황 제 왈

學者는 如禾如稻하고
학 자　　여 화 여 도

不學者는 如蒿如草로다
불 학 자　　여 호 여 초

如禾如稻兮여 國之精糧이요 世之大寶로다
여 화 여 도 혜　　국 지 정 량　　　세 지 대 보

如蒿如草兮여 耕者憎嫌하고 鋤者煩惱니라
여 호 여 초 혜　　경 자 증 혐　　　서 자 번 뇌

他日面墻에 悔之已老로다.
타 일 면 장　　회 지 이 노

　　휘종황제가 말했다. '배운 사람은 벼 같고 안 배운 사람은 덤
불쑥 같다. 벼는 나라의 좋은 양식이 되고 덤불쑥은 농부도 싫
어하고 귀찮게 여기는 것들이다. 후일에 담을 마주한 듯이 답
답해하며 뉘우쳐도 그때에는 이미 늙어 배우지 못한다.'

| 가사체 |

　　휘종황제 말하였다
　　배운사람 벼와같고 안배운자 쑥과같네
　　벼란것은 쌀이되어 나라식량 될것이고

잡초쑥은 농부들도 싫어하고 미워한다
훗날에는 담벼락을 마주한듯 답답하나
뉘우친들 그땐이미 너무늙어 버렸도다

禾(벼 화), 稻(벼 도), 蒿(쑥 호), 糧(양식 량), 耕(밭갈 경), 憎(미워할 증), 嫌
(싫어할 혐), 鋤(호미 서), 煩(번잡할 번), 墻=牆(담 장).

• • •

○徽宗皇帝(휘종황제)—북송(北宋)의 슬기로운 임금으로 서화를 잘했
다. ○禾(화)—벼. ○稻(도)—벼. ○蒿(호)—쑥. 덤불쑥. ○如禾如稻
兮(여화여도혜)—(배운 사람은) 벼와 같다. 귀중하다는 뜻. 혜(兮)는 감
탄의 어조사. ○國之精糧(국지정량)—나라의 좋은 양식, 즉 (배운 사
람은) 나라의 좋은 일꾼이라는 뜻. ○大寶(대보)—큰 보배. ○耕者
(경자)—밭을 가는 사람. 농부. ○憎嫌(증혐)—미워하고 싫어함. ○鋤
者(서자)—김매는 사람. ○煩惱(번뇌)—괴롭고 귀찮게 여기다. ○他
日(타일)—후일. 뒤늦게. ○面墻(면장)—담을 마주하다. 즉 배우지 못
한 자신을 답답하게 여김. ○悔之(회지)—배우지 못함을 후회한다.
○已老(이노)—그때에는 이미 늙어 배울 수가 없다.

| 참고 |

  배운 사람을 귀중한 벼에 비유했고 안 배운 사람을 농부조차 싫어하
는 덤불쑥에 비유했다. 젊어서 잘 배워야 나라의 좋은 일꾼으로 쓰인
다. 늙어서 후회한들 무슨 소용이 있겠느냐.

論語에 曰,
논 어　　왈

學如不及이요 惟恐失之니라.
학 여 불 급　　　유 공 실 지

《논어》에서 말했다. '배움은 항상 못 따를 듯이 부지런히 하라. 항상 배운 것을 잃지나 않을까 두려워하라.'

| 가사체 |

논어에서 말하였다 많이많이 배우고도
따라가지 못할듯이 부지런히 해야하고
배운것을 잃을까봐 걱정하고 겁내거라

• • •

○學如不及(학여불급)−항상 못 미치는 듯이 서둘러 배워야 한다. ○恐失之(공실지)−배움의 때를 놓칠까 걱정한다.

| 참고 |

때를 잃지 않고 배워야 한다. 《예기(禮記)》에 있다. '옛날의 임금이 나라를 세우고 백성을 다스릴 때에는 가르침과 배움을 가장 앞세웠다 (古之王者 建國君民 敎學爲先).'

　집안은 대를 이어가면서 더욱 흥성하고 또 새롭게 발전한다. 사회 국가 및 인류의 역사 문화도 오랜 세월에 걸친 많은 사람들의 슬기와 노력으로 더욱 창조적으로 발전하고 향상되게 마련이다. 가정에서는 조부모-부모-자기-자녀-손자로 세세대대(世世代代) 이어지고, 사회나 국가에서는 과거-현재-미래로 역사나 문화가 계승되면서 더욱 새롭게 창조적으로 발전한다. 발전은 외형적 물질문명과 아울러 내면적 정신문화의 양면을 다 겸해야 한다. 그리고 사회나 문화가 이어지면서 발전하기 위해서는 앞 세대의 사람보다 뒤에 오는 후세대가 더욱 많이 배우고 높은 기능을 지니고 특히 그들의 심성이 선량하고 또 인격이 더욱 높아져야 한다. 그러므로 가정에서 자녀에 대한 교육을 엄하게 해야 한다. 아울러 국가나 사회적으로도 청소년에 대한 학식과 기능 및 심성과 인격 교육을 중시해야 한다. 잘 배워야 훌륭한 사람이 된다. 사람들이 훌륭해야 그 사회나 국가가 흥성하고 발전하게 마련이다.

　제10편에는 주로 자녀교육에 대한 항목이 많다. 옛말이로되 그 내용이나 정신은 오늘에 적용될 수 있다. 특히 오늘의 인류는 정신이나 윤리 도덕면에서 심각한 위기에 빠져 있다. 과학과 기술을 발전시키고 금전이나 물질 가치를 높이고 따라서 그에 대한 교육을 중시하는 것은 그 나름대로 좋다. 그러나 한쪽에만 기울고, 인간의 존엄한 정신이나 인격 및 윤리 도덕과 같은 사회적 규범을 무시한 것은 큰 잘못이다. 그 결과 오늘의 인류 사회가 총체적으로 혹심한 이기주의에 빠져 치열한 쟁탈전을 전개하고 있다. 이와 같은 위기를 극복하기 위해서는 바르고 선량한 인성교육을 강조해야 하며 특히 동양의 성현의 가르침과 전통사상을 가정 및 학교에서 폭넓게 교육해야 한다.

훈자편 訓子篇

10-1 /

景行錄에 云,
경행록   운

賓客不來면 門戶俗하고
빈객불래   문호속

詩書無敎면 子孫愚하니라.
시서무교   자손우

《경행록》에서 말했다. '빈객이 찾아오지 않으면 집안이 비속
해지고, 시서를 가르치지 않으면 자손이 우매하게 된다.'

| 가사체 |

경행록에 말하였다

손님오지 않으면은 그집안이 卑俗하고
                          비속

詩書공부 안시키면 그자손은 愚昧하리
시서   우매

　　賓(손 빈), 客(손 객), 俗(풍속 속), 詩(시 시), 書(쓸 서), 敎(가르칠 교), 孫(손
　　자 손), 愚(어리석을 우).

○賓客(빈객)—귀한 손님.　○門戶(문호)—집안의 뜻.　○俗(속)—속되다. 저속하다.　○詩書(시서)—시와 글. 《시경(詩經)》과 《서경(書經)》, 학문을 대표한 말.　○愚(우)—우둔하다. 우매하다.

| 참고 |

집주인이 학문과 덕행이 높으면, 자연히 학식과 덕행을 겸한 선비들이 출입 내왕하며, 따라서 그 집안의 지체가 높아진다.

그와 마찬가지로 사람은 잘 배우고 모든 사람에게 덕을 베풀어야 한다. 옛날에는 외형적인 물질문화보다 내면적인 정신문화를 높였다. 또 금전이나 재물 같은 경제적 부(富)보다 인격 수양이나 덕행 실천을 중시했다. 그 바탕이 《시경》이나 《서경》 같은 성현(聖賢)이 추리고 저술한 경전이었다.

10-2/

莊子曰,
장 자 왈

事雖小나 不作이면 不成이오
사 수 소 　 부 작 　 불 성

子雖賢이나 不教면 不明하니라.
자 수 현 　 불 교 　 불 명

장자가 말했다. '비록 작은 일도 하지 않으면 이루어지지 않고, 현명한 자식이라도 가르치지 않으면 밝게 알지 못한다.'

장자께서 말하였다

비록작은 일이라도 아니하면 못이루고

자식비록 현명해도 안배우면 어두우리

* * *

○莊子(장자)−1−3 참조. ○事雖小(사수소)−비록 작은 일도. ○不作不成(부작불성)−안하면 성취되지 않는다. ○賢(현)−천성이 똑똑하다. ○不明(불명)−사리를 밝게 알지 못함.

10-3/

漢書_에 云,
한 서　운

黃金滿籯_이 不如敎子一經_{이요}
황 금 만 영　불 여 교 자 일 경

賜子千金_이 不如敎子一藝_{니라.}
사 자 천 금　불 여 교 자 일 예

《한서》에서 말했다. '황금이 궤짝에 가득 차 있어도 자식에게 한 권의 경서를 가르치는 것만 못하고, 자식에게 천금을 주는 것보다는 한 가지 기능을 가르쳐 주는 편이 낫다.'

漢書에서 말하였다
한 서

황금보옥 광주리에 가득들어 있더라도

자식에게 경서한권 가르치는 그게낫고
자식에게 천금재산 물려주는 그것보다
기능하나 가르치는 그런편이 나으리라

籝(광주리 영), 賜(줄 사), 藝(기예 예).

· · ·

○漢書(한서)—한대의 역사를 적은 책. 반고(班固)가 완성했다. ○滿
籝(만영)—궤짝이나 광주리 속에 (황금이) 가득 찼다. ○不如(불
여)—…만 못하다. ○敎子一經(교자일경)—자식에게 한 권의 경서를
가르치다. ○賜子(사자)—자식에게 주다. ○一藝(일예)—한 가지 기
능, 기술.

| 참고 |

삶의 가치는 역사와 문화 발전에 선가치적(善價値的)으로 공헌함에
있다. 그러므로 자식에게 돈이나 재물만을 남겨주려고 하지 말고 학식
과 덕행을 높게 해주어야 한다.

10-4/

至樂은 莫如讀書요
지 락   막 여 독 서

至要는 莫如敎子니라.
지 요   막 여 교 자

책 읽는 것보다 더 즐거운 일이 없고, 자식 교육보다 더 긴요

한 일이 없다.

책을읽는 그것보다 즐거운일 없을게고
자식교육 그것보다 긴요한일 없으리라

至(지극할 지), 樂(즐거울 락), 莫(아닐 막), 如(같을 여), 讀(읽을 독), 書(글
서), 要(긴요할 요), 敎(가르침 교), 子(아들 자).

• • •

○至樂(지락)—지극한 즐거움. 최고의 즐거움. ○莫如(막여)—…보다
더할 것이 없다. …이 제일이다. ○至要(지요)—가장 긴요한 것. ○敎
子(교자)—자식을 가르침. 자녀 교육.

| 참고 |

정신과 인격을 높이는 독서가 가장 즐겁고, 개인이나 국가적으로 가
장 긴요한 것이 교육이다.

10-5/

呂滎公이 曰,
여 형 공   왈

内無賢父兄하고 外無嚴師友에
내 무 현 부 형   외 무 엄 사 우

而能有成者鮮矣니라.
이 능 유 성 자 선 의

여형공이 말했다. '집안에서 어진 부모와 형제의 가르침이 없고, 밖에서 엄한 스승이나 벗의 깨우침이 없이 능히 대성한 사람은 거의 없다.'

| 가사체 |

여형공이 말하였다
집안에서 어진부모 가르침이 있지않고
바깥에서 엄한스승 깨우침이 있지않고
크게이룬 그런자는 거의있지 아니하다

嚴(엄할 엄), 師(스승 사), 能(능할 능), 鮮(적을 선), 矣(어조사 의).

• • •

○呂榮公(여형공)－북송(北宋) 때의 학자. ○賢父兄(현부형)－현명한 부모와 형제. 그 부모와 형제의 가르침. ○嚴(엄)－엄격하다. ○有 成者(유성자)－대성한 사람. 학식과 인덕(仁德)을 완성한 사람. ○鮮 (선)－거의 없다.

| 참고 |

여기서 말하는 교육은 주로 윤리 도덕적 교육을 말한다. 윤리 도덕 교육은 어려서부터 실천적으로 몸에 익숙하게 해야 한다. 그러므로 가 정에서 부모는 자식에게 엄격하게, 효도와 형제간의 우애를 실천적으 로 훈육해야 한다. 한편 사회적으로는 스승이 엄하게 훈도하고 또 붕우 가 서로 학문과 덕행을 권장하고 서로 권선징악(勸善懲惡)해야 한다. 그 래야 사회적으로 윤리 도덕이 실천되고 개인적으로는 훌륭한 인격자 가 될 수 있다.

太公이 曰,
_{태 공   왈}

男子失教면 長必頑愚하고
_{남 자 실 교   장 필 완 우}

女子失教면 長必麤疎니라.
_{여 자 실 교   장 필 추 소}

　　강태공이 말했다. '남자가 교육을 제대로 받지 못하면 자라서 반드시 완고하고 어리석은 사람이 되고, 여자가 교육을 제대로 받지 못하면 자라서 반드시 추악하고 거친 사람이 된다.'

| 가사체 |

태공께서 말하였다
남자로서 가르침을 제때받지 못하면은
자라나서 꼭반드시 어리석게 될것이고
여자로서 가르침을 제때받지 못하면은
자라나서 꼭반드시 醜惡하게 될것이다
_{추 악}

　　頑(완고할 완), 愚(어리석을 우), 麤(거칠 추), 疎＝疏(소홀할 소).

● ● ●

　　○太公(태공)ー1-4 참조.　○失教(실교)ー가르침을 잃다. 제때에 배우지 못하다.　○長(장)ー자라서. 성장하여.　○頑愚(완우)ー완고하고 어리석다.　○麤疎(추소)ー추악하고 거칠다.

　교육을 제대로 받아야 사리에 통달하고, 이성적으로 행동도 하고 또 윤리 도덕을 지키고 실천하여 진정한 문화인으로서의 교양미도 풍기게 된다. 어려서 바르게 교육을 받고 예의범절이 몸에 익게 해야 한다. 교육을 못 받으면 완악(頑惡)하고 무례한 인간이 된다. 여기서 말하는 교육은 정신적 교육, 심성의 함양, 윤리 도덕의 실천 등을 주로 가리킴이다. 인격이 바르게 서야 과학 기술을 선용하고 재물을 유용하게 쓸 수 있다.

10-7-1 /

男子長大어든 **莫習樂酒**하고
남 자 장 대　　　막 습 악 주

女年長大어든 **莫令遊走**니라.
여 년 장 대　　　막 령 유 주

　'남자는 성장하면 유흥과 음주에 젖지 않게 하고, 여자는 나이들면 밖으로 놀러 다니지 않게 해야 한다.'

| 가사체 |

　남자들은 성장하면 유흥음주 않아야고
　여자들은 나이들면 바깥출입 않아얀다

　　莫(말 막), 習(익힐 습), 令(시킬 령), 遊(놀 유), 走(달릴 주).

○莫習(막습)─길들게 하지 마라. ○樂酒(악주)─음악과 음주, 혹은 술을 즐기다. ○莫令(막령)─못하게 하다. ○遊走(유주)─놀러 다님.

| 참고 |

육체적 · 감각적 쾌락보다 정신적 수양을 중시해야 한다. 그래야 사회적으로 유용한 인간이 된다.

10-7-2/

嚴父는 出孝子하고 嚴母는 出孝女니라
엄 부   출 효 자   엄 모   출 효 녀

憐兒어든 多與棒하고 憎兒어든 多與食하라
연 아   다 여 봉   증 아   다 여 식

人皆愛珠玉이나 我愛子孫賢이니라.
인 개 애 주 옥   아 애 자 손 현

'엄한 아버지 밑에서 효자가 나오고, 엄한 어머니 밑에서 효녀가 나온다. 아이를 사랑하거든 매를 많이 주고, 아이를 미워하거든 밥을 많이 주어라. 남들은 주옥을 좋아하지만 나는 자손이 현명하기를 바란다.'

| 가사체 |

엄한아비 아래에서 그효자가 나올게고
엄한어미 아래에서 그효녀가 나오리라

자기자식 사랑커든 매를많이 줘야하고
자기자식 밉거들랑 먹을것을 많이주라
사람들은 다들모두 주옥보석 좋아하나
나는나는 자손들이 현명하길 바란다네

· · ·

○ 嚴父出孝子(엄부출효자)─엄부 밑에서 효자가 나온다. ○ 憐兒(연아)─아이를 사랑함. ○ 多與棒(다여봉)─매를 많이 주다. ○ 憎(증)─미워하다. ○ 愛珠玉(애주옥)─주옥 같은 재물을 좋아함. ○ 愛子孫賢(애자손현)─자손이 현명하기를 좋아하다.

| 참고 |

　자녀들을 엄하게 키워야 한다. 유흥이나 향락에 빠지지 못하게 단속하고 아울러 고된 훈련과 학습을 가해서 현명하고 독실한 인간이 되도록 키워야 한다. 과잉보호는 자식을 망친다. 맹자의 어머니가 자식 교육을 위해 집을 세 번이나 이사했다는 '맹모삼천(孟母三遷)'의 고사가 있다. 처음에는 교외 무덤 근처에 살았다. 그러자 어린 맹자가 장사지내는 놀이를 했다. 다음에 장터 가까이 살자 장사꾼 흉내를 내므로 또 옮겼다. 세 번째로 학교 근처에 이사를 하자, 어린 맹자가 글을 배우고 예의범절을 익히더라는 이야기다.

　사람의 성장과 인격 수양에는 환경이 지대한 영향을 준다. 따라서 부모는 자식들에게 세심한 주의를 기울여야 한다. 동물적으로 잘 먹이고 키우기만 해서는 훌륭한 사람이 되지 않는다. 엄하게 훈도해야 한다. 고자(告子)는 '식과 색이 인간의 본성이다(食色性也)'라고 했다. 먹어야 개체(個體)를 보전하고 발랄하게 활동한다. 한편 종족(種族)을 번성(繁盛)시키기 위해서는 짝짓기〔偶配〕를 해야 한다. 그러나 역사 문화를 계승 발전하기 위해서는 학문을 잘 익히고 인격을 수양하고 윤리 도덕을 실천해야 한다.

제11편

성심편(상) 省心篇(上)

〈성심편〉은 옛 판본에서는 한 편이었다. 그러나 그 내용이나 항목이 너무 많아서 후세의 통행본에서는 제11편(상)과 제12편(하)으로 나누었다. 제11편에는 약 55개 항의 글이 있고 제12편에는 약 35개 항의 글이 있다.

이 편에 추린 55개 항의 글도 그 내용이 각기 다르므로 전편의 특색을 한두 마디로 요약할 수 없다. 대략 제11편에서 강조하고 있는 점을 다음같이 추릴 수는 있다.

외형적인 물질 가치보다 내면적 정신 가치를 높여야 한다. 재물이나 세속적 명리(名利)를 쟁취하기에 앞서, 하늘의 도리를 높이고 국가 윤리의 근간인 충(忠)과 가정윤리의 근간인 효(孝)를 바탕으로 윤리 도덕을 실천해야 한다.

사람의 마음은 알기 어렵다. 그러나 내가 먼저 남을 믿고 사랑하고 남을 미워하거나 투기하지 않으면 남도 나에게 잘 대해줄 것이다.

항상 남에게 겸손하고 겸양하는 마음으로 부귀나 권세를 누려야 한다. 그래야 하늘이 내려준 복을 오래 향유할 수 있다.

부지런히 일하고 절약해서 가정 살림을 풍족하게 유지해야 한다. 심하게 궁핍하거나 인색하면 인정도 메마르고 남과의 사이도 멀어진다. 그러므로 자신의 삶을 위해서나 남과의 사귐에 있어서나 어느 정도의 물질적 여유를 가질 수 있어야 한다. 하늘은 세상에 녹(祿) 없는 사람을 태어나게 하지 않았다. 누구나 근면하면 작은 부자가 될 수 있다. 간교한 짓을 하지 마라. 하늘은 감시하고 또 악을 용서하지 않는다.

하늘과 천도를 따라 맑고 한가로운 마음으로 사는 사람이 바로 신선이다.

성심편省心篇 상上

11-1/

景行錄에 云,
경 행 록　　운

寶貨는 用之有盡이요
보 화　　용 지 유 진

忠孝는 享之無窮이니라.
충 효　　향 지 무 궁

《경행록》에서 말했다. '보화는 쓰면 다함이 있으나 충성이나
효도는 마냥 누려도 다함이 없다.'

| 가사체 |

경행록에 말하였다
금은같은 재물들은 쓰게되면 끝이있고
충성효도 같은것은 누리어도 끝이없다

寶(보배 보), 貨(재화 화), 盡(다될 진), 享(누릴 향).

○景行錄(경행록)-1-7 참조. ○有盡(유진)-다함이 있다. ○享之(향지)-충효의 공덕을 누리다. ○無窮(무궁)-끝남이 없다.

| 참고 |

재물은 한이 있으나 충효의 공덕(功德)은 무한하다.

11-2/

家和면 貧也好어니와 不義면 富如何오?
가 화   빈 야 호   불 의   부 여 하

但存一子孝면 何用子孫多리오?
단 존 일 자 효   하 용 자 손 다

집안이 화목하면 가난해도 좋지만 의롭지 않으면 잘 살아 무엇하랴? 한 효자만 있으면 족하다. 어찌 자손이 많을 필요가 있겠느냐?

| 가사체 |

온가족이 화목하면 가난해도 좋지만은
의롭지를 아니하면 부유한들 무엇하랴
한자식만 효도해도 그것으로 충분하다
어찌하여 그자손이 많을필요 있겠느냐

家(집 가), 和(화할 화), 義(옳을 의), 富(가멸 부).

○家和(가화)−집안이 화목하면. ○貧也好(빈야호)−가난해도 좋다.
○不義(불의)−가족들이 의롭지 못하고 화목하지 않으면. ○富如何
(부여하)−부유한들 어찌하랴? 무엇하랴? ○存一子孝(존일자효)−한
자식만이라도 효도한다면. ○何用(하용)−무슨 필요가 있으랴?

| 참고 |

　집안에 돈이 많아도 가족들이 불의(不義) 불화(不和)하면 아무 소용이
없다. 또 자식이 많아도 부모에게 효도하는 자식이 하나도 없다면 무슨
소용이 있으랴?

11-3/

父不憂心은 因子孝요
부 불 우 심　　인 자 효

夫無煩惱는 是妻賢이라.
부 무 번 뇌　　시 처 현

言多語失은 皆因酒요
언 다 어 실　　개 인 주

義斷親疎는 只爲錢이라.
의 단 친 소　　지 위 전

　아버지가 마음 근심 안함은 아들이 효도하기 때문이고, 남편
에게 번뇌가 없음은 아내가 현명하기 때문이다. 말을 많이 하
고 실수하는 까닭은 술 때문이고, 의가 끊어지고 친분이 멀어짐
은 오직 돈 탓이다.

| 가사체 |

아비근심 없는것은 아들 孝道 때문이요
효도

남편번뇌 없는것은 아내 賢明 때문이다
현명

말이많고 실수함은 그모두가 술탓이요

서로 情誼 끊어짐은 돈과재산 때문이다
정의

憂(근심할 우), 煩(괴로워할 번), 惱(괴로워할 뇌), 斷(끊을 단), 錢(돈 전).

* * *

○不憂心(불우심)—마음 걱정을 안함. ○因(인)—…한 때문. ○煩惱
(번뇌)—마음이 시달리고 괴로워함. ○語失(어실)—말실수를 함. ○皆
因酒(개인주)—모두가 술 때문이다. ○義斷(의단)—의가 끊어짐. ○親
疎(친소)—친한 사이가 멀어짐. ○只爲錢(지위전)—오직 돈 때문이다.

| 참고 |

부모에게 걱정을 끼치지 않는 것이 효도다. 자식된 사람은 가정에서
부모를 정성으로 섬기고 형제간에 우애하고, 사회에 나가서는 도를 따
라 바르게 살면서 공을 세워야 한다. 과음하고 함부로 폭언하거나 싸움
질하면 신세를 망친다. 돈 때문에 서로의 정의가 끊어지면 안 된다.

11-4/

旣取非常樂이어든 須防不測憂하라.
기 취 비 상 락　　　수 방 불 측 우

기왕에 심상치 못한 놀이를 했으면 모름지기 예측치 못할 우환을 방비해야 한다.

| 가사체 |

보통때는 하지않는 그런놀이 했다면은
예측하지 못할우환 방비해야 하느니라

旣(이미 기), 須(모름지기 수), 防(막을 방), 測(잴 측).

• • •

○旣(기) - 이미. 기왕에.   ○非常樂(비상락) - 정도(正道)에서 벗어난 즐거움, 놀이.   ○須(수) - 모름지기 …해야 한다.   ○防(방) - 방비. 예방함.   ○不測憂(불측우) - 예측하지 못했던 우환이나 걱정.

| 참고 |

주색잡기 같은 쾌락에 빠지면 패가망신한다. 특히 청소년 시절에는 학업에 정진하고 근검절약해야 한다. 젊어서 놀기만 하면 훌륭한 사람이 되지 못할 뿐더러 무위도식하는 부랑자가 되기 쉬우며, 주색잡기를 위해 범죄를 저지를 우려가 있다.

11-5/

得寵思辱하고 居安慮危니라.
득 총 사 욕   거 안 여 위

총애를 받고 호강할 때에 욕이 돌아올 것을 미리 생각하고, 평안하게 살 때 위난에 빠질 일을 미리 염려해야 한다.

| 가사체 |

총애받고 호강할때 辱이올걸 생각하고
　　　　　　　　　욕
편안하게 지낼때에 危機올걸 염려하라
　　　　　　　　　위 기

得(얻을 득), 寵(총애 총), 辱(욕되게 할 욕), 慮(생각할 려), 危(위태할 위).

* * *

○得寵(득총)─윗사람에게 총애를 받고 호강을 함. ○辱(욕)─어쩌다가 총애를 잃고 욕을 봄. ○居安(거안)─편안하고 즐겁게 산다. ○慮(려)─염려함. ○危(위)─위난. 위험. 위기.

| 참고 |

현재 뜻을 얻고 안락해도 자만하면 안 된다. 앞날을 예측하고 신중하게 대처하는 슬기를 가져야 한다. 속세에서 일시적으로 얻은 부귀영화는 덧없는 것이다.

11-6/

榮輕辱淺이오 利重害深이라.
영 경 욕 천　　　이 중 해 심

영화가 가벼우면 욕됨도 얕고, 이득이 많으면 따르는 해독도

심하다.

| 가사체 |

영화로움 가벼우면 욕이됨이 얕을게고
이득됨이 무거우면 해가됨도 클것이다

榮(영화 영), 輕(가벼울 경), 辱(욕되게 할 욕), 淺(얕을 천).

· · ·

○榮輕(영경)－영화가 가볍다. ○辱淺(욕천)－욕도 얕다. ○利重(이
중)－이득이 크고 무겁다. ○害深(해심)－해독도 심각하고 크다.

| 참고 |

세속적인 영화나 이득에는 반드시 오욕과 해독이 따르게 마련이다.
바르고 성실하게 노력해서 부를 누려야 한다.

11-7/

甚愛必甚費요 甚譽必甚毁요
심 애 필 심 비   심 예 필 심 훼

甚喜必甚憂요 甚贓必甚亡이니라.
심 희 필 심 우   심 장 필 심 망

큰 사랑에는 반드시 큰 소모가 따르고, 큰 칭찬에는 반드시
큰 훼방이 따르며, 크게 기뻐하면 반드시 크게 근심하게 되고,

크게 부정한 재물을 얻으면 반드시 크게 잃게 된다.

| 가사체 |

사랑많이 받게되면 꼭큰소모 뒤따르고
칭찬많이 받게되면 꼭큰훼방 뒤따른다
너무크게 기뻐하면 꼭큰근심 뒤따르고
뇌물많이 탐하면은 꼭큰멸망 뒤따른다

甚(심할 심), 譽(기릴 예), 毁(헐 훼), 贓(장물 장).

● ● ●

○甚(심)―심하게. 크게. ○必(필)―반드시. ○費(비)―소모하다. 허
비하다. ○譽(예)―명예. 칭찬. ○贓(장)―부정한 재물을 취함.

| 참고 |

욕구(欲求)나 희노애락(喜怒哀樂) 등의 감정을 잘 조절해야 한다. 도를
넘으면 반작용이 따른다. 중용을 지켜야 한다.

11-8/

子曰,
자 왈

不觀高崖면 何以知顚墜之患이며
불 관 고 애   하 이 지 전 추 지 환

不臨深淵이면 何以知沒溺之患이며
부 림 심 연   하 이 지 몰 익 지 환

不觀巨海면 何以知風波之患이리오?
불 관 거 해 　 하 이 지 풍 파 지 환

공자가 말했다. '높은 언덕을 보지 않으면 어찌 굴러 떨어질 위험을 알며, 깊은 못에 가지 않으면 어찌 빠져 죽을 위험을 알며, 큰 바다를 보지 않으면 어찌 풍랑의 위험을 알 것이냐.'

| 가사체 |

공자님이 말하셨다
높은언덕 안보면은 추락위험 모를게고
깊은못에 안가면은 익사위험 모를게고
큰바다를 안보면은 풍파위험 모르리라

崖(벼랑 애), 顚(넘어질 전), 墜(떨어질 추), 淵(못 연), 溺(빠질 닉).

● ● ●

○觀(관)−직접 자신이 보다. ○高崖(고애)−높은 언덕. ○何以知(하이지)−어찌 알겠는가? ○顚墜(전추)−굴러 떨어짐. ○患(환)−걱정. ○臨(임)−임하다. 가다. ○深淵(심연)−깊은 연못. ○沒溺(몰익)−물에 빠져 죽음. ○巨海(거해)−큰 바다. ○風波(풍파)−바람과 파도.

| 참고 |

어려움이나 위험도 자신의 체험을 통해서 실감할 수 있다. 그러므로 기왕의 체험을 살려서 다시는 끔찍한 위험이나 위난에 맞닥뜨리지 않게 미리 경계하고 대비해야 한다.

11-9/

欲知未來어든 **先察已然**이라.
욕 지 미 래　　　선 찰 이 연

　미래에 이루어질 일을 알려거든 먼저 과거에 있었던 일을 살펴야 한다.

| 가사체 |

　미래올일 알려거든 지난일을 살펴안다

· · ·

　○欲(욕)—…하고 싶다.　○未來(미래)—앞으로 일어날 일, 또는 이루어질 일.　○先察(선찰)—먼저 살피다.　○已然(이연)—이미 이루어진 일. 과거에 있었던 일. 역사적 사실.

| 참고 |

　인간이나 사회의 모든 일은 원인이 있고 또 시간의 흐름을 타고 역사적으로 나타나게 마련이다. 과거를 바탕으로 현재가 있고, 현재를 바탕으로 미래가 꾸며진다. 사람은 역사의식을 가지고 전통을 존중하면서 밝은 미래를 창건해야 한다.

11-10/

子曰,
자 왈

明鏡은 所以察形이오
명경   소 이 찰 형

往者는 所以知今이니라.
왕 자   소 이 지 금

공자가 말했다. '밝은 거울은 형상을 보게 하는 도구이고, 과거는 현재를 알게 하는 바탕이다.'

| 가사체 |

공자님이 말하셨다
밝은거울 자기얼굴 보게하는 도구이고
지난일은 현재일을 알게하는 바탕이다

　　　鏡(거울 경), 察(살필 찰), 形(모양 형), 往(갈 왕).

　　　　　　　　　　　• • •

　　○明鏡(명경)—밝은 거울.　○所以(소이)—…하는 바탕.　○察形(찰형)—형상을 살펴보다.　○往者(왕자)—지나간 일.　○知今(지금)—오늘을 알다.

| 참고 |

　자기의 얼굴을 거울에 비춰보듯이 과거의 사실이나 역사를 통해 오늘을 알고 평가할 수 있다. 즉 과거가 오늘에 투영되고 있는 것이다. 특히 민족의 역사는 오늘에 생생하게 살아 있게 마련이다.

11-11 /

過去事_는 明如鏡_{이오}
과 거 사　　명 여 경

未來事_는 暗似漆_{이니라.}
미 래 사　　암 사 칠

　과거사는 거울같이 밝게 알 수가 있어도, 미래의 일은 칠흑처럼 어두워 알기가 어렵다.

| 가사체 |

　지난일은 거울같이 밝게알수 있지만은
　미래일은 칠흑같아 밝게환히 알수없다

　　如(같을 여), 未(아닐 미), 暗(어두울 암), 似(같을 사), 漆(옻 칠, 검다).

• • •

　　○明如鏡(명여경)─밝음이 거울 같다. 거울에 비춰보듯 밝게 알 수 있다.　○暗似漆(암사칠)─어둡기가 칠흑 같다.

| 참고 |

　앞에서는 과거를 알면 지금을 알 수 있다고 했다. 그러나 여기서는 미래가 칠흑처럼 어둡기만 하다고 했다. 서로 모순되는 말 같다. 그러나 천도를 따르면 미래사를 예측할 수 있고, 천도를 어기거나 이탈하면 앞일을 예측할 수 없는 법이다.

景行錄에 云,
경행록 운

明朝之事를 薄暮에 不可必이오
명조지사 박모 불가필

薄暮之事를 晡時에 不可必이니라.
박모지사 포시 불가필

《경행록》에서 말했다. '내일 아침의 일을 오늘 저녁에 단정적으로 말할 수 없고, 저녁에 일어날 일을 오후에 단정적으로 말할 수 없다.'

| 가사체 |

경행록에 말하였다
내일아침 있을일을 오늘저녁 알수없고
저녁때에 있을일을 오늘오후 알수없다

朝(아침 조), 薄(엷을 박), 暮(저물 모), 晡(신시 포).

• • •

○明朝之事(명조지사)—내일 아침에 일어날 일. ○薄暮(박모)—저녁 무렵. ○不可必(불가필)—반드시 어떠할 거라고 결정적으로 알거나 말하다. ○晡時(포시)—오후 네 시경. 신시(申時).

| 참고 |

미미한 존재에 불과한 사람은 절대인 하늘의 오묘한 조화를 결정적으로 알 수 없다. 다만 하늘의 메커니즘인 천기(天機)에 통하는 사람만

이 그 일부를 알 수 있다. '천기', 즉 '하늘의 메커니즘'은 다른 것이 아니다. 우주(宇宙)의 이법(理法)이다. 우(宇)는 공간이고, 주(宙)는 시간이다. 그러므로 '공간과 시간을 통합한 도리'는 곧 '하늘의 도리, 즉 천도(天道)'이다. 그 천도의 오묘한 조직과 기능 및 조화를 '천기'라고도 했다.

11-13/

天有不測風雨하고
천 유 불 측 풍 우

人有朝夕禍福이라.
인 유 조 석 화 복

하늘에는 예측할 수 없는 비바람이 몰아치고, 인간에게는 아침저녁으로 재화 혹은 길복이 닥쳐온다.

| 가사체 |

하늘에는 예측못할 비바람이 몰아치고
사람에겐 아침저녁 災禍吉福 닥쳐온다
　　　　　　　　　　재 화 길 복

測(잴 측), 朝(아침 조), 夕(저녁 석), 禍(재화 화), 福(복 복).

• • •

○不測(불측)－예측할 수 없는. ○禍福(화복)－재앙과 길복(吉福).

인간 사회의 화복(禍福)도 크게 보면 하늘의 오묘한 배려에 의해서 결정된다. 동시에, 인간들의 악덕한 마음가짐에 의해서 복잡하게 뒤엉킨다. 그러므로 좀처럼 예측하기 어렵다.

11-14 /

未歸三尺土하얀 難保百年身이오
미 귀 삼 척 토   난 보 백 년 신

已歸三尺土하얀 難保百年墳이라.
이 귀 삼 척 토   난 보 백 년 분

석 자 무덤에 돌아가기 전, 즉 살아서는 육신을 백 년간이나 보전하기 어렵고, 이미 죽어 무덤에 돌아간 다음에는 그 분묘를 백 년간 보존하기 어렵다.

| 가사체 |

석자높이 무덤으로 돌아가기 이전에는
자기육신 백년동안 보전하기 어려웁고
석자높이 무덤으로 돌아가고 난뒤에는
그무덤을 백년동안 보존하기 어려우리

歸(돌아갈 귀), 尺(자 척), 難(어려울 난), 保(지킬 보), 墳(무덤 분).

• • •

○未歸三尺土(미귀삼척토)—석 자의 흙무덤으로 돌아가기 전. 즉 살아

생전에.   ○難保百年身(난보백년신)─백 년의 육신을 보전하기 어렵다. 건강하게 백 년 살기 어렵다.   ○已歸三尺土(이귀삼척토)─죽어서 석 자 높이 무덤에 묻히다.   ○難保百年墳(난보백년분)─분묘가 백 년간 보전되기 어렵다.

| 참고 |

육신이나 무덤은 온전하게 백 년간 보전되기 어렵다. 그러나 인간의 고결한 정신이나 빛나는 업적은 영원히 후세에 전한다.

11-15-1 /

景行錄에 云,
경 행 록   운

木有所養이면 則根本固하고
목 유 소 양   즉 근 본 고

而枝葉茂하여 棟樑之材成하나라.
이 지 엽 무   동 량 지 재 성

《경행록》에서 말했다. '나무를 잘 기르면 뿌리가 굳고 가지와 잎이 무성해서 기둥이나 대들보가 될 재목으로 성장한다.'

| 가사체 |

경행록에 말하였다
나무란건 잘기르면 그뿌리가 튼튼하고
가지잎이 무성하여 좋은재목 되느니라

養(기를 양), 根(뿌리 근), 固(굳을 고), 枝(가지 지), 葉(잎 엽), 茂(우거질 무), 棟(용마루 동), 樑(들보 량), 材(재목 재).

· · ·

○有所養(유소양)─기르는 바 있으면. 잘 키우면. ○枝葉茂(지엽무)─ 가지와 잎이 무성함. ○棟(동)─기둥. ○樑(량)─들보.

| 참고 |

나무를 잘 키우면 건축 자재가 된다. 그와 같이 사람도 잘 교육을 해야 쓸모 있는 인간이 될 수 있다.

11-15-2

水有所養이면 則泉源壯하고
수 유 소 양   즉 천 원 장

而流派長하여 灌漑之利博하니라.
이 유 파 장   관 개 지 리 박

물줄기를 잘 다스리면 샘의 수원이 세차게 솟아나고 그 물줄기가 멀리 흐르며, 흩어져서 관개의 이로움이 클 것이다.

| 가사체 |

물줄기를 잘치면은 샘물세게 솟아나고
그물줄기 멀리흘러 관개이익 클것이다

泉(샘 천), 源(근원 원), 壯(씩씩할 장), 派(물갈래 파), 灌(물댈 관), 漑(물댈 개), 博(넓을 박).

• • •

○水有所養(수유소양)−물을 잘 간수하고 가꾸면. ○泉源壯(천원장)−샘이 수원에서부터 세차게 솟아나다. ○流派長(유파장)−물의 흐름이 멀리 뻗고 여러 줄기로 흐른다. ○灌漑(관개)−농토에 물을 댐. ○利博(이박)−이득이 크다. 넓게 이득을 보다.

| 참고 |

 물은 모든 생물의 생명의 근원이다. 물이 고갈되거나 오염되면 사람은 물론 식물·동물도 사멸한다. 산림을 잘 관리하고 수원(水源)을 보전해야 국토가 황폐하지 않고 물도 고갈하지 않는다. 물을 잘 관리하고 관개에 이용하기 위해서는 총체적인 국토관리를 잘해야 한다.

11-15-3/

人有所養이면
인 유 소 양

則志氣大하고 而識見明하여
즉 지 기 대   이 식 견 명

忠義之士出이니 可不養哉아?
충 의 지 사 출   가 불 양 재

 사람을 잘 키우면 뜻과 기상이 크고 식견이 밝아져서 충성과 대의를 지키는 선비로 출세할 것이니 어찌 잘 키우지 않겠는가?

　사람이란 잘키우면 다음같이 될것이다

　지조높고 기상크고 식견또한 밝아져서

　충성大義 실천하는 선비군자 될것인데
　　　　대　의

　어찌하여 사람들을 잘키우지 않겠는가

　　志(뜻 지), 識(알 식), 忠(충성 충), 義(옳을 의), 哉(어조사 재).

· · ·

　○志氣大(지기대)—뜻과 기상이 크다. 지조가 높고 기개가 크다. ○識
見明(식견명)—식견이 높고 밝다. ○忠義之士(충의지사)—충의를 지키
는 선비. 충성과 대의를 실천하는 선비. ○出(출)—나타나다. 배출하
다. ○可不(가불) …哉(재)—…를 아니할 수 있나?

| 참고 |

　나무를 잘 키우면 건축할 때에 기둥이나 대들보로 쓸 수 있고, 물을
잘 관리하고 가꾸면 넓은 농토에 관개를 하여 농작물을 재배할 수 있
다. 특히 사람은 잘 교육해야 훌륭한 인재가 된다. 즉 지조가 굳고 식견
이 높고 기상이나 기개가 고매하고 나라에 충성하고 정의를 지키는 어
진 선비가 될 수가 있다. 훌륭한 사람의 척도는 물질이나 재물에 있지
않다. 정신적 가치와 인덕(仁德)에 있다.

11-16 /

自信者는 人亦信之하나니 吳越이 皆兄弟요.
자신자　　인역신지　　　　오월　　개형제

自疑者는 **人亦疑之**하나니 **身外**는 **皆敵國**이니라.
　　자의자　　인역의지　　　　　신외　　개적국

　내가 남을 믿으면 남도 역시 나를 믿으므로 오와 월나라 사이라도 형제가 될 수 있다. 내가 남을 의심하면 남도 역시 나를 의심하므로 내 몸 이외의 모든 사람이 적이 되고 만다.

| 가사체 |

　내가남을 믿으면은 남도나를 믿게되니
　오나라와 월나라도 형제사이 될수있고
　내가남을 의심하면 남도나를 의심하니
　자신이외 모든사람 적이되고 말것이다

　　信(믿을 신), 吳(나라 이름 오), 越(넘을 월), 疑(의심할 의), 敵(원수 적).

　　　　　　　• • •

　　○ 自信者(자신자)−자신이 남을 믿으면.　○ 人亦信之(인역신지)−남도 역시 나를 믿는다.　○ 吳越(오월)−중국 춘추시대의 오와 월나라. 두 나라는 서로 앙숙이었다.　○ 身外(신외)−자신 이외의 모든 사람.

11-17/

　　疑人이면 **莫用**하고 **用人**이면 **勿疑**하라.
　　　의인　　막용　　용인　　물의

　남을 의심하면 쓰지 말고, 남을 쓰면 의심하지 마라.

그사람이 의심나면 처음부터 쓰지말고
그사람을 썼으면은 끝내끝내 의심말라

疑(의심할 의), 人(사람 인, 남), 莫(말 막), 用(쓸 용), 勿(말 물).

| 참고 |

서로 믿고 서로 도우면 모든 사람이 동지가 된다. 그러나 서로 의심
하고 서로 배신하면 모든 사람이 원수가 된다. 서로 믿고 힘을 합해서
함께 잘 사는 공동체를 건설해야 한다.

11-18/

諷諫에 云,
풍 간   운

水底魚와 天邊雁은 高可射兮요 低可釣라
수 저 어   천 변 안   고 가 사 혜   저 가 조

惟有人心咫尺間에 咫尺人心을 不可料니라.
유 유 인 심 지 척 간   지 척 인 심   불 가 료

〈풍간〉에서 말했다. '물밑에는 물고기가 있고, 하늘가에는
기러기가 있다. 높은 새는 활로 쏘고 물속의 고기는 낚을 수 있
으나 오직 사람의 마음은 나의 곁 지척 간에 있어도 그 지척 간
에 있는 남의 마음을 헤아릴 수가 없다.'

풍간에서 말하였다
물속에는 고기있고 기러기는 하늘나니
활로써는 새를쏘고 낚시질로 고기잡네
오직다만 사람마음 지척간에 있지마는
지척간의 사람마음 헤아릴수 없느니라

諷(욀 풍), 諫(간할 간), 底(밑 저), 邊(가 변), 雁(기러기 안), 射(쏠 사), 低(낮을 저), 釣(낚시 조), 咫(여덟 치 지), 料(헤아릴 료).

• • •

○諷諫(풍간)—풍자하고 간하는 글. 상세히는 모름. ○水底魚(수저어)—물밑에는 물고기가 있다. ○天邊雁(천변안)—하늘가에는 기러기가 날고 있다. ○高可射(고가사)—높은 새는 활로 쏠 수가 있다. ○兮(혜)—어조사. ○低可釣(저가조)—물밑의 고기는 낚을 수가 있다. ○人心(인심)—사람의 마음. 남의 마음. ○咫尺間(지척간)—아주 가까운 거리. ○不可料(불가료)—헤아릴 수가 없다.

| 참고 |

하늘의 새는 활로 쏘고 물속의 고기는 낚을 수가 있다. 그러나 지척 간에 있는 사람의 마음은 헤아릴 수가 없다.

11-19/

畵虎畵皮難畵骨이요
화 호 화 피 난 화 골

知人知面不知心이라.
지 인 지 면 부 지 심

　호랑이를 그림에 있어 가죽은 그리되 뼈는 그리기 어렵고, 사
람을 앎에 있어 그의 얼굴은 알되 마음을 알기 어렵다.

| 가사체 |

　호랑이를 그릴적에 겉모습은 그리지만
　그호랑이 몸속뼈는 그릴수가 없을게고
　그사람을 알려할때 그얼굴은 알수있되
　그사람의 속마음은 이해할수 없느니라

　　　畵(그림 화), 虎(범 호), 皮(가죽 피), 骨(뼈 골).

　　　　　　　　　• • •

　　○畵虎(화호)―호랑이를 그릴 때에.　○畵皮(화피)―겉가죽은 그릴 수
있다.　○難畵骨(난화골)―속 뼈는 그리기 어렵다.　○知人(지인)―사
람을 알다.　○面(면)―얼굴.

| 참고 |

　호랑이의 겉모양은 그릴 수 있지만 속에 있는 골격은 그리기 어렵
다. 그러나 골격은 겉모양에 나타나 있다. 그와 마찬가지로 속마음을
알기 어렵다고 하지만, 밖으로 나타난 행동을 보면 그 속마음을 알 수
있는 것이다.

11-20/

對面共話나 **心隔千山**이라.
대 면 공 화　　심 격 천 산

　서로 얼굴을 맞대고 이야기를 하지만 서로의 마음은 천 산 만큼 격해 있다.

| 가사체 |

　서로얼굴 맞대고서 이야기를 하지마는
　그마음은 千山만큼 떨어져서 있느니라
　　　　　　천 산

　　　對(대할 대), 共(함께 공), 話(말할 화), 隔(사이 뜰 격).

　　　　　　　　　　• • •

　　　○對面(대면)－얼굴을 맞대고.　○共話(공화)－함께 대화한다.　○隔(격)－떨어져 있다.　○千山(천산)－천 개의 산의 간격만큼.

| 참고 |

　얼굴을 맞대고 대화를 나눈다고 서로의 마음이 통하는 것이 아니다. 가면을 쓰고 거짓된 마음으로 대화하기 때문이다.

11-21/

海枯면 **終見底**나
해 고　　종 견 저

人死엔 不知心이라.
인 사   부 지 심

바다는 물이 마르면 바닥이 보이지만 사람은 죽어도 그의 속
마음을 알지 못한다.

| 가사체 |

바다란건 마르면은 그바닥이 보이지만
사람이란 죽고나도 그속마음 모른단다

海(바다 해), 枯(마를 고), 終(끝날 종), 底(밑 저), 死(죽을 사).

• • •

○海枯(해고)─바다의 물이 마르다. ○終(종)─끝판에 가서는. ○見
底(견저)─밑이 보인다. ○人死(인사)─사람은 죽어도.

| 참고 |

옛날부터 사람들은 남의 마음을 볼 수 없다고 한탄했다. 마음은 실
체로 있는 것이 아니다. 마음은 인간의 이성과 감성을 통제하고 주재하
는 두뇌의 통합 기능이다. 그러므로 행동을 통해서 마음의 좋고 나쁨을
판단해야 한다. 착하게 행동하는 사람의 마음은 착하고 나쁜 짓을 하는
사람의 마음은 나쁘다. 간교한 사람은 속 다르고 겉 다르기 때문에 알
기 어렵다.

太公曰,
태 공 왈

凡人은 不可逆相이요
범 인　불 가 역 상

海水는 不可斗量이니라.
해 수　불 가 두 량

　태공이 말했다. '무릇 사람의 힘으로는 운세를 앞질러 내다
볼 수 없고 바다의 물을 말로써 되질하여 헤아릴 수 없다.'

| 가사체 |

　태공께서 말하였다
　사람이란 운명운세 미리내다 볼수없고
　바닷물은 되질하여 헤아릴수 없느니라

　　凡(무릇 범), 逆(거스를 역), 相(서로 상), 斗(말 두), 量(헤아릴 량).

　　　　　　　• • •

　　○凡人(범인)─평범한 사람.　○逆相(역상)─앞질러 보다. 운명을 미
리 내다보다.　○斗量(두량)─말로써 헤아리다.

| 참고 |

　범인(凡人)은 천기(天機)를 알기 어렵다. 천기는 하늘의 메커니즘이
다. 하늘은 공간과 시간을 통합하고 만물을 생육화성(生育化成)하는 절
대이며, 그 하늘의 도리와 기능을 합해서 천기라고 한다. 그와 같이 오
묘한 도리와 조화를 평범한 사람들은 알지 못한다. 성현들만이 부분적

으로 알고 말을 통해 표현할 뿐이다. 바다의 물을 말로써 측량할 수 없듯이 우주의 모든 현상을 미미한 인간의 좁은 식견이나 생각으로는 바르게 알 수 없다. 인간의 운세도 크게는 우주 천지의 운행과 관련이 있다. 그러므로 나라의 운세, 혹은 개인의 운명도 우주적 차원에서 헤아려 보아야 한다.

11-23/

景行錄에 云,
경 행 록   운

結怨於人은 謂之種禍요
결 원 어 인   위 지 종 화

捨善不爲는 謂之自賊이니라.
사 선 불 위   위 지 자 적

《경행록》에서 말했다. '남과 원한을 맺는 일은 재앙의 씨앗을 뿌리는 짓이고, 선을 버리고 행하지 않음은 스스로를 해치는 짓이다.'

| 가사체 |

경행록에 말하였다
사람들과 원한맺는 그런일을 두고서는
재앙씨앗 뿌리는짓 이라고들 말을하고
착한것을 버리고서 행하지를 않는것을
스스로를 해치는짓 이라고들 말한다네

結(맺을 결), 怨(원망할 원), 謂(이를 위), 捨(버릴 사), 賊(도둑 적).

• • •

○結怨於人(결원어인)─남과 원한을 맺는다.   ○謂之(위지)─…라고
한다. 말한다.   ○捨善(사선)─선한 일을 버리고.   ○不爲(불위)─행하
지 않음.   ○自賊(자적)─자기 자신을 학대하고 해치다. 본래의 선한
인간의 성품을 스스로 해친다는 뜻.

| 참고 |

  남과 원한을 맺으면 나중에 화를 입는다. 선한 일을 행하지 아니함
은 선한 본성을 지니고 태어난 자신을 학대함이다. 인간을 만물의 영장
이라고 높이는 까닭은 숭고한 정신과 지능으로 천도를 깨닫고, 윤리 도
덕적으로 바르게 살고, 또 남을 사랑하고 역사 문화 발전에 선가치적
(善價值的)으로 기여하기 때문이다. 남을 속이거나 무력으로 남의 재물
을 탈취하는 짓은 인간 파괴이다.

11-24 /

若聽一面說이면 便見相離別이라.
약 청 일 면 설   변 견 상 이 별

  만약 한편 말만 들으면 친한 사이라도 서로 갈라지게 된다.

| 가사체 |

  한쪽말만 듣게되면

아주 친한 사이라도 서로 갈라 지게 된다

聽(들을 청), 說(말씀 설), 便(편할 편, 즉), 離(떼놓을 리).

• • •

○ 若(약)─만약에. ○ 聽(청)─듣다. ○一面說(일면설)─한편의 말.
○ 便見(변견)─즉 …하게 된다. ○相離別(상이별)─서로 이별함.

| 참고 |

한쪽의 말만 듣고 남을 오해하면 안 된다. 특히 정치 사회에서는 공
명정대하게 처리해야 한다.

11-25/

飽煖에 思淫慾하고
포 난   사 음 욕

飢寒에 發道心이니라.
기 한   발 도 심

배부르고 따뜻하면 음욕이 생기고, 굶주리고 추우면 도심이
생긴다.

| 가사체 |

배부르고 따뜻하면 음탕욕구 생겨나고
굶주리고 추우면은 道의마음 일어난다
            도

飽(물릴 포), 煖(따뜻할 난), 淫(음란할 음), 慾(욕심 욕), 飢(주릴 기).

● ● ●

○飽煖(포난)─배부르게 먹고 따뜻하게 잘 살다.   ○思淫慾(사음욕)─
음탕한 욕구를 채우고자 함.   ○飢寒(기한)─굶주림과 추위에 시달리
다.   ○發(발)─발휘하다. 분발하다.   ○道心(도심)─도를 지키려는 마
음.

| 참고 |

부유하게 잘 살아도 타락하지 말고 예절을 잘 지켜야 한다. 한편 가
난해도 자포자기하지 말고 더욱 분발 노력해야 한다.

11-26/

疎廣이 曰,
소 광   왈

賢人多財면 則損其志하고
현 인 다 재   즉 손 기 지

愚人多財면 則益其過니라.
우 인 다 재   즉 익 기 과

소광이 말했다. '현명한 사람은 재물이 많으면 지조가 손상
되고, 어리석은 사람은 재물이 많으면 허물이 많게 된다.'

| 가사체 |

소광께서 말하였다

현명한데 돈많으면 자기志操 손상되고
                    지 조
어리석고 돈많으면 허물더욱 많아진다

疎 = 疏(트일 소), 廣(넓을 광), 賢(어질 현), 財(재물 재), 損(덜 손), 愚(어리
석을 우), 益(더할 익), 過(허물 과).

• • •

○疎廣(소광)─한(漢)나라 때의 청렴한 선비. ○損其志(손기지)─자신
의 지조(志操)가 손상되다. ○益其過(익기과)─자신의 허물이나 과실
이 더욱 많아지다.

| 참고 |

재물을 선용(善用)해야 한다. 재물 때문에 타락하면 안 된다. 외형적
인 재물보다도 내면적인 정신가치를 높이고, 윤리 도덕 및 대의명분을
앞세우고 대도(大道)를 따르고 실천해야 한다. 오늘의 세계는 금전만능
주의에 빠졌으며 무력을 바탕으로 서로 권력이나 재물을 쟁탈하고 있
다. 따라서 위기에 처해 있다. 맹자(孟子)가 말했다. '포식하고 따뜻하
게 입고 편하게 살되 교육이 없으면 금수와 같은 존재가 된다(飽食暖衣
逸居而無敎 近於禽獸).'

11-27 /

人貧이면 智短하고
인 빈   지 단

福至면 心靈이니라.
복 지   심 령

사람은 가난하게 살면 지혜도 짧게 되고, 복 받고 잘살면 마음도 영특해진다.

| 가사체 |

사람이란 가난하면 그지혜도 짧게지고
복을받고 잘살면은 그마음도 영특하리

貧(가난할 빈), 短(짧을 단), 福(복 복), 至(이를 지), 靈(신령 령).

· · ·

○人貧(인빈)―사람이 가난하게 살면.   ○智短(지단)―지혜도 짧아진다.   ○福至(복지)―복을 누리면.   ○心靈(심령)―마음이 영특하게 됨.

| 참고 |

사람은 경제적으로 어느 정도는 잘살아야 한다. 심하게 가난하면 정신도 위축된다. 경제적으로 잘살면, 마음도 영특하게 된다. 그렇다고 무도하게 재물을 탐내면 안 된다.

11-28/

不經一事면 不長一智니라.
불 경 일 사   부 장 일 지

한 가지 일을 직접 경험하지 않으면, 그 일에 대한 지식이 늘지 않는다.

한가지의 일이라도 경험하지 아니하면
지식들과 지혜들이 늘어나지 않느니라

經(경험할 경), 事(일 사), 長(길 장), 智(슬기 지).

• • •

○經(경)－경험하다. 체험하다. ○長(장)－자라나다. (지식이나 지혜
가) 늘다. ○―智(일지)－한 가지 지식이나 지혜.

| 참고 |

지식과 지혜는 경험과 체험을 통해서 터득된다.

11-29/

是非終日有라도 不聽自然無니라.
시 비 종 일 유　　　　불 청 자 연 무

종일 시비가 있어도 내가 듣지 않으면 저절로 없어진다.

| 가사체 |

종일시비 있다해도 내가듣지 아니하면
시시비비 제스스로 사그라져 없어진다

是(옳을 시), 非(아닐 비), 聽(들을 청), 自(스스로 자), 然(그러할 연).

○是非(시비)—옳다 그르다며 떠든다. ○終日(종일)—하루 종일. ○不聽(불청)—내가 듣지 않으면. ○自然(자연)—자연히. 스스로. ○無(무)—(시비가) 없어진다.

| 참고 |

혼자서는 싸움을 할 수 없다. 상대방이 덤벼도 내가 맞상대를 안 하면 싸움이 되지 않는다.

11-30/

來說是非者는 便是是非人이라.
내 설 시 비 자   변 시 시 비 인

찾아와서 옳다 그르다 하는 자가 바로 시비꾼이다.

| 가사체 |

자기에게 찾아와서 시시콜콜 따지는者
　　　　　　　　　　　　　　　　자
그와같은 사람바로 是非거는 사람이다
　　　　　　　　시 비

來(올 래), 說(말씀 설), 便(곧 변), 是(옳을 시).

• • •

○說是非者(설시비자)—옳다 그르다 하고 말하는 사람. ○便(변)—곧. 바로. ○是(시)—…이다. ○是非人(시비인)—시비꾼.

아무 일에나 시시콜콜 시비 잘 하는 사람이 있다. 또 사방으로 다니면서 수다스럽게 이 말 저 말을 퍼뜨리기 좋아하는 사람도 있다. 그와 같은 소인배가 되면 안 된다. 묵묵히 일을 해야 한다.

11-31 /

擊壤詩에 云,
격 양 시   운

平生에 不作皺眉事하면
평 생   부 작 추 미 사

世上에 應無切齒人이니
세 상   응 무 절 치 인

大名을 豈有鐫頑石가?
대 명   기 유 전 완 석

路上에 行人口 勝碑니라.
노 상   행 인 구 승 비

〈격양시〉에서 말했다. '평생 동안 눈썹 찡그릴 일을 하지 않으면 세상에 나에게 이를 갈 사람이 없을 것이니, 어찌 돌에 크게 이름을 새길 필요가 있으랴? 길을 오가는 행인들 평하는 말이 비석보다 좋을 것이다.'

| 가사체 |

격양시에 말하였다

평생동안 핀잔받을 그런일을 아니하면
세상에는 나를두고 이갈사람 없으리니
어찌돌에 이름크게 새길필요 있겠는가
행인들이 평하는말 비석보다 좋으리라

皺(주름 추), 眉(눈썹 미), 應(응당 응), 切(끊을 절), 齒(이 치), 豈(어찌 기),
鐫(새길 전), 頑(완고할 완), 勝(이길 승), 碑(비석 비).

• • •

○擊壤詩(격양시)―7-2 참조.   ○皺眉事(추미사)―눈썹 찌푸릴 일. 핀
잔을 받을 일.   ○應(응)―응당. 마땅히.   ○切齒人(절치인)―이를 갈
사람.   ○豈有(기유)―어찌 …할 필요가 있으랴?   ○鐫(전)―새기다.
○頑石(완석)―굳은 돌.   ○路上行人(노상행인)―길 가는 행인.   ○口勝
碑(구승비)―입으로 말하는 것이 비석보다 뛰어나다.

| 참고 |

　평소에 덕을 세우면 마을 사람들이나 행인들이 칭찬을 할 것이다.
굳이 돌에 크게 이름을 조각한 비석을 세우거나 막대한 돈을 써서 거짓
된 공적을 적은 송덕비를 세우는 것은 어리석은 짓이다.

11-32/

有麝自然香이니 **何必當風立**가?
유 사 자 연 향　　 하 필 당 풍 립

　사향을 가졌으면 저절로 향기로운데 어찌 꼭 바람을 막고 서

서 풍겨야 하나?

| 가사체 |

몸에 麝香 지녔으면 제스스로 향기나니
　　　사 향
부는바람 막고서서 그향기를 풍겨야나

　　麝(사향노루 사), 香(향기 향), 當(당할 당), 風(바람 풍).

● ● ●

　　○麝(사)—사향.　○自然香(자연향)—자연히 향기롭다.　○何必(하필)—
어찌 …할 필요가 있으랴?　○當風立(당풍립)—바람을 막고 서다.

| 참고 |

　　학문이나 덕이 높은 사람은 일부러 광고하지 않아도 저절로 알려지
게 마련이다.

11-33/

有福莫享盡하라 福盡身貧窮이요
유 복 막 향 진　　　복 진 신 빈 궁

有勢莫使盡하라 勢盡寃相逢이니
유 세 막 사 진　　　세 진 원 상 봉

福兮常自惜하고 勢兮常自恭하라.
복 혜 상 자 석　　　세 혜 상 자 공

人生驕與侈하면 有始多無終이라.
인 생 교 여 치　　　유 시 다 무 종

복이 있어도 진탕 다 누리지 마라. 복이 다하면 빈궁한 신세가 된다. 권세가 있어도 마구 부리지 마라. 권세가 다하면 원수와 만나게 된다. 유복하게 살 때에 항상 스스로 아끼고 권세가 있을 때에 항상 남에게 공손하게 하라. 인간 생활에서 교만하고 사치하면 처음은 좋으나 나중에는 좋지 못하다.

| 가사체 |

복있어도 진탕모두 누리지를 말지어다
복다하면 자기신세 빈궁하게 될것이요
권세있다 하더라도 휘두르지 말지어다
그권세가 다하면은 원수들과 만나리라
복있을때 늘언제나 제스스로 아껴쓰고
높은자리 앉았을때 남들에게 공손하라
사람들이 살아가며 교만하고 사치하면
처음에는 좋지만은 나중에는 좋지않다

窮(다할 궁), 冤(원통할 원), 逢(만날 봉), 驕(교만할 교), 侈(사치할 치).

• • •

○有福(유복)－복이 있다. 복을 누리다. 유복하게 살다. ○莫(막)－… 하지 마라. ○享盡(향진)－(주어진 복을) 진탕 누리다. ○身貧窮(신 빈궁)－몸이 가난해진다. 빈궁에 몰리는 신세가 됨. ○使盡(사진)－ (권세를 있는 대로) 다 행세하다. ○冤相逢(원상봉)－나에게 원한을 품은 사람을 만나다. ○福兮(복혜)－복을 누리면서, 유복하게 살 때에. ○常自惜(상자석)－항상 스스로 아끼다. ○恭(공)－남에게 공손하게 대함. ○驕與侈(교여치)－교만과 사치. ○有始(유시)－처음은 있으나. ○多無終(다무종)－대부분은 나중이 없다. 처음에는 교만하

고 사치를 해도 나중에는 비참하게 되는 경우가 많다.

오늘의 부귀영화에 도취하여 사치하지 말고 뒷날을 위해 절약하고 남에게 겸손하고 또 덕을 베풀어야 한다. 오늘에는 부유하게 살다가도 나중에는 가난하게 되는 수가 있다. 권세를 함부로 휘두르고 남을 해치면 장차 원한을 품은 사람을 만나게 될 것이다. 권세를 누리고 부유하게 살 때에도 남에게 겸손해야 한다. 교만하고 사치하면 세상 사람에게 미움을 받고, 장차는 세도를 잃고 재물을 날리게 마련이다. 권좌에 올라 부귀를 누릴 때 더욱 겸손하고 신중한 태도로 윤리 도덕을 실천해야 한다.

11-34/

王參政四留銘에 曰,
왕 참 정 사 류 명   왈

留有餘不盡之巧하여 以還造物하고
유 유 여 부 진 지 교   이 환 조 물

留有餘不盡之祿하여 以還朝廷하고
유 유 여 부 진 지 록   이 환 조 정

留有餘不盡之財하여 以還百姓하고
유 유 여 부 진 지 재   이 환 백 성

留有餘不盡之福하여 以還子孫하라.
유 유 여 부 진 지 복   이 환 자 손

왕참정은 그가 쓴 〈사류명〉에서 말했다. '여유를 두고 재주를 다 쓰지 말고 남겨 두었다가 재주를 준 조물주에게 되돌려 주고, 여유를 두고 녹을 다 쓰지 말고 남겨 두었다가 녹을 내려 준 조정에게 되돌려 주고, 여유를 두고 재물을 다 쓰지 말고 남겨 두었다가 재물을 생산한 백성에게 되돌려주고, 여유를 두고 복락을 다 누리지 말고 남겨 두었다가 뒤를 이을 자손들에게 넘겨주어라.'

| 가사체 |

왕참정의 사류명에 다음같이 말하였다
자기재주 아꼈다가 조물주에 돌려주고
자기복록 아꼈다가 조정으로 돌려주고
자기재물 아꼈다가 백성에게 돌려주며
자기복을 아꼈다가 자손에게 돌려줘라

參(간여할 참), 政(정사 정), 留(남길 류), 銘(새길 명), 餘(남을 여), 盡(다될 진), 巧(공교할 교), 還(돌려 줄 환), 祿(복 록).

• • •

○王參政(왕참정)—송(宋)대의 정치가.   ○四留銘(사류명)—네 가지를 남겨 두라는 계명.   ○留(유)—남겨 두다.   ○有餘(유여)—나머지가 있다. 즉 나에게 주어진 것을 다 탕진해 버리지 말고 여분이 있게 하라는 뜻.   ○不盡之巧(부진지교)—다 쓰지 않은 재주.   ○以(이)—그래가지고.   ○還造物(환조물)—나에게 재주를 준 조물주에게 되돌려주다. ○祿(녹)—봉록.   ○還朝政(환조정)—녹을 내려준 조정에게 되돌려 주다.   ○還百姓(환백성)—재물을 생산한 백성에게 되돌려주다.   ○還子孫(환자손)—자손에게 넘겨주다.

나에게 주어진 모든 것을 나 한 몸을 위해 탕진하지 말고 국가와 국민에게 되돌려줄 수 있어야 한다. 그래야 자손들도 음덕을 입는다.

11-35/

黃金千兩이 未爲貴요
황 금 천 냥　　 미 위 귀

得人一語가 勝千金이라.
득 인 일 어　　 승 천 금

황금 천량이 귀한 것이 아니다. 남의 좋은 말 한 마디 듣는 것이 천금보다 좋다.

| 가사체 |

황금천냥 그런것이 귀한것이 아니되고
남이하는 말한마디 천금보다 나으니라

黃(누를 황), 兩(두 량), 得(얻을 득), 語(말씀 어), 勝(이길 승).

• • •

○未爲貴(미위귀)—귀하지 않음.　○得人一語(득인일어)—남의 좋은 말 한 마디를 듣는 것이.　○勝(승)—더 좋다.

물질보다 정신을 높이라는 '좋은 말'을 듣고 따르면 인격이 향상된다. 그러한 말 한마디가 금전만능주의에 빠진 동물적 존재인 사람을 깨우쳐주는 바 크다.

11-36/

巧者는 拙之奴요
교 자   졸 지 노

苦者는 樂之母라.
고 자   낙 지 모

재주 있는 사람은 재주 없는 사람을 위해 일해야 한다. 오늘의 고생은 내일의 즐거움의 바탕이다.

| 가사체 |

재주있는 사람들은 남을위해 일해야고
오늘겪는 고생들은 미래행복 바탕된다

巧(공교할 교), 拙(졸할 졸), 奴(종 노), 苦(쓸 고), 樂(즐길 락).

• • •

○巧者(교자)—재주 있는 사람. ○拙(졸)—재주 없는 사람. ○苦者(고자)—고생. ○樂之母(낙지모)—즐거움의 어머니.

재주 있는 사람, 곧 학문과 덕이 높은 군자는 백성들을 위해 일해야
한다. 고생을 해야 장차 즐거움을 얻을 수 있다.

11-37/

小船은 難堪重載요
소 선   난 감 중 재

深逕은 不宜獨行이니라.
심 경   불 의 독 행

작은 배는 무거운 짐을 감당하기 어렵고, 깊고 으슥한 길은
혼자 걷기 좋지 않다.

| 가사체 |

작은배는 무거운짐 감당하기 어려웁고
으슥한저 오솔길은 혼자걷기 좋지않다

船(배 선), 堪(견딜 감), 載(실을 재), 逕(소로 경), 宜(마땅할 의).

• • •

○難堪(난감)―견디기 어렵다. ○重載(중재)―무거운 짐. ○深逕(심
경)―깊은 오솔길. ○不宜(불의)―좋지 않다. ○獨行(독행)―혼자 걷
다.

자기의 한계를 알고 과욕을 부리지 마라. 광명정대한 길을 따라야
한다. 간악하고 어두운 삶을 살면 안 된다.

11-38 /

黃金이 未是貴요
황금　미시귀

安樂이 値錢多니라.
안락　치전다

황금이 귀한 것이 아니다. 정신적 안락이 더 값이 크다.

| 가사체 |

황금보옥 그런것이 귀한것이 아니란다
편안하고 즐거운게 보다값진 것이니라

未(아닐 미), 是(옳을 시), 貴(귀할 귀), 値(값 치), 錢(돈 전), 多(많을 다).

• • •

○未是貴(미시귀)－귀하지 않다.　○安樂(안락)－정신적으로 편하고
즐겁게 사는 일이.　○値錢多(치전다)－그 값이 크다.

| 참고 |

절대선(絶對善)인 도를 따르고 살아야 정신적으로 편하고 즐겁다. 물

질적 가치보다 정신적 가치를 높여야 한다.

11-39/

在家에 不會邀賓客이면
재가 불회요빈객

出外에 方知少主人이라.
출외 방지소주인

　집에서 내가 빈객 대접할 줄 모르면 밖에서 나를 빈객으로 맞이할 사람이 없음을 알 것이다.

| 가사체 |

　집안으로 손님맞아 대접할줄 모르면은
　밖에가면 그누구가 빈객으로 대접할까

　　會(모일 회), 邀(맞을 료), 賓(손 빈), 客(손 객), 主(주인 주).

　　　　　　　• • •

　○不會(불회)―…할 줄 모른다.　○邀(요)―맞이하고 대접하다.　○出外(출외)―내가 밖에 갈 때.　○方知(방지)―비로소 알다.　○少主人(소주인)―나를 빈객으로 맞이해 줄 주인이 없다, 많지 않다.

| 참고 |

　내가 손님 대접을 잘 해야지 남도 나를 잘 대접한다. 망은패덕(忘恩

悖德)하는 사람도 있으니 조심해야 한다.

11-40/

貧居_면 鬧市_{에도} 無相識_{이요.}
　빈 거　　요 시　　　무 상 식

富住_면 深山_{에도} 有遠親_{이니라.}
　부 주　　심 산　　　유 원 친

　가난하면 번화한 시장에서도 서로 아는 사람이 없다. 부자로
살면 산속에 살아도 먼 데서 찾아오는 친척이나 친구가 있다.

| 가사체 |

　집안살림 가난하면 저잣거리 살더라도
　서로서로 알아주는 그런사람 없을테고
　집안형편 넉넉하면 깊은산골 살더라도
　먼곳에서 찾아오는 친척친구 있느니라

　　鬧(시끄러울 뇨), 市(저자 시), 識(알 식), 遠(멀 원), 親(친할 친).

　　　　　　　　　• • •

　　○鬧市(요시)―번화한 시장.　○相識(상식)―서로 잘 아는 사람.　○遠
親(원친)―멀리서 찾아오는 친척이나 친구.

| 참고 |

　세상인심은 야박스러운 것이다. 부(富)도 필요하지만 덕(德)은 더욱

더 필요하다.

11-41 /

人義는 盡從貧處斷이요
인 의　진 종 빈 처 단

世情은 便向有錢家니라.
세 정　변 향 유 전 가

사람의 의리는 결국 가난에서 끊어지고, 세상의 인정은 돈 있는 집안으로 쏠린다.

| 가사체 |

사람義理 결국에는 가난에서 끊어지고
　　의 리
세상사람 인정이란 부잣집에 쏠리니라

義(옳을 의), 從(좇을 종), 處(살 처), 斷(끊을 단), 便(편할 편), 錢(돈 전).

· · ·

○人義(인의)─인간의 의리.　○盡(진)─결국.　○從(종)─따라서.　○貧處(빈처)─가난한 데.　○向有錢家(향유전가)─돈 있는 집안으로 향한다.

| 참고 |

속인들의 의리나 인정은 돈에 따라 오락가락한다. 그러나 학덕(學德)

이 높은 군자나 인격자는 돈에 좌우되지 않는다.

11-42/

寧塞無底缸이언정 難塞鼻下橫이니라.
영 색 무 저 항 　　 난 색 비 하 횡

차라리 밑 빠진 항아리는 막을 수 있어도 코밑에 가로놓인 입
은 막기 어렵다.

| 가사체 |

밑이빠진 항아리는 막을수가 있지마는
코아래에 가로놓인 입은막기 어렵다네

寧(차라리 녕), 塞(막을 색), 缸(항아리 항), 鼻(코 비), 橫(가로 횡).

• • •

○寧(영)—차라리 …할지언정. ○塞(색)—막다. ○無底缸(무저항)—
밑이 없는 항아리. ○難塞(난색)—막기 어렵다. ○鼻下橫(비하횡)—
코밑에 가로놓인 입.

| 참고 |

사람의 입 막기가 얼마나 어려운가? 말조심해야 한다. 우선 나 자신
부터 허튼 소리를 하지 않도록 입을 잘 간수해야 한다.

11-43/

人情_은 皆爲窘中疎_{니라.}
인 정　개 위 군 중 소

사람의 정은 모두 궁핍하게 되면 멀어진다.

| 가사체 |

세상사람 人情이란 궁핍하면 멀어진다
　　　　인 정

情(뜻 정), 皆(다 개), 爲(할 위), 窘(막힐 군), 疎(트일 소).

● ● ●

○人情(인정)─사람의 정. 정의(情義).　○爲(위)─…하게 된다.　○窘
中疎(군중소)─궁핍하면 서로 정이 멀어지다.

| 참고 |

너무 궁핍하면 남에게 정을 나눌 여유조차 없게 된다. 부지런히 노
력하고 일을 해서 궁핍을 벗어나야 한다.

11-44/

史記_에 曰,
사 기　왈

郊天禮廟_는 非酒不享_{이요}
교 천 예 묘　　비 주 불 향

君臣朋友는 非酒不義요
군 신 붕 우 　 비 주 불 의

鬪爭相和는 非酒不勸이라
투 쟁 상 화 　 비 주 불 권

故로 酒有成敗 而不可泛飮之니라.
고 　 주 유 성 패 이 불 가 범 음 지

《사기》에서 말했다. '하늘과 종묘에 제사 올릴 때 술이 아니
면 흠향하지 않고, 임금과 신하 친구 간에도 술이 아니면 정의
가 두텁지 않고, 싸운 다음 화해할 때에도 술이 아니면 권하기
어렵다. 그러므로 술로써 일의 성패를 가릴 수가 있다. 그렇다
고 술을 때도 없이 함부로 마시면 안 된다.'

| 가사체 |

사기에서 말하였다
저하늘에 제사하고 사당에다 제올릴때
술이있지 아니하면 흠향하지 아니하고
임금신하 친구간에 술이있지 아니하면
그정의가 두터웁게 되지아니 할것이고
싸움한뒤 화해할때 술이있지 아니하면
서로에게 권할것이 있지않을 것이기에
술가지고 일의성패 가릴수가 있을게다
그렇다고 술을마구 마셔서는 아니된다

郊(성밖 교), 禮(예도 례), 廟(사당 묘), 享(누릴 향), 鬪(싸움 투), 爭(다툴 쟁),
勸(권할 권), 泛(뜰 범, 널리), 飮(마실 음).

○史記(사기)─사마천(司馬遷)이 지은 역사책. ○郊天(교천)─교외(郊外)에서 하늘에 올리는 제사. 교제(郊祭). ○禮廟(예묘)─선조의 위패를 모신 사당에서 제사를 드림. 개인의 사당은 가묘(家廟), 왕가의 사당은 종묘(宗廟)라고 함. ○非酒(비주)─술이 아니면. ○不享(불향)─흠향(歆饗)치 않는다. 흠향은 신명(神明)이 제물을 받음. ○義(의)─광범한 뜻으로 쓰였다. 예의(禮義)·도의(道義)·정의(情義) 등. ○鬪爭(투쟁)─서로 싸우다. ○相和(상화)─서로 화해하다. ○酒有成敗(주유성패)─술로 성패를 가린다. ○泛飮之(범음지)─함부로 마시다.

| 참고 |

인간 사회에 술은 꼭 있게 마련이다. 술을 적당히 마시면 약주가 되지만 과도하게 마시면 독주가 된다. 술을 잘 제어(制御)할 수 있는 사람만이 음주를 하지 그렇지 못한 사람은 음주를 삼가라.

11-45/

子曰,
자 왈

士志於道 而恥惡衣惡食者는
사 지 어 도 이 치 악 의 악 식 자

未足與議也니라.
미 족 여 의 야

공자가 말했다. '선비가 되어 도에 뜻을 두고 있으면서 나쁜 옷과 나쁜 음식을 부끄럽게 여긴다면 함께 도를 논의할 자격이 없다.'

공자님이 말하셨다
선비라고 하는자가 道에뜻을 두고서도
　　　　　　　　　도
나쁜옷과 나쁜음식 부끄럽게 여긴다면
그와함께 우리道를 論할수가 없느니라
　　　　　　도　　 논

士(선비 사), 志(뜻 지), 恥(부끄러워할 치), 與(더불어 여), 議(의논할 의).

• • •

○志於道(지어도)―도에 뜻을 두다.　○恥(치)―부끄럽게 여김.　○未足(미족)―부족하다.　○與議(여의)―함께 의논함.

| 참고 |

　선비의 사명은 천도를 따라 국가나 사회를 바로잡고 백성들을 행복하게 해주는 것이다. 그러나 도가 쇠퇴한 난세에는 선비들은 가난을 면치 못한다. 공자는 《논어》에서 말했다. '군자는 당연히 궁색하다(君子固窮).' 군자나 선비로서 고궁절(固窮節)을 지키지 못하면 함께 천도의 구현을 논의할 만한 자격이 없다.

11-46/

筍子曰,
순 자 왈

士有妬友면 則賢交不親하고
사 유 투 우 　 즉 현 교 불 친

君有妬臣이면 則賢人不至니라.
군 유 투 신   즉 현 인 부 지

순자가 말했다. '선비에게 다른 벗을 투기하는 자가 있으면 어진 사람과 친근하게 사귈 수 없고, 임금에게 다른 신하를 투기하는 자가 있으면 어진 신하가 찾아오지 않는다.'

| 가사체 |

순자께서 말하였다
선비라고 하는자가 붕우들을 시샘하면
어진이와 친근하게 사귀지를 못할게고
임금에게 다른신하 투기하는 자있으면
그임금께 어진신하 찾아오지 않느니라

妬(강샘할 투), 賢(어질 현), 臣(신하 신), 至(이를 지).

• • •

○荀子(순자)―5-15 참조. ○有妬友(유투우)―다른 벗을 투기하는 자가 있으면. ○賢交不親(현교불친)―현명한 사람과 친근해질 수 없다. ○君有妬臣(군유투신)―임금에게 다른 신하를 투기하는 자가 있으면. ○賢人不至(현인부지)―현명한 신하가 임금 곁에 찾아오지 않는다.

| 참고 |

간악하고 음흉한 자가 있으면 정의 사회가 문란하게 된다. 그런 자들은 간교한 말로 현명하고 착한 사람을 중상모략하기 때문이다. 특히 정치 사회에서는 간악한 자를 멀리해야 한다.

11-47 /

天不生無祿之人하고
천 불 생 무 록 지 인

地不長無名之草니라.
지 부 장 무 명 지 초

　하늘은 녹 없는 사람을 태어나게 하지 않고, 땅은 명분 없는 풀을 자라게 하지 않는다.

| 가사체 |

하늘이란 祿없는者 태어나게 하지않고
　　　　녹　　　자

땅은名分 없는풀을 자라도록 하지않지
　　명분

* * *

　　○不生(불생)－태어나게 하지 않는다.　○無祿之人(무록지인)－녹 없는 사람.　○不長(부장)－자라게 하지 않는다.　○無名(무명)－명분 없는.

| 참고 |

　사람은 하늘의 덕택으로 삶을 누린다. 동시에 저마다 하늘로부터 주어진 사명이 있다. 이를 의식하고 성심껏 일을 하면 하늘은 녹을 내려줄 것이다. 식물·동물도 저마다 존재하는 명분이 있다.

11-48 /

大富는 由天하고
대 부 　 유 천

小富_는 由勤_{이라.}
　　소　부　　　유　근

　큰 부자가 되는 것은 하늘에 매여 있고, 작은 부자가 되는 것
은 근면에 달려 있다.

| 가사체 |

　큰부자가 되는것은 저하늘에 매여있고
　작은부자 되는것은 근면함에 달려있다

　　　　　　　　　• • •

　　○大富(대부)—큰 부자.　○由(유)—달려 있다.　○勤(근)—근면.

| 참고 |

　큰 부귀는 하늘이 내린다. 그러나 근면하면 저마다 잘살 수 있다. 타
락하고 악덕한 사회에서 권력과 재물을 누리는 것은 진정한 '큰 부자'
가 아니다. 그들은 결국 범죄자다.

11-49/

成家之兒_는 惜糞如金_{하고}
성 가 지 아　　석 분 여 금

敗家之兒_는 用金如糞_{이니라.}
패 가 지 아　　용 금 여 분

　집안을 일으킬 자식은 인분도 황금처럼 아끼고, 집안을 망칠

자식은 황금을 인분처럼 써버린다.

| 가사체 |

될성부른 자식들은 黃金처럼 人糞쓰고
　　　　　　　　　　황 금　　　인 분
집안망칠 자식들은 人糞처럼 黃金쓴다
　　　　　　　　　　인 분　　　황 금

成(이룰 성), 惜(아낄 석), 糞(똥 분), 敗(깨뜨릴 패).

• • •

○成家之兒(성가지아)－집안을 일으킬 자손. 혹은 흥하는 집안의 자
손.　○惜糞(석분)－인분도 아끼다.　○如金(여금)－황금같이.　○敗家
(패가)－망하는 집안.　○用金(용금)－황금을 쓰다.

| 참고 |

잘 되는 집안의 자손과 망하는 집안의 자손은 돈 씀씀이에서 다르
다. 재물을 가치 있게 써야 한다.

11-50/

康節邵先生이 曰,
강 절 소 선 생　　월

閑居에 愼勿說無妨하라 纔說無妨便有妨이니라.
한 거　신 물 설 무 방　　재 설 무 방 변 유 방

爽口物多면 能作疾이오 快心事過면 必有殃이라.
상 구 물 다　능 작 질　　쾌 심 사 과　필 유 앙

與其病後能服藥_{으론} 不若病前能自防_{이니라.}
여 기 병 후 능 복 약   불 약 병 전 능 자 방

소강절 선생이 말했다. '잘산다고 거리낄 게 없다는 소리를
함부로 하지 마라. 그런 말을 하는 즉시 거리낄 일이 생기게 된
다. 입을 상쾌하게 하는 음식을 과다하게 먹으면 질병을 일으
킨다. 마음에 즐거운 일이라도 과하면 반드시 재앙이 따른다.
병이 난 다음에 약을 먹을 수 있다 해도 병나기 전에 스스로 예
방할 수 있으면 더 좋다.'

| 가사체 |

강절소옹 선생께서 다음같이 말하였다
지금현재 잘산다고 거리낄게 있지않다
이런소리 함부로들 하여서는 아니된다
그런말을 하는즉시 거리낄일 생긴단다
맛이좋은 음식물을 너무많이 먹게되면
자기몸에 질병들을 일으킬수 있느니라
내마음에 즐거웁고 유쾌한일 있더라도
지나치면 꼭반드시 재앙들이 뒤따른다
병이난뒤 좋은약을 먹을수가 있다해도
병나기전 예방하는 그게더욱 좋으리라

愼(삼갈 신), 纔(겨우 재), 爽(시원할 상), 疾(병 질), 殃(재앙 앙).

• • •

○康節邵先生(강절소선생)—2-2 참조. ○閑居(한거)—편하게 지내다.
잘산다. ○愼(신)—삼가다. ○勿說(물설)—말하지 마라. ○無妨(무

방)-(내 자신에게는) 아무런 걱정이나 거리낄 일이 없다. ○纏說(재
설)-말하자마자. ○便(변)-즉시. 이내. ○有妨(유방)-걱정거리가
생긴다. ○爽口物(상구물)-입에 산뜻하게 맛있는 음식. ○多(다)-
과다하게 먹으면. ○能作疾(능작질)-질병을 나게 할 수 있다. 능(能)
이 종(終)으로 된 판본도 있다. ○快心(쾌심)-마음이 통쾌하고 즐겁
다. ○事過(사과)-(즐거운) 일도 과하면. ○有殃(유앙)-재앙이 따
른다. ○與其(여기)…不若(불약)--하는 것보다 차라리 …하는 편이
좋다. ○服藥(복약)-약을 복용함. ○自防(자방)-스스로 예방함.

| 참고 |

신중한 생활태도를 지녀야 한다. 지금 당장에 안락하다고 안하무인
격으로 큰소리치거나 사치하고 또 향락에 빠져들면 안 된다. 그와 같은
무절제한 생활을 하면 우선 내 몸을 망치고 집안 살림을 파탄나게 하
고, 크게는 나라를 어지럽게 만든다. 병나기 전에 예방해야 한다. 병이
난 다음에 약을 복용해도 사전에 예방하는 것만 못하다.

11-51

梓童帝君垂訓에 曰,
재 동 제 군 수 훈   왈

妙藥도 難醫寃債病이요 橫財도 不富命窮人이라
묘 약   난 의 원 채 병   횡 재   불 부 명 궁 인

生事事生을 君莫怨하고 害人人害를 汝休嗔하라
생 사 사 생   군 막 원   해 인 인 해   여 휴 진

天地自然皆有報하니 遠在兒孫近在身이니라.
천 지 자 연 개 유 보   원 재 아 손 근 재 신

재동제군이 내린 가르침에서 말했다. '신묘한 약이라도 원한
으로 생긴 병은 고치기 어렵고, 횡재로도 운수가 가난한 사람을
부자로 만들 수 없다. 일을 저지르고 나서 일이 생겼다고 원망
하지 말고, 남을 해치고 나서 남이 나를 해친다고 성내지 마라.
하늘과 땅 사이의 모든 일에는 다 갚음이 있으니, 그 갚음은 멀
게는 자손에게, 가까이는 자신에게 온다.'

| 가사체 |

재동제군 훈계내려 다음같이 말하였다
묘한藥도 원한으로 생긴병은 못고치고
　　약
橫財로도 궁한사람 부자되게 할수없다
횡 재
일저질러 놓고서는 일이났다 원망말고
남해친뒤 나해친다 화내지를 말아얀다
하늘과땅 모든일은 모두모두 갚음있다
멀리로는 자손에게 가까이는 자신에게

梓(가래나무 재), 垂(드리울 수), 訓(가르칠 훈), 妙(묘할 묘), 藥(약 약), 醫(의
원 의), 寃=冤(원통할 원), 窮(다할 궁), 怨(원망할 원), 嗔(성낼 진).

• • •

○梓童帝君(재동제군)—도교(道敎)에서 높이는 신의 이름.　○垂訓(수
훈)—내린 가르침.　○妙藥(묘약)—신묘한 약. 영약.　○難醫(난의)—고
치기 어렵다.　○寃債病(원채병)—원한이 맺어져서 난 병.　○橫財(횡
재)—뜻밖에 생긴 재물.　○不富(불부)—부자로 만들어주지 못한다.
○命窮人(명궁인)—명이 막힌 사람. 가난뱅이로 운명지어진 사람.
○生事事生(생사사생)—일을 저질러서 사단이 나다.　○莫怨(막원)—
원망하지 마라.　○害人人害(해인인해)—내가 먼저 남을 해침으로써

남도 나를 해친다. ㅇ休嗔(휴진)—성내지 마라. ㅇ皆有報(개유보)—모두 갚음이 있다. 인과응보(因果應報)가 있다는 뜻. ㅇ遠在(원재)—멀리는 (갚음이 자손에게) 나타나고. ㅇ近在(근재)—가까이는 (내 몸에) 나타난다.

| 참고 |

불교에서 인과응보(因果應報)를 강조한다. 과거의 선악의 인연에 따라서 뒷날에 길흉화복의 갚음을 받게 된다는 뜻이다. 그러므로 한평생 남에게 자비를 베풀어야 한다. 그러면 내 자신이나 혹은 후손에게까지 길복(吉福)의 보답을 받게 된다. 반대로 남에게 원한을 맺게 하거나 악덕한 짓을 하면 후손에게까지 재앙이 미칠 것이다. 《좌전(左傳)》에 다음과 같은 말이 있다. '재화나 길복은 문이 따로 없다. 오직 사람이 부르는 대로 온다(禍福無門 唯人所召).'

11-52

花落花開開又落하고 錦衣布衣更換着이라.
화 락 화 개 개 우 락　　　금 의 포 의 경 환 착

豪家未必常富貴요 貧家未必長寂寞이라.
호 가 미 필 상 부 귀　　　빈 가 미 필 장 적 막

扶人未必上靑霄요 推人未必塡溝壑이라.
부 인 미 필 상 청 소　　　추 인 미 필 전 구 학

勸君凡事莫怨天하라 天意於人無厚薄이니라.
권 군 범 사 막 원 천　　　천 의 어 인 무 후 박

꽃은 졌다가 다시 피고 피었다가 다시 지며 비단옷과 베옷도 다시 바꿔 입게 마련이다. 부자라고 항상 부귀를 누릴 수 있는 것이 아니며 가난한 집이라고 언제까지나 적막한 것도 아니다. 사람을 부축해서 푸른 하늘에 올려놓을 수도 없고 사람을 밀어트려 깊은 골짜기에 집어넣을 수도 없다. 그대에게 권하노니 만사에 있어 하늘을 원망하지 마라. 하늘의 뜻은 공평하여 모든 사람에게 후하고 박함이 없다.

| 가사체 |

꽃은졌다 다시피고 피었다가 다시지며
비단옷과 삼베옷도 번갈아서 입게된다
부자라고 늘언제나 그부귀를 못누리고
가난한집 오래도록 적막하진 않으리라
그사람을 부축해서 하늘위로 못올리고
사람들을 밀어트려 깊은구렁 못넣는다
그대에게 권하노니
모든일에 저하늘을 원망하지 말지어다
하늘뜻은 모두에게 후하거나 박함없다

錦(비단 금), 換(바꿀 환), 豪(호걸 호), 寞(쓸쓸할 막), 扶(도울 부), 霄(하늘 소), 塡(메울 전), 溝(도랑 구), 壑(골 학), 勸(권할 권), 薄(엷을 박).

• • •

○開又落(개우락)―피고 또 지다. ○錦衣(금의)―비단옷. ○布衣(포의)―무명옷. 베옷. ○更換着(경환착)―바꿔가며 입다. 번갈아 입다. ○豪家(호가)―부잣집. 호화 주택. ○未必(미필)―반드시 …하지 않다. ○常富貴(상부귀)―항상 부귀를 누리는 (것이 아니다). ○貧家

(빈가)—가난한 집안.　ㅇ長(장)—영원히.　ㅇ寂寞(적막)—적적하고 막막함.　ㅇ扶人(부인)—사람을 부축하여 올려 세우다.　ㅇ靑霄(청소)—푸른 하늘.　ㅇ塡溝壑(전구학)—구덩이에 집어넣다. 도랑 구(溝)를 언덕 구(邱)로 쓴 판본도 있다.　ㅇ勸君(권군)—그대에게 권하다.　ㅇ凡事(범사)—모든 일. 만사.　ㅇ莫怨天(막원천)—하늘을 원망하지 마라.　ㅇ天意(천의)—하늘의 뜻.　ㅇ於人(어인)—사람에 대해.　ㅇ無厚薄(무후박)—후하거나 박함이 없다.

| 참고 |

　인간 세상에는 흥망성쇠가 있다. 부귀를 누리다가 몰락할 수도 있고 빈천한 사람이 부귀를 누릴 수도 있다. 지금 내가 불우하다고 하늘을 원망하면 안 된다. 하늘은 공평무사하다. 착한 사람에게는 복을 주고 악한 사람에게는 벌을 준다. 그것이 하늘의 뜻이기도 하다. 공평하고 정대한 하늘을 믿고 착하게 살면 복을 받는다. 단, 난세에는 악한 사람이 날뛰고 잘산다. 그것은 정상이 아니고 오래 가지 않는다. 난세를 기준으로 하여 악덕한 길을 가면 안 된다.

11-53 /

堪歎人心毒似蛇라 誰知天眼轉如車요.
감 탄 인 심 독 사 사 　 수 지 천 안 전 여 거

去年妄取東隣物터니 今日還歸北舍家라.
거 년 망 취 동 린 물 　 금 일 환 귀 북 사 가

無義錢財湯潑雪이요 儻來田地水推沙라.
무 의 전 재 탕 발 설 　 당 래 전 지 수 추 사

若將狡譎爲生計면 恰似朝開暮落花라.
약 장 교 휼 위 생 계　흡 사 조 개 모 락 화

　사람의 마음이 뱀같이 독하니 한탄할 노릇이다. 하늘의 눈이
수레처럼 돌면서 감시하고 있음을 아무도 모르노라. 지난해에
동쪽 이웃에서 허튼 수작으로 재물을 취했으나 오늘에는 북쪽
집사람에게 다시 되돌려주게 되었구나. 불의로 얻은 재물은 마
치 끓는 물에 뿌려진 눈과 같고 뜻밖에 생긴 전답이나 땅은 물
에 밀려온 모래와 같다. 만약 교활한 속임수를 가지고 생계로
삼는다면 흡사 아침에 피었다가 저녁에 지는 꽃과 같도다.

| 가사체 |

　사람마음 지독한걸 내가몹시 탄식한다
　하늘눈이 감시하고 있다는걸 누가알까
　지난해에 동쪽사람 그재물을 취했으나
　오늘에는 북쪽사람 그자에게 돌려주지
　불의로써 얻은재물 끓는물에 눈과같고
　갑작스레 생긴논밭 모래와도 같으니라
　간교스런 속임수로 사는방법 삼는다면
　아침핀꽃 저녁에는 지는것과 같으니라

　　　堪(견딜 감), 歎(한탄할 탄), 似(같을 사), 蛇(뱀 사), 轉(구를 전), 妄(허망할
　　　망), 湯(끓을 탕), 潑(뿌릴 발), 儻(갑자기 당), 狡(교활할 교), 譎(속일 휼).

　　　　　　　　　　• • •

　　　○堪歎(감탄)─능히 한탄할 만하다. 한탄스럽다.　○人心毒(인심독)─
　　　사람의 마음이 독하다.　○似蛇(사사)─흡사 뱀처럼.　○誰知(수지)─

누가 알랴? ㅇ天眼轉(천안전)―하늘의 눈이 돈다. 즉 항상 사방을 둘러본다는 뜻. ㅇ如車(여거)―수레바퀴처럼. ㅇ妄取(망취)―함부로 취하다. 나쁜 수단으로 취득하다. ㅇ東隣物(동린물)―동쪽 이웃집의 재물. ㅇ還歸(환귀)―다시 되돌려주다. ㅇ無義錢財(무의전재)―불의로써 얻은 돈이나 재물. ㅇ湯潑雪(탕발설)―끓는 물에 뿌려진 눈〔雪〕. ㅇ儻來(당래)―갑자기 얻은. ㅇ水推沙(수추사)―물에 밀린 모래. ㅇ若將狡譎(약장교휼)―만약 교활한 속임수로써. ㅇ爲生計(위생계)―생계를 삼다. ㅇ恰似(흡사)―거의 같음. 비슷함. ㅇ朝開暮落花(조개모락화)―아침에 피었다가 저녁에 지는 꽃.

| 참고 |

사람은 마음을 악하게 쓰고 악독한 짓을 하면 안 된다. 언제나 어디에서나 하늘의 눈이 두루 감시하고 있음을 알아야 한다. 악덕과 불의로써 얻은 재물은 허무하게 없어지게 마련이다. 남을 속이고 교활한 수단으로 재물을 사취하는 사람은 천벌을 받을 것이다. 더욱이 인간의 삶의 가치는 역사나 문화 발전에 동참하고 자기 나름대로의 기여를 함에 있다. 사람의 생존과 생활은 더없이 존엄하다. 절대로 하루살이 인생이 되어서는 아니된다. 이 글에서 '하늘의 눈이 수레처럼 돌면서 감시하고 있다(天眼轉如車).'고 했다. 하늘은 보고 듣고 감시한다. 이때의 하늘은 절대선(絕對善)인 인격신(人格神)의 뜻도 있으나 '모든 백성'이란 뜻도 있다. 하늘은 백성을 통해서 선악을 가린다.

11-54/

無藥可醫卿相壽요 有錢難買子孫賢이니라.
무 약 가 의 경 상 수   유 전 난 매 자 손 현

어떠한 약으로도 경상의 수명을 연장할 수 없고, 돈이 있어도 자손의 현명함은 사기 어렵다.

| 가사체 |

약으로도 재상壽命 늘어나게 할수없고
_{수 명}
돈으로도 어진子孫 사는것이 어려우리
_{자 손}

　　醫(의원 의), 卿(벼슬 경), 壽(목숨 수), 難(어려울 난), 賢(어질 현).
　　　　　　　　　　　　• • •

　　○無藥可醫(무약가의)―고칠 수 있는 약이 없다.　○卿相壽(경상수)―
재상의 수명.　○難買(난매)―사기 어렵다.

| 참고 |

높은 벼슬에 오른 경상도 약으로 수명을 늘게 할 수 없고 또 돈으로 자손들을 현명하게 만들 수 없다.

11-55/

　　一日淸閑이면 一日仙이라.
　　일 일 청 한　　　일 일 선

하루라도 마음을 맑고 한가하게 가지면, 그날만큼은 신선이라 하겠다.

하루라도 자기마음 한가하고 맑다면은
그날하루 그때에는 신선된것 같으니라

淸(맑을 청), 閑(한가할 한), 仙(신선 선).

• • •

○ 淸閑(청한)─맑고 한가하게 산다면. ○ 仙(선)─신선.

| 참고 |

탁하고 더러운 욕심을 바탕으로 서로 다투는 이승이 바로 지옥이다.
그러므로 단 하루라도 맑고 한가한 마음을 갖는다면 그날만큼은 신선
이 된 거나 다를 바가 없다.

여기서 우리는 깊이 생각해야 한다. 오늘의 세계 인류는 심각한 위
기에 빠져 있다. 그 근본 원인은 개인이나 국가가 혹심한 탐욕을 채우
기 위해 무자비하게 무력을 휘두르고 있기 때문이다. 이러한 풍조는 서
양의 외형적 물질문화 및 무력주의만을 높이고 동양의 내면적 정신문
화 및 윤리 도덕을 망각하거나 소홀히 하는 데서 비롯된 것이다.

인간은 물질이나 무력의 노예가 될 수 없다. 어디까지나 숭고한 정
신을 바탕으로 하고 물질이나 무력을 활용해야 한다. 그러나 특히 2차
세계대전을 전후해서 오늘의 인류는 무력과 재물 일변도로 기울고 인
간의 정신가치나 윤리 도덕을 거의 완전히 망각하고 있다. 이래서는 안
된다. 동양의 숭고한 내면적 정신문화를 되살리고 선양하여 위기에 처
한 인류를 구제해야 한다.

서양의 과학 기술을 배우고 외형적 물질생활을 풍부하게 또 편리하
게 발전시키는 일은 절대로 필요하다. 그러나 기계나 물질에 의해서 인

간의 숭고한 정신을 상실하거나 또 윤리 도덕을 망각하면 안 된다. 과학 기술이 발전하면 할수록 정신 및 윤리 도덕도 높아져야 한다.

그러기 위해서는 먼저 개개인이 극기복례(克己復禮)해야 한다. 즉 동물적 · 이기적 탐욕을 극복하고 천도천리(天道天理)에 돌아가야 한다.

소아(小我)가 아닌 대아(大我)의 삶을 살아야 한다. 나 혹은 자기 나라만을 생각하지 말고 전체 인류의 역사와 문화 발전을 위해 선가치적(善價值的)으로 이바지하는 삶을 살아야 한다.

제12편에는 총 35항의 구절이 있다. 그러나 한 항목이 긴 구절로 된 것이 많고 또 같은 항목 안에서도 여러 가지 내용의 교훈과 계명이 섞여 있으므로 전체의 특성을 몇 마디로 요약하기 어렵다. 중요한 가르침을 다음과 같이 요약할 수 있다.

남에게 인덕(仁德)을 베풀면 자손들까지 번성하고 반대로 남에게 해를 끼치면 후손들도 화를 입는다. 착하고 슬기로운 사람을 사랑하고 가까이하면서 배우면 평생을 안락하게 살 수 있다. 남을 모함하거나 남의 참언을 퍼뜨리지 말고 동시에 남에게 간교한 술책을 논하지 마라.

신종황제가 세자에게 내린 여러 가지 가르침은 이러했다. '정당하지 못한 재물을 취하지 마라. 과도한 음주를 삼가라. 이웃을 가려서 거처를 잡고 또 벗을 가려서 사귀어라. 투기심을 일으키지 말고 남을 모함하는 참언을 하지 마라. 가난한 일가친척을 잘 돌봐주어라. 부자에게 아첨하지 마라. 욕심을 억제하고 근검절약하고 겸손과 화목으로 모든 사람을 대하고 사랑하라. 항상 과거의 잘못을 뉘우치고 앞으로는 허물없기를 염원하라. 그렇게 하면 국가를 오래 잘 다스릴 수가 있을 것이다.'

복된 인연과 좋은 경사는 많은 선행을 행한 다음에 얻어지는 것이다. 세속을 초월하고 성인의 경지에 들어가기 위해서는 진실하게 살아야 한다. 다음 구절도 유명하다. '그 임금을 알려면 먼저 그 신하를 보고, 그의 사람됨을 알려면 먼저 그의 벗을 보고, 그 아비를 알려면 먼저 그 아들을 보라. 임금이 어질면 그 신하도 충성되고, 아비가 인자하면 그 아들도 효도한다.'

성심편省心篇 하下

12-1-1/

眞宗皇帝御製에 曰,
진 종 황 제 어 제　　왈

知危識險이면 終無羅網之門이요.
지 위 식 험　　　종 무 나 망 지 문

擧善薦賢이면 自有安身之路라.
거 선 천 현　　　자 유 안 신 지 로

　진종황제가 지은 글에 말했다. '미리 위험할 것을 알고 (조심
하면) 평생토록 법망에 걸리는 일이 없다. 착하고 어진 사람을
천거해 쓰면 자연히 (임금이나 백성이) 편하게 사는 길이 있게
마련이다.'

| 가사체 |

　진종황제 어제에서 다음같이 말하였다
　위태로움 미리알고 험난함을 인식하면
　평생토록 법에걸릴 그런일이 없을게고
　착하고도 어진사람 그런사람 들어쓰면

임금백성 편안한길 자연스레 있게된다

識(알 식), 羅(새그물 라), 網(그물 망), 擧(들 거), 薦(천거할 천).

• • •

○眞宗皇帝(진종황제)─북송(北宋)의 제3대 황제. ○御製(어제)─임금
이 지은 시문(詩文). ○知危識險(지위식험)─위태로움을 알고 험난을
인식하다. 위험할 것을 미리 알다. ○終(종)─평생토록. ○羅網(나
망)─그물. 법망(法網). ○無羅網之門(무나망지문)─죄를 범하고 법망
에 걸려 옥문(獄門)을 드나들 일이 없다. ○擧善薦賢(거선천현)─선인
(善人)을 등용하고 현사(賢士)를 천거함. ○自有(자유)─스스로 있게
마련이다. ○安身(안신)─몸이 안락할 수 있는 길.

| 참고 |

위험하다는 것을 미리 알고 조심하면 평생 법망에 걸리지 않을 것이
다. 선정(善政)은 선량한 사람을 등용하는 것이다.

12-1-2/

施仁布德은 乃世代之榮昌이요.
시 인 포 덕   내 세 대 지 영 창

懷妬報寃은 與子孫之爲患이라.
회 투 보 원   여 자 손 지 위 환

損人利己면 終無顯達雲仍이요.
손 인 이 기   종 무 현 달 운 잉

害衆成家면 豈有長久富貴리오.
해 중 성 가   기 유 장 구 부 귀

인애를 베풀고 인덕을 펴면 집안이 대대로 영화롭고 번창할
것이다. 시기하는 마음을 품고 한풀이를 하면 자손들까지 근심
을 하게 된다. 남에게 손해를 끼치고 나를 이롭게 하면 끝내는
자손들이 현달하지 못하게 된다. 여러 사람을 해치고 나의 집
안을 일으킨들 그 부귀가 오래 가겠는가?

| 가사체 |

仁과德을 베풀면은 세세대대 번창하고
인 덕
시기하고 원망하면 자손에도 근심준다
남害치고 나좋으면 끝내자손 현달없고
해
여러사람 害치고서 나의집안 일으킨들
해
그와같은 富貴榮華 어찌하여 오래가랴
부 귀 영 화

懷(품을 회), 妬(투기할 투), 寃(원통할 원), 顯(나타날 현), 達(통달할 달).

• • •

○施仁布德(시인포덕)—남에게 인애(仁愛)를 베풀고 인덕(仁德)을 펴
다. ○乃(내)—즉. 곧. ○世代之榮昌(세대지영창)—집안이 세세대대
로 번영하고 번창함. ○懷妬報寃(회투보원)—투기심을 품거나 원한
풀이를 함. ○與子孫之爲患(여자손지위환)—자손에게 걱정거리를 주
다. ○損人利己(손인이기)—남에게 손해를 끼치고 내가 이득을 봄.
○無顯達雲仍(무현달운잉)—높이 나타나고 성공하는 자손이 없게 된
다. '운잉(雲仍)'은 자손. ○害衆成家(해중성가)—많은 사람에게 해를
끼치고 나의 집안을 일으키다. ○豈有長久富貴(기유장구부귀)—어찌
그러한 부귀가 오래 가겠느냐?

12-1-3/

改名異體_는 皆因巧語而生_{이요.}
개 명 이 체   개 인 교 어 이 생

禍起傷身_은 皆是不仁之召_{니라.}
화 기 상 신   개 시 불 인 지 소

이름을 바꾸고 변장을 하는 까닭은 애당초 간교한 말로 남을
속였기 때문이다. 재앙이 일어나고 몸까지 상하게 됨은 모두가
어질지 못함으로써 자초한 일이다.

| 가사체 |

자기이름 고쳐짓고 자기모습 바꾸는건
간교스런 말을하여 남속였기 때문이다
재앙들이 일어나고 그몸까지 상하는건
어질지를 아니하여 自招했던 일이니라
　　　　　　　　　자 초

體(몸 체), 禍(재화 화), 起(일어날 기), 傷(상처 상), 召(부를 소).

• • •

○改名異體(개명이체)—이름을 고치고 몸의 모양을 다르게 함. 즉 자
신의 정체(正體)를 가리거나 혹은 변장을 함. ○因(인)—원인이 있다.
○巧語(교어)—간교한 말로 남을 속임. ○禍起(화기)—재앙이 일어나
다. ○傷身(상신)—몸을 상하게 한다. ○皆是(개시)—모두가 …이다.
○不仁之召(불인지소)—어질지 않음으로써 자초한 것이다.

| 참고 |

부모가 선(善)을 행하면 자자손손 그 집안이 흥성하고, 반대로 악(惡)

을 행하면 자손들까지 해를 받고 사회적으로도 출세하지 못하게 된다. 남을 속이기 시작하면 나중에는 자신의 정체를 감추고 숨어 살아야 한다. 한편 남에게 어질지 못하고 악독하게 하면 종국에는 재앙에 휩싸이고, 심하면 자기 몸마저 해치게 될 것이다.

12-2-1/

神宗皇帝御製에 曰,
신 종 황 제 어 제   왈

遠非道之財하고 戒過度之酒하라.
원 비 도 지 재   계 과 도 지 주

居必擇隣하고 交必擇友하라.
거 필 택 린   교 필 택 우

嫉妬勿起於心하고 讒言勿宣於口하라.
질 투 물 기 어 심   참 언 물 선 어 구

신종황제가 지은 글에 말했다. '도에 어긋난 재물을 멀리하고 과도한 음주를 삼가라. 반드시 이웃을 가려서 거처를 정하고 친구를 가려서 사귀어라. 마음속에 투기심을 갖지 말고 입밖으로 중상하는 참언을 퍼뜨리지 마라.'

| 가사체 |

신종황제 지은글에 다음같이 말하였다
바른道에 어긋나는 그런재물 멀리하고
　　　도
과도하게 들이키는 그런음주 경계하라

자기살곳 정할때는 이웃살펴 가려야고
친구들을 사귈때는 벗을가려 사귀어라
미워하고 시기하는 그런마음 갖지말고
중상모략 하는말을 입밖으로 내지마라

戒(경계할 계), 擇(가릴 택), 妬(강새암할 투), 讒(참소할 참), 宣(베풀 선).

• • •

○神宗皇帝(신종황제)—북송(北宋)의 제6대 임금.   ○非道之財(비도지
재)—도(道)에 어긋난 재물.   ○過度之酒(과도지주)—과도한 음주.   ○居
必擇隣(거필택린)—거처를 정할 때에는 반드시 이웃을 살피고 가려라.
○交必擇友(교필택우)—반드시 벗을 가려서 사귀어라.   ○嫉妬(질투)—
남을 미워하고 시기함.   ○勿起於心(물기어심)—마음속에 일지 않게
하라.   ○讒言(참언)—무고하게 남을 중상하는 말.   ○勿宣(물선)—퍼뜨
리고 선전하지 마라.

12-2-2/

骨肉貧者를 莫疎하고
골 육 빈 자   막 소

他人富者를 莫厚하라.
타 인 부 자   막 후

克己는 以勤儉爲先하고
극 기   이 근 검 위 선

愛衆은 以謙和爲首하라.
애 중   이 겸 화 위 수

동기 간의 가난한 사람을 홀대하지 말고 남이 부자라도 도에 넘게 후대하지 마라. 자신을 이김에 있어서는 근면과 절약을 앞세우고 대중을 사랑함에 있어서는 겸손과 화목을 으뜸으로 삼아라.

| 가사체 |

친척중의 가난한자 소홀하게 하지말고
부유하게 사는사람 아첨해선 아니된다
자기자신 사리사욕 극복함에 있어서는
근면하고 절약함을 첫번째로 삼아야고
여러모든 사람들을 사랑함에 있어서는
겸손하고 화목함을 첫번째로 삼아얀다

克(이길 극), 勤(부지런할 근), 儉(검소할 검), 衆(무리 중), 謙(겸손할 겸).

• • •

○骨肉(골육)—뼈와 살을 함께 나눈 육친.   ○莫疎(막소)—소홀히 하지 마라.   ○莫厚(막후)—과도하게 두둔하거나 아첨하지 마라.   ○克己(극기)—자기 자신을 극복함. 과도한 욕심이나 감정을 억제함.   ○勤儉(근검)—근면과 절약.   ○愛衆(애중)—모든 사람을 사랑함.   ○謙和(겸화)—겸손과 온화한 태도.   ○爲首(위수)—으뜸으로 삼다.

12-2-3/

常思已往之非하고 每念未來之咎하라.
상 사 이 왕 지 비   매 념 미 래 지 구

若依朕之斯言이면 治國家而可久니라.
약 의 짐 지 사 언   치 국 가 이 가 구

　항상 과거의 잘못을 생각하고 언제나 앞으로의 허물을 염려
하라. 만약 짐의 이 말을 잘 따르면 국가를 오래 잘 다스리게 된
다.

| 가사체 |

　지난옛날 잘못들을 늘언제나 생각하고
　앞으로올 허물들을 늘언제나 염려하라
　지금까지 내가한말 명심하여 잘따르면
　나라가잘 다스려져 오래갈수 있으리라

　　　念(생각할 념), 咎(허물 구), 依(의지할 의), 朕(나 짐), 久(오랠 구).
　　　　　　　　　　• • •
　　　○已往之非(이왕지비)─과거가 된 잘못.　○每念(매념)─매번 생각하
　　　고 반성함.　○未來之咎(미래지구)─앞으로 있을 허물.　○依(의)─의
　　　지하다. 따르다.　○朕(짐)─천자나 임금 자신이 자기를 낮춰 부르는
　　　말.　○斯言(사언)─이상에서 한 말.　○可久(가구)─오래갈 수 있다.

| 참고 |

　신종황제의 가르침은 여러 가지에 걸쳤다. 사악한 재물은 멀리 하
라. 과도하게 술을 마시지 마라. 환경을 가려서 거처를 정하고 친구도
가려서 사귀어야 한다. 질투심을 스스로 억제하고 남에 대한 참언을 입
밖에 내지 마라.
　일가친척 간에 화목해야 한다. 특히 일가 중에 가난한 사람이 있으

면 나서서 도와주어야 한다. 가난한 자기 일가친척을 소외하고 다른 부자에게 아첨하고 아부하는 추악한 짓을 하지 마라.

탐욕을 억제하고 사치 낭비하면 안 된다. 허망한 욕심을 극복하고 근검 절약해야 한다. 남들을 넓게 사랑하고 정성으로 도와주어야 한다. 남에게 사랑을 베풀되 겸양과 화목한 자세를 지녀야 한다. 진정한 사랑을 베푸는 사람은 남에게 거만하지 않다.

항상 과거의 잘못을 뉘우치고 앞으로 다시는 허물없기를 염원하라. 그렇게 하면 국가를 오래 잘 다스릴 수 있을 것이다. 세자에게 가르친 말일 것이다. 그러나 일반 사람들에게도 좋은 교훈이 될 것이다.

12-3-1/

高宗皇帝御製에 曰,
고 종 황 제 어 제   왈

一星之火도 能燒萬頃之薪하고
일 성 지 화   능 소 만 경 지 신

半句非言도 誤損平生之德이라.
반 구 비 언   오 손 평 생 지 덕

고종황제가 지은 글에 말했다. '한 점의 불씨가 능히 만 경 들판의 숲을 태울 수 있고, 반 마디의 그릇된 말이 평생의 덕을 손상시킬 수 있다.'

| 가사체 |

고종황제 지은글에 다음같이 말하였다

한점불씨 만경숲을 태울수가 있을테고
반마디의 그릇된말 평생德을 그르친다
_덕

星(별 성), 燒(사를 소), 頃(넓이 단위 경), 薪(섶나무 신), 誤(그릇할 오).

• • •

○高宗皇帝(고종황제)―남송(南宋)의 제1대 임금.   ○一星之火(일성지
화)―한 점의 작은 불씨.   ○能燒(능소)―능히 태울 수 있다.   ○萬頃
之薪(만경지신)―만 경의 넓은 들의 숲, 혹은 나무.   ○半句非言(반구비
언)―반 마디의 그릇된 말.   ○誤損(오손)―그르치고 손상되게 하다.

12-3-2/

身被一縷나 常思織女之勞하고
신 피 일 루   상 사 직 녀 지 로

日食三飧이나 每念農夫之苦하라.
일 식 삼 손   매 념 농 부 지 고

　몸에 한 올의 누더기를 걸쳐도 항상 피륙을 짜는 여인의 수고
로움을 생각하고, 하루 세 끼의 밥을 먹을 때마다 농부들의 노
고를 생각하라.

| 가사체 |

한올로된 누더기를 자기몸에 걸쳤어도
베를짜는 여인들의 수고로움 생각하고
하루동안 아침점심 저녁밥을 먹을때에

농부들의 그 고생을 매번매번 생각하라

被(이불 피), 縷(실 루), 織(짤 직), 飧(저녁밥 손), 農(농사 농).

• • •

○身被(신피)─몸에 걸치다. ○一縷(일루)─한 오라기의 실. 한 올의
누더기. ○織女之勞(직녀지로)─베를 짜는 여인의 수고로움. ○日食
三飧(일식삼손)─하루에 세 끼의 밥을 먹다. ○每念(매념)─매번 생각
하다. ○農夫之苦(농부지고)─농부의 고생.

12-3-3/

苟貪妬損은 終無十載安康하고
구 탐 투 손　　종 무 십 재 안 강

積善存仁은 必有榮華後裔니라.
적 선 존 인　　필 유 영 화 후 예

福緣善慶은 多因積行而生이요.
복 연 선 경　　다 인 적 행 이 생

入聖超凡은 盡是眞實而得이니라.
입 성 초 범　　진 시 진 실 이 득

가령 탐욕과 투기심으로 남에게 손해를 끼쳤다면 끝내 십 년
간을 두고 평온하고 안락하지 못할 것이다. 남에게 덕을 쌓고
인애를 베풀면 반드시 후손에게도 영화가 미칠 것이다. 복된
인연과 좋은 경사는 많은 선행을 쌓은 다음에 얻어지는 것이
다. 범속을 초월하고 성인의 경지에 들어감은 오직 진실된 삶
으로 얻어진다.

| 가사체 |

미워하고 투기하여 남들에게 손해주면
끝끝내는 십년동안 편안하지 못할게고
남들에게 덕을쌓고 어진마음 지니면은
꼭반드시 후손들도 영화롭게 되느니라
복된인연 맺는일과 좋은경사 있게됨은
착한행실 쌓아야만 얻어지게 될것이고
보통경지 초월하여 성인경지 들어감은
진실되게 삶으로써 얻어지는 것이니라

載(해 재), 裔(후손 예), 緣(가선 연), 慶(경사 경), 超(넘을 초).

• • •

○苟貪妬損(구탐투손)─만약 탐욕스런 생각과 투기하는 마음으로 남
에게 손해를 끼친다면. ○終(종)─끝내는. 그 결과는. ○十載(십재)─
10년을 두고. ○安康(안강)─평안과 강녕. ○積善存仁(적선존인)─선
행을 쌓고 어진 마음을 지니고 인덕(仁德)을 베풀다. ○榮華後裔(영화
후예)─후손들도 영화롭게 된다. ○福緣善慶(복연선경)─복된 인연을
맺고 좋은 경사가 있음. ○因(인)─인하다. 연유하다. ○積行而生(적
행이생)─착한 행실을 쌓아서 나타난 것이다. ○入聖超凡(입성초범)─
평범한 경지를 초월하여 성인(聖人)의 경지에 들어감. ○盡是(진시)─
다. 오직. ○眞實而得(진실이득)─진실함으로 얻어진다.

| 참고 |

한 점의 작은 불씨가 크게 번져 만 경(頃) 평야를 모두 태우듯이, 잘
못한 말 한마디가 평생의 덕을 손상되게 하거나 혹은 뜻하지 않은 재화
를 초래케 할 수 있다. 사람은 감사할 줄 알아야 한다. 우리가 먹고 입

고 사용하는 모든 음식이나 기물들이 다 다른 사람들의 신성한 노동으로 생산된 것들이다. 감사하는 마음으로 물자를 절약해야 한다. 필요 이상으로 낭비하면 가정적으로나 국가적으로 파탄나게 된다. 남을 투기하고 내 욕심을 채우기 위하여 남에게 손해를 끼치면 결국은 나 자신의 마음이 편치 않고 양심의 가책을 받게 되거니와 또한 남으로부터 나쁜 앙갚음을 받게 된다. 인애(仁愛)로운 마음을 지니고 남에게 덕(德)을 베풀면 후손들도 번창하고 부귀영화를 누리게 될 것이다. 적선하면 복된 인연이 맺어지고 경사가 많이 나타날 것이다. 진실하면 성인(聖人)이 될 수 있다.

12-4/

王良이 曰,
왕 량   왈

欲知其君커든 先視其臣하고
욕 지 기 군   선 시 기 신

欲知其人커든 先視其友하고
욕 지 기 인   선 시 기 우

欲知其父커든 先視其子하라.
욕 지 기 부   선 시 기 자

君聖臣忠하고 父慈子孝니라.
군 성 신 충   부 자 자 효

왕량이 말했다. '그 임금을 알려면 먼저 그 신하를 보고, 그의 사람됨을 알려면 먼저 그의 벗을 보고, 그 아비를 알려면 먼저 그 아들을 보라. 임금이 거룩하면 그 신하도 충성되고, 아비가

인자하면 그 아들도 효도한다.'

왕량께서 말하였다
그임금을 알려거든 그신하를 먼저보고
그사람을 알려거든 그의벗을 먼저보고
그아비를 알려거든 그자식을 먼저보라
임금님이 거룩하면 그신하도 충성되고
아버지가 인자하면 그자식도 효도한다

視(볼 시), 聖(성스러울 성), 忠(충성 충), 慈(사랑할 자).

• • •

○王良(왕량)—춘추(春秋)시대 진(晋)나라 사람. ○欲知(욕지)—알고
싶다. ○先視(선시)—먼저 보라. ○君聖(군성)—임금이 현명하고 거
룩하면. ○臣忠(신충)—신하가 충성함. ○父慈(부자)—아비가 인자
하면. ○子孝(자효)—자식이 효도한다.

| 참고 |

나라를 다스리는 임금이 밝고 성스러우면 자연히 현명하고 충성된
신하들을 뽑아서 등용한다. 반대로 임금이 우둔하고 포악하면 간악한
신하들이 득세할 것이며 따라서 나라가 문란해질 것이다. 그와 마찬가
지로 가정에서 아버지가 인자하고 성실하면, 그 자식도 효도하고 착할
것이다. 붕우를 사귐에 있어서도 나쁜 사람은 나쁜 벗과 어울리고 좋은
사람은 좋은 벗과 어울리게 마련이다.

12-5/

家語에 云,
가 어 운

水至淸則無魚하고
수 지 청 즉 무 어

人至察則無徒니라.
인 지 찰 즉 무 도

《공자가어》에 있다. '물이 지극히 맑으면 고기가 없고, 사람
이 지극히 살피면 친구가 없다.'

| 가사체 |

가어에서 말하였다
물이너무 맑으면은 고기들이 살수없고
내가너무 살피면은 친구들이 없느니라

　　至(이를 지, 지극히), 則(곧 즉), 魚(고기 어), 察(살필 찰), 徒(무리 도).

· · ·

　　○家語(가어)─《공자가어(孔子家語)》. 공자의 언행을 적은 책.　　○至
(지)─지극히. 심하게.　○察(찰)─살피다.　○徒(도)─친구. 벗.

| 참고 |

　완전무결(完全無缺)한 사람은 없다. 서로 이해하고 관용하는 너그러
움이 있어야 서로 어울리고 벗할 수 있다. 설사 잘못해도 관대하게 용
서해야 서로 어울릴 수 있다. 나의 좁은 식견이나 편견을 기준으로 남

을 탓하고 비난하면 원만한 인간관계를 유지할 수 없다.

12-6/

許敬宗이 曰,
<small>허 경 종   왈</small>

春雨如膏나 行人은 惡其泥濘하고
<small>춘 우 여 고   행 인   오 기 이 녕</small>

秋月이 揚輝나 盜者는 憎其照鑑이니라.
<small>추 월   양 휘   도 자   증 기 조 감</small>

　허경종이 말했다. '봄비가 땅을 기름지게 하지만 행인들은
그 진창을 싫어하고, 가을달이 휘영청 밝지만 도적은 그 밝음을
증오한다.'

| 가사체 |

　허경종이 말하였다
　봄이되어 오는비는 땅을기름 지게하나
　길을가는 사람들은 흙탕길을 싫어하고
　가을달이 높이떠서 휘영청청 밝지만은
　도둑질을 하는자는 환히보여 싫어한다

　膏(살찔 고), 惡(싫어할 오), 泥(진흙 니), 濘(진창 녕), 揚(오를 양), 輝(빛날
휘), 盜(훔칠 도), 憎(미워할 증), 照(비출 조), 鑑(거울 감).

○許敬宗(허경종)─당(唐)대의 정치가. ○膏(고)─땅을 기름지게 함.
○泥濘(이녕)─진창. ○揚輝(양휘)─가을달이 높이 떠서 밝다. ○照
鑑(조감)─밝게 보인다.

| 참고 |

　모든 사람은 우주의 영원한 시간과 무한한 공간 속에 살고 있는 극
히 미미한 존재다. 그러므로 내가 우주와 하나가 되어야 한다. 그래야
소아(小我)가 아닌 대아(大我)의 삶을 살 수 있다. 한편 모든 사람은 저마
다 우주의 중심적 존재로 가장 귀중한 존재다. 그러므로 사람은 저마다
자기를 중심으로 하여 자연을 보고 해석하기도 한다. 단 좁은 편견으로
전체를 보거나 비판하면 안 된다.

12-7/

景行錄에 云,
경 행 록 　 운

大丈夫는
대 장 부

見善明이라 故로 重名節於泰山하고
견 선 명 　 고 　 중 명 절 어 태 산

用心精이라 故로 輕死生於鴻毛니라.
용 심 정 　 고 　 경 사 생 어 홍 모

　《경행록》에서 말했다. '대장부는 밝게 선을 보니까 명분과
절개를 태산보다 중하게 여기고, 마음을 정성되게 하니까 생사

를 새털보다 가볍게 여긴다.'

| 가사체 |

경행록에 말하였다
대장부는 착한것을 밝게보는 그때문에
泰山보다 名分節槪 무거웁게 생각하고
태 산　　명 분 절 개
자기마음 정성되게 가진다는 그이유로
죽고삶을 새털보다 가벼웁게 여기니라

　　　節(절개 절), 泰(클 태), 精(정밀할 정), 輕(가벼울 경), 鴻(큰기러기 홍).

● ● ●

　　○ 景行錄(경행록)—1-7 참조.　　○ 見善明(견선명)—선을 밝게 보다.
　　○ 重名節(중명절)—명분과 절개를 중히 여기다.　　○ 於(어)—…보다도.
　　○ 泰山(태산)—중국에 있는 명산(名山).　　○ 用心精(용심정)—마음씀이
정성되다. 정(精)은 정밀(精密), 정일(精一), 정순(精純).　　○ 輕死生(경사
생)—생사를 가볍게 여김.　　○ 鴻毛(홍모)—기러기의 털. 가벼운 것.

| 참고 |

　　선(善)은 천도를 따르고 행함이다. 선을 밝게 봄은 결국 천도를 깨닫
고 행함이다. 천도와 천리를 따르고 지키려는 마음이 곧 정성된 마음이
다. 마음이 하늘과 하나가 되면 육신의 생사(生死)를 초월할 수 있다.

12-8/

閔人之凶하고 樂人之善하라.
민 인 지 흉　　　낙 인 지 선

濟人之急하고 救人之危하라.
제 인 지 급　　　구 인 지 위

남의 불행을 민망히 여기고 남이 잘됨을 함께 기뻐하라. 남이
긴박할 때에는 도와주고 남이 위태로울 때에는 구해주어라.

| 가사체 |

남이당한 불행한일 민망하게 생각하고
남이잘된 그런것을 그와함께 기뻐하라
남이몹시 위급할땐 달려가서 도와주고
남이몹시 위험할땐 빨리가서 구해줘라

閔(민망할 민), 凶(흉할 흉), 濟(구제할 제), 救(건질 구).

• • •

○閔(민)－민망히 여기다. 동정하고 걱정하다.　○凶(흉)－언짢은 일.
○濟(제)－도와주다.　○急(급)－다급하게 몰리다. 위급(危急).　○救
(구)－구해주다.　○危(위)－위험. 위난(危難).

| 참고 |

동고동락(同苦同樂)해야 한다. 남의 불행을 민망히 여기고 구제해 주
고 남의 잘됨을 함께 기뻐하고 축하해 주어야 한다. 그것이 함께 어울
려 사는 인정이며 예의이다.

12-9/

經目之事도 恐皆未眞이어늘
경목지사　공개미진

背後之言을 豈足深信이리오?
배후지언　기족심신

눈으로 본 일도 다 진실이 아닐까 두려운데 뒤로 하는 말을
어찌 깊이 믿을 수 있나?

| 가사체 |

직접본일 거짓일까 겁나고도 두려운데
등뒤에서 하는말을 어찌깊이 믿으리오

經(지날 경), 恐(두려울 공), 眞(참 진), 背(등 배), 豈(어찌 기).

• • •

○經目(경목)―직접 눈으로 보다.　○恐(공)―두렵다.　○未眞(미진)―
진실되지 않다.　○背後之言(배후지언)―등 뒤에서 하는 말.　○豈足
深信(기족심신)―어찌 깊이 믿을 수 있나?

| 참고 |

타락한 속세에서 실지로 있었던 일이라도 도리에서 벗어난 일은 진
리에 맞는 일이 아니다. 하물며 등 뒤에서 애매하게 하는 말은 더욱 그
진실성이 의심스럽다.

12-10/

不恨自家汲繩短하고
불 한 자 가 급 승 단

只恨他家古井深이라.
지 한 타 가 고 정 심

우리집 두레박줄 짧음을 탓하지 않고, 남의 집 옛 우물이 깊다고 투정을 한다.

| 가사체 |

자기집의 두레박줄 짧은것을 한탄않고
남의집의 옛우물이 깊은것만 한탄한다

恨(한할 한), 汲(길을 급), 繩(줄 승), 短(짧을 단).

• • •

○恨(한)―한탄하다.   ○汲繩短(급승단)―두레박줄이 짧다.   ○只(지)―오직. 다만.   ○古井深(고정심)―오래된 우물이 깊다.

| 참고 |

사람들은 흔히 일이 잘못되면 남의 탓으로 돌린다. 스스로의 잘못을 반성해야 한다.

12-11/

臟濫이 滿天下하되 罪拘薄福人이니라.
장 람   만 천 하   죄 구 박 복 인

  뇌물을 받고 부정을 저지른 사람이 천하에 가득하지만 죄에
걸려 구속되는 사람은 다만 박복한 사람뿐이다.

| 가사체 |

  남에게서 뇌물받고 부정사건 저지르는
  그런사람 온천하에 가득하다 할지라도
  죄에걸려 구속되고 처벌받는 사람들은
  힘약하고 福이없는 그런사람 뿐이니라
           복

    臟(장물 장), 濫(퍼질 람), 罪(허물 죄), 拘(잡을 구), 薄(엷을 박).

              ● ● ●

    ○臟濫(장람)―뇌물을 받고 부정을 저지르다. ○滿(만)―가득하다.
    ○ 罪拘(죄구)―죄로 구속됨. ○薄福人(박복인)―박복한 사람.

| 참고 |

  도의가 땅에 떨어진 타락 사회의 일면을 잘 나타낸 말이다.

12-12/

天若改常이면 不風卽雨요.
천 약 개 상   불 풍 즉 우

人若改常이면 不病卽死니라.
인 약 개 상   불 병 즉 사

하늘이 만약 평상과 다르게 되면 폭풍이 불지 않으면 폭우가
쏟아진다. 사람은 상도를 이탈하면 병들지 않으면 죽는다.

| 가사체 |

하늘만약 평상시와 달라지게 된다면은
세찬바람 안불면은 많은비가 쏟아진다
사람만약 평상시와 달라지게 된다면은
병이들지 아니하면 죽는수가 있으리라

改(고칠 개), 常(항상 상), 卽(곧 즉), 病(병 병), 死(죽을 사).

• • •

○若(약)－만약. ○改常(개상)－평상과 다르게 됨. 상도(常道)를 어기
다. ○不(불)…卽(즉)…－…하지 않으면 즉 …한다.

| 참고 |

하늘이 노하면 거센 폭풍우를 내린다. 특히 인간들이 잘못하면 하늘
이 천벌을 내린다고 믿었다. 사람들이 따르고 지킬 상도(常道)는 하늘의
도리를 바탕으로 하고 있다. 그러므로 하늘이 평상과 다르게 폭풍우를
내린다 함은 인간들이 천도를 어기고 하늘의 노여움을 샀음을 뜻한다.

12-13/

壮元詩_에 云,
장 원 시   운

國正_{이면} 天心順_{하고}
국 정   천 심 순

官淸_{이면} 民自安_{하고}
관 청   민 자 안

妻賢_{이면} 夫禍少_{하고}
처 현   부 화 소

子孝_면 父心寬_{이라.}
자 효   부 심 관

　장원시에 다음 같은 구절이 있다. '나라가 바르면 하늘의 마음도 순하고, 관청이 맑으면 백성들이 스스로 안락하며, 아내가 현명하면 남편에게 화가 적고, 아들이 효도하면 아비의 마음이 너그럽게 된다.'

| 가사체 |

장원시에 말하였다
나라정치 바르다면 하늘마음 부드럽고
벼슬아치 청렴하면 백성절로 안락하며
그아내가 현명하면 남편에게 화가적고
그아들이 효도하면 아비마음 편안하리

　壮(씩씩할 장), 順(순할 순), 官(벼슬 관), 妻(아내 처), 賢(어질 현), 禍(재화 화), 孝(효도 효), 寬(너그러울 관).

○壯元詩(장원시)—과거에서 장원으로 뽑힌 사람의 시. ○國正(국
정)—나라의 정치가 바르다. ○天心順(천심순)—하늘의 마음이 부드
럽게 된다. 천심(天心)은 민심(民心)이다. ○官淸(관청)—벼슬아치나
관청이 청렴결백(淸廉潔白)함. ○夫禍少(부화소)—남편에게 미치는
화가 적어짐. ○父心寬(부심관)—아버지의 마음이 편하다. 관대하게
된다.

| 참고 |

천심순(天心順)에는 '하늘의 마음과 만민의 마음이 순탄하게 된다'
는 뜻과 '자연의 운행이 순조롭게 된다. 즉 풍조우순(風調雨順)'의 뜻이
다 포함되어 있다.

12-14/

子曰,
자 왈

木從繩則直하고
목 종 승 즉 직

人受諫則聖이니라.
인 수 간 즉 성

공자가 말했다. '나무는 먹줄을 받으면 곧아지고, 사람은 간
언을 받으면 성인이 된다.'

공자님이 말하셨다
나무라고 하는것은
먹줄따라 자르면은 곧게될수 있을게고
사람이라 하는자는
남의간언 잘받으면 聖人경지 들수있다
　　　　　　　　성 인

從(좇을 종), 繩(줄 승), 直(곧을 직), 諫(간할 간), 聖(성스러울 성).

• • •

○木從繩(목종승)—나무를 먹줄을 따라 재단하다.　○直(직)—곧게 되
다.　○受諫(수간)—남의 간언을 잘 받아들인다.　○聖(성)—거룩하게
된다. 성인의 경지에 들 수가 있다.

| 참고 |

　남의 충고나 간언을 넓은 마음으로 잘 받아들여야 한다. 자기를 반
성하고 잘못을 거듭하지 않고 정진하면 훌륭한 사람이 된다. 단, 간언
은 함부로 하는 것이 아니다. 평소에 서로 사랑하고 서로 믿을 수 있는
사이에서만 간언을 할 수 있다. 사랑과 믿음이 없는 사이에서 섣부르게
간언을 하면 도리어 오해를 받게 된다.

12-15/

一派青山景色幽러니
일 파 청 산 경 색 유

前人田土後人收라.
전 인 전 토 후 인 수

後人收得莫歡喜하라.
후 인 수 득 막 환 희

更有收人在後頭니라.
갱 유 수 인 재 후 두

한 줄기로 뻗은 밭이 청산을 끼고 그 경치가 그윽하다. 저 밭은 전 사람이 가꾸던 전답을 뒷사람이 차지한 땅이다. 그러나 뒷사람아, 땅을 차지하고 거두었다고 기뻐하고 좋아하지 마라. 그 땅을 차지할 또 다른 사람이 뒤에 있다.

| 가사체 |

한줄기로 뻗은밭이 청산끼고 경치좋다
앞사람이 가꾸던밭 뒷사람이 차지했네
뒷사람아 그땅을랑 차지했다 기뻐말라
그땅다시 차지할자 기다리고 있느니라

派(물갈래 파), 景(볕 경), 幽(그윽할 유), 收(거둘 수), 莫(말 막), 歡(기뻐할 환), 喜(기쁠 희), 更(다시 갱).

• • •

○ 一派(일파) ─ 한 줄기로 쭉 뻗은. ○ 景色幽(경색유) ─ 경치가 그윽하고 아름답다. ○ 前人田土(전인전토) ─ 먼저 주인이 농사지었던 전답이다. ○ 後人收(후인수) ─ 뒷사람이 거두어 차지함. ○ 莫歡喜(막환희) ─ 기뻐하고 좋아하지 마라. ○ 更有收人(갱유수인) ─ 땅을 차지할 또 다른 사람이 있다. ○ 在後頭(재후두) ─ 뒤에 기다리고 있다. 즉 또 다른 사람이 땅을 차지할 것이다.

지금 내가 소유하고 있는 땅도 전에 다른 사람이 차지했던 것이다. 또 지금의 내 땅도 오래지 않아서 다른 사람이 차지하게 될 것이다. 재물에 대한 집착은 미망(迷妄)이다. 인간의 삶의 가치는 재물을 소유함에 있지 않고 재물을 활용하여 문화를 창조함에 있다. 창조적 삶을 살아야 한다.

12-16/

蘇東坡云,
소 동 파 운

無故而得千金은
무 고 이 득 천 금

不有大福이라 必有大禍니라.
불 유 대 복   필 유 대 화

소동파가 말했다. '까닭 없이 천금을 얻음은 큰 복이 아니라 장차 큰 화가 있을 징조이다.'

| 가사체 |

소동파가 말하였다
까닭없이 천금같은 많은재물 얻는것은
내게큰福 되지않고 큰禍있을 징조니라
　　　복　　　　　　　화

蘇(차조기 소), 坡(고개 파), 故(연고 고), 福(복 복), 禍(재화 화).

○蘇東坡(소동파)—북송(北宋)의 명신(名臣), 학자 및 문학가. 이름은 소식(蘇軾). ○無故(무고)—이유 없이. ○得(득)—얻다. ○不有大福(불유대복)—나에게 큰 복이 있어서 공돈이 들어온 것이 아니다. ○必有大禍(필유대화)—장차 반드시 큰 화가 있을 것이다.

| 참고 |

노를 따르고 노력한 대가로 잘 사는 것은 좋다. 금전이나 재물도 정직하게 일한 대가로 얻어야 떳떳하고 정당하다. 그러므로 부정하게 권력이나 재물을 탈취하면 안 된다. 그런 자들은 반드시 하늘의 심판이 내리고 역사적으로 지탄을 받는다. 아울러 요행이나 공돈을 바라지 마라. 뜻밖의 횡재는 예기치 않던 재앙이 따르게 마련이다. 정직하게 일해서 분수에 맞게 검소하게 살자.

12-17/

康節邵先生이 曰,
강 절 소 선 생   왈

有人來問卜하여 如何是禍福고
유 인 래 문 복   여 하 시 화 복

我虧人是禍요 人虧我是福이니라.
아 휴 인 시 화   인 휴 아 시 복

소강절 선생이 말했다. '어떤 사람이 점을 치러 와서 "어떤 것이 화가 되고 어떤 것이 복이 되나요?" 하고 묻기에 내가 대답했다. "남을 해치면 화가 올 것이고, 남이 나를 해치면 복이

올 것이다."'

| 가사체 |

　강절소옹 선생께서 다음같이 말하였다
　어떤사람 나에게로 점을치러 왔었는데
　어떤것이 화가되고 어떤것이 복이되오
　이러하게 물었는데 다음같이 대답했다
　내가남을 해치면은 화가찾아 올것이고
　남이나를 해치면은 복이찾아 올것이다

　　問(물을 문), 卜(점 복), 禍(재화 화), 福(복 복), 虧(이지러질 휴).

　　　　　　　　　• • •

　　○康節邵(강절소)—2-2 참조.　○問卜(문복)—점을 치며 묻다.　○如
　何(여하)—어떻게 하느냐? 어떠한 상태.　○禍福(화복)—재화(災禍)나
　길복(吉福).　○虧(휴)—손해를 주다. 해치다.

| 참고 |

　속이 좁은 인간은 물질의 다과(多寡)를 기준으로 화나 복을 헤아린
다. 따라서 남에게 해를 끼치면서 자신의 욕심을 채우기도 한다. 그러
나 하늘의 눈으로 보면 그와 같은 악덕은 재화의 근원이다. 한편 악한
사람에게 해를 당해도 하늘의 견지에서는 도리어 복을 받을 수도 있다.
동물적·이기적 욕심을 바탕으로 행동하지 말고, 선본성(善本性)인 인
심(仁心)을 바탕으로 행동하고 살아야 한다.

12-18/

大廈千間이라도 夜臥八尺이요
대 하 천 간　　　야 와 팔 척

良田萬頃이라도 日食二升이라.
양 전 만 경　　　일 식 이 승

　천 간의 큰 건물에 살아도 밤에 눕는 자리는 여덟 자뿐이고
만 이랑의 좋은 밭이 있어도 하루에 먹는 양은 두 되뿐이다.

| 가사체 |

　천칸되는 큰집에서 살고있다 하더라도
　밤에누워 자는자리 여덟자가 고작이고
　만이랑의 큰밭에서 수확한다 하더라도
　하루동안 먹는밥은 두되밖에 안되니라

　　厦(큰 집 하), 臥(누워 잘 와), 頃(넓이 단위 경), 食(먹을 식), 升(되 승).

　　　　　• • •

　　○厦(하)―큰 건물. ○夜臥(야와)―밤에 눕는 자리의 뜻. ○尺(척)―
자. ○頃(경)―이랑. ○升(승)―되.

| 참고 |

　가족이 알맞게 먹고 안락하게 살기 위한 재물과 집이 있으면 족하
다. 재물을 위해 비리를 저지르거나 무도한 짓을 하면 안 된다.

12-19/

久住令人賤이요 頻來親也疎라.
구 주 영 인 천　　　 빈 래 친 야 소

但看三五日에 相見不如初라.
단 간 삼 오 일　　　 상 견 불 여 초

　남의 집에 가서 오래 묵으면 사람이 천해진다. 빈번히 찾아가면 친해도 푸대접을 받게 된다. 고작 3, 4일 서로 보고 함께 지내도 처음과 다르게 시들해진다.

| 가사체 |

　다른사람 집에가서 오래도록 머무르면
　천한대접 받게되고 너무자주 찾아가면
　친하다고 하더라도 푸대접을 받게된다
　사흘이나 닷새만에 만나본다 하더라도
　처음서로 보았을때 그만큼은 못하리라

　　久(오랠 구), 令(영 령), 賤(천할 천), 頻(자주 빈), 但(다만 단).

· · ·

○久住(구주)ー남의 집에 가서 오래 유(留)함.　○令(영)ー…하게 만들다.　○賤(천)ー천하다. 천대받다.　○頻來(빈래)ー자주 찾아오다.　○親也疎(친야소)ー친한 사이도 멀어지다.　○但(단)ー다만. 오직.　○看三五日(간삼오일)ー사흘이나 닷새간을 서로 보면 (시들해진다).　○相見(상견)ー보고 반김.　○不如初(불여초)ー처음 같지 않다.

친척이나 친구를 자주 찾고 서로 만나면 좋다. 그러나 상대방에게 지나치게 부담을 주거나 상대방으로부터 과도한 대접이나 신세를 지면 안 된다. 조촐하게 인사를 치러야 친분도 오래간다.

12-20 /

渴時一滴은 如甘露요
갈 시 일 적   여 감 로

醉後添盃는 不如無니라.
취 후 첨 배   불 여 무

목마를 때에 마시는 물 한 방울은 단 이슬과 같지만 술 취한 후에 잔을 더함은 아니 든 것보다 못하다.

| 가사체 |

목마를때 물한방울 단이슬과 같지만은
술취한후 또한잔은 안마심만 못하니라

渴(목마를 갈), 滴(물방울 적), 甘(달 감), 露(이슬 로), 醉(취할 취), 添(더할 첨), 盃 = 杯(잔 배).

• • •

○渴時(갈시)—목이 마를 때. ○一滴(일적)—한 방울의 물. ○如甘露(여감로)—단 이슬과 같다. ○醉後(취후)—술 취한 후에. ○添盃(첨배)—술잔을 더 들다. ○不如無(불여무)—없음만 못하다.

술은 적당히 마시면 약주가 되지만 과음하면 독주가 된다. 취한 다음 거듭 마시면 안 된다. 스스로 자제할 줄 알아야 한다. 술이 술을 마시게 하는 사람은 술을 마실 자격이 없다.

12-21 /

酒不醉人이요 **人自醉**라.
주 불 취 인   인 자 취

色不迷人이요 **人自迷**니라.
색 불 미 인   인 자 미

술이 사람을 취하게 하는 것이 아니라 사람이 스스로 술에 취하는 것이다. 색이 사람을 미혹시키는 것이 아니라 사람이 스스로 색에 미혹되는 것이다.

| 가사체 |

술이사람 취하도록 하는것이 아닌게고
사람들이 제스스로 술취하는 것이니라
色이사람 미혹되게 하는것이 아닌게고
색
사람들이 제스스로 色에미혹 되는거다
색

酒(술 주), 不(아닐 불), 醉(취할 취), 色(빛 색), 迷(미혹할 미).

· · ·

○人自醉(인자취)－자신이 자제력을 잃기 때문에 취한다는 뜻. ○人

自迷(인자미)—여색에 대해서도 스스로 자제력을 잃기 때문에 미혹되고 빠지게 된다는 뜻.

| 참고 |

주체성이 확립되어 있으면 술이나 색에 빠지고 미혹되지 않고 또 술과 여색 때문에 패가망신하지도 않는다. 과도한 음주를 삼가고 여색에 미혹되지 않도록 자신의 마음을 단속해야 한다.

12-22/

公心을 若比私心이면 何事不辨이며
공 심   약 비 사 심   하 사 불 변

道念을 若同情念이면 成佛多時니라.
도 념   약 동 정 념   성 불 다 시

공덕심을 만약에 이기심만큼 지닌다면 무슨 일인들 분명히 가리지 못하랴. 도를 지키려는 마음이 정념만큼 있었다면 부처가 된 지 이미 오래일 것이다.

| 가사체 |

공덕심을 私心만큼 지닐수가 있다면은
　　　　사 심
그어떠한 일이라도 분명하게 가리리라
道지키는 그런마음 愛情만큼 있었다면
도　　　　　　　애 정
부처마음 같이되어 성불한지 오래리라

比(견줄 비), 辨(분별할 변), 念(생각할 념), 成(이룰 성), 佛(부처 불).

• • •

○公心(공심)—공을 위하는 마음. 공덕심.　○比(비)—비등하다. 같다.
○私心(사심)—사를 위하는 마음. 이기심.　○何事不辨(하사불변)—무
슨 일인들 분명히 가리지 못하랴?　○道念(도념)—도를 따르고 이루
겠다는 마음, 생각.　○情念(정념)—애정에 대한 집념.　○成佛(성불)—
마음이 부처의 경지와 하나가 됨.　○多時(다시)—오래 되다.

| 참고 |

　사람은 이기심 때문에 사리를 공평하게 분별하지 못하고, 또 세속적
인 애정에 사로잡히면 진여(眞如)의 세계와 모든 실상(實相)을 보지 못
한다. 만약에 공덕심(公德心)과 도심(道心)을 이기심이나 정념과 바꾸어
지닌다면 훌륭한 인격자가 될 것이다. 공덕심과 도심은 곧 하늘의 도리
를 따르고 실천하는 데서 일어난다. 동물적 · 본능적 욕구를 채우려는
탐욕에서 이기심과 물질 및 금전을 위해 남을 속이거나 살상하는 악덕
이 발생하게 마련이다.

12-23/

濂溪先生이 曰,
염계선생　왈

巧者言하고 拙者默하며 巧者勞하고 拙者逸하며
교자언　　　졸자묵　　　교자로　　　졸자일

巧者賊하고 拙者德하며 巧者凶하고 拙者吉하나니
교자적　　　졸자덕　　　교자흉　　　졸자길

嗚呼라 天下拙이면 刑政撤하고
오 호　천 하 졸　　형 정 철

上安下順하며 風淸弊絶이니라.
상 안 하 순　　풍 청 폐 절

　염계선생이 말했다. '간교한 자는 간사하게 말을 잘하지만 소박하고 우직한 사람은 말이 없다. 간교한 자는 수다스럽지만 우직한 사람은 태연하다. 간교한 자는 도적질을 하지만 우직한 사람은 덕을 베푼다. 간교한 자는 남에게 음흉한 짓을 하지만 우직한 사람은 남에게 복을 안겨준다. 아아! 천하가 우직하면 형벌 정치 없어지고 상하가 안락하며 기풍도 맑고 또 악폐도 근절될 것이다.'

| 가사체 |

염계선생 말하였다
간교하고 간사한자 말을잘도 하지마는
소박하고 우직한자 거의말을 아니한다
간교하고 간사한자 수다스레 떠들지만
소박하고 우직한자 한가하고 태연하다
간교하고 간사한자 도적질을 하지마는
소박하고 우직한자 덕을많이 베푸니라
간교하고 간사한자 음흉한짓 하지마는
소박하고 우직한자 복을많이 안겨준다
아아세상 천하사람 모두모두 우직하면
형벌정치 철폐되고 아래위가 안락하며
국가국민 기풍맑고 악폐역시 근절된다

巧(공교할 교), 拙(졸할 졸), 默(묵묵할 묵), 勞(일할 로), 逸(안일할 일), 賊(도둑 적), 凶(흉악할 흉), 嗚(탄식 소리 오), 呼(부를 호), 刑(형벌 형), 撤(거둘 철), 弊(해질 폐), 絶(끊을 절).

• • •

○濂溪先生(염계선생)─북송(北宋)의 대학자로, 이름은 주돈이(周敦頤). ○巧者(교자)─간교하고 간사한 재주꾼. 덕보다 재주를 앞세우고 자신의 탐욕을 채우는 소인배. ○拙者(졸자)─소박하고 우직한 사람. 도(道)를 지키는 사람. 노자(老子)는 '대교약졸(大巧若拙)'이라고 말했다. ○默(묵)─말없이 묵묵히 도를 행한다. ○勞(로)─수고롭고 번거롭게 움직이고 일함. ○逸(일)─태연하다. 무위자연(無爲自然)의 도를 지키므로 항상 한가하고 태연하다. ○賊(적)─욕심을 채우기 위하여 남의 재물을 훔친다. ○凶(흉)─음흉하고 흉악한 짓을 한다. ○吉(길)─착하고 복된 일을 한다. ○嗚呼(오호)─아아! 감탄사. ○天下拙(천하졸)─천하의 모든 사람들이 도를 따라 우직하다면. 혹은 천하를 다스리는 정치를 도를 따라 우직하게 한다면. ○刑政撤(형정철)─형벌 정치가 없어지게 됨. ○上安下順(상안하순)─위도 편하고 아래도 순탄하다. ○風淸(풍청)─국가나 국민들의 기풍이 맑아진다. ○弊絶(폐절)─폐단이 근절되다.

| 참고 |

　소인(小人)은 사사로운 탐욕을 채우고 권세나 이득을 얻기 위하여 간교하고 간사한 권모술수(權謀術數)를 부린다. 남을 속이고, 남의 재물을 사취한다. 소인배들이 정치에 참여하면 국민을 기만하고 국가의 재물을 도둑질한다. 그 결과 국가나 백성에게 흉악한 재앙을 안겨준다. 이와는 반대로 소박하고 우직하게 무위자연(無爲自然)의 도를 따르고 행하는 대인(大人)은 나라를 흥성케 하고 백성에게 착하고 길한 복을 안겨준다. '무위자연'의 도는, 곧 만물을 스스로 자라고 번성케 하는 자연

의 도리, 즉 천도(天道)다. 천도는 광명정대(光明正大)하고, 공평무사(公平無私)하고 영구불변(永久不變)하는 진리다. 천도를 소박하고 우직하게 지키고 행하는 사람이 대인이다.

12-24/

易에 曰,
역 왈

德微而位尊하고 智小而謀大면
덕 미 이 위 존   지 소 이 모 대

無禍者鮮矣니라.
무 화 자 선 의

《역경》에서 말했다. '덕이 부족한데 지위가 높거나 지략이 없는데 도모하는 바가 크면 화를 입지 않을 자가 거의 없다.'

| 가사체 |

易經에서 말하였다
역 경
德이부족 하고서도 그의지위 아주높고
덕
智慧智略 없으면서 도모하는 바가크면
지 혜 지 략
禍를입지 않을자가 거의없을 것이니라
화

微(작을 미), 尊(높을 존), 智(슬기 지), 謀(꾀할 모), 鮮(적을 선).

• • •

○ 易(역)─《역경(易經)》. ○ 德微(덕미)─덕이 없다. ○ 位尊(위존)─지

위가 높다. ○智小(지소)－지혜나 지략이 부족하다. ○謀大(모대)－
도모하는 바가 크다. ○無禍者(무화자)－화를 입지 않는 사람. ○鮮
矣(선의)－드물다. 거의 없다.

| 참고 |

　학문과 인덕(仁德)을 갖춘 대인(大人)이라야 높은 자리에 오르고 남을
다스릴 수 있다. 소인(小人)은 남을 다스리지 못한다.

12-25/

說苑에 曰,
설 원　왈

官怠於宦成하고 病加於小愈하며
관 태 어 환 성　　　병 가 어 소 유

禍生於懈怠하고 孝衰於妻子니
화 생 어 해 태　　　효 쇠 어 처 자

察此四者하여 愼終如始니라.
찰 차 사 자　　　신 종 여 시

　《설원》에서 말했다. '관리의 게으름은 벼슬이 높아졌을 때에
비롯되고, 병의 악화는 조금 좋아졌다고 안도하는 데서 비롯되
며, 재앙의 발생은 긴장을 풀고 게으름 피는 데서 비롯되고, 효
성의 흐려짐은 처자식에게 기울기 때문이다. 이상의 네 가지를
잘 살펴서 끝까지 변함없이 신중하게 행해야 한다.'

설원에서 말하였다

관리들의 게으름은

벼슬자리 조금높게 된것에서 비롯되고

病이악화 되는것은
병

조금나아 졌다해서 안도함에 비롯되고

災殃들이 생기는건
재 앙

긴장풀고 게으름을 피는데서 비롯되고

효도마음 흐려짐은

자식들과 아내에게 빠져있기 때문이다

이네가지 잘살펴서

그끝까지 변함없이 신중하게 행해얀다

怠(게으름 태), 宦(벼슬 환), 愈(나을 유), 懈(게으를 해), 衰(쇠할 쇠), 察(살필
찰), 愼(삼갈 신).

• • •

○說苑(설원)—한(漢)나라의 유향(劉向)이 저술한 책. ○官怠(관태)—
관직을 태만히 함. ○宦成(환성)—벼슬이 이루어지다. 즉 관직이 높
아지다. ○病加(병가)—병이 더 심하게 됨. ○小愈(소유)—조금 나아
지다. ○懈怠(해태)—해이해지고 태만히 함. ○孝衰(효쇠)—부모에
대한 효성이 쇠퇴함. ○於妻子(어처자)—처자에게 빠지기 때문에.
○察(찰)—살피다. ○愼終(신종)—끝까지 신중하게 행동함. ○如始
(여시)—처음과 다름없이. 한결같이.

| 참고 |

'시종여일(始終如一)' 즉 처음부터 끝까지 한결같이 해야 한다. 그러

기 위해서는 항상 긴장된 마음으로 정성을 다해서 모든 일을 처리해야한다. 벼슬에 올랐다고 거만하면 벼슬을 잃는다. 심하게 앓던 병세에 약간 차도가 있다고 안도하면 도리어 병이 악화된다. 성장하여 장가를 들고 처자식만을 편애하면 부모에 대한 효도를 소홀히 할 염려가 있다. 해의(懈意)하거나 태만(怠慢)하지 마라.

12-26/

器滿則溢하고 人滿則喪이니라.
기 만 즉 일   인 만 즉 상

그릇은 차면 넘치고 사람도 재물을 많이 가지면 잃게 된다.

│ 가사체 │

그릇이란 가득차면 바깥으로 넘칠게고
사람이란 가득차면 재물지위 잃게된다

器(그릇 기), 滿(찰 만), 則(곧 즉), 溢(넘칠 일), 喪(죽을 상).

• • •

○器(기)—기물. 그릇. ○滿(만)—가득 차다. ○溢(일)—넘치고 밖으로 흐르다. ○人滿(인만)—사람이 재물을 많이 갖거나 더없이 높은 자리에 오르면. ○喪(상)—재물이나 지위를 상실함.

만즉휴(滿則虧)란 말이 있다. 달도 차면 기울 듯이 만사가 위에 올랐다가는 아래로 내려오게 마련이다. 그렇거늘 사람은 끝없는 욕심으로 끝없이 가지려고 한다. 그것을 미망(迷妄)이라고 한다.

12-27 /

尺璧非寶요 寸陰是競이니라.
척 벽 비 보 　 촌 음 시 경

한 자 크기의 옥돌이 보배가 아니다. 한 치의 시간을 아껴라.

| 가사체 |

한자되는 큰옥돌이 보배보물 아니니라
한치되는 짧은시간 다투듯이 아껴써라

　　璧(둥근 옥 벽), 寶(보배 보), 陰(응달 음), 競(겨룰 경).

· · ·

　　○尺璧(척벽)―한 자 길이의 옥돌. ○非寶(비보)―보배가 아니다. ○寸陰(촌음)―짧은 시간. ○競(경)―다투듯이 아껴라.

| 참고 |

시간을 귀중히 여겨야 한다. 주어진 시간을 최대한 활용하여 공부하고 착한 일을 해야 한다.

12-28 /

羊羹이 雖美나 衆口難調니라.
양 갱   수 미   중 구 난 조

  양고기 국이 비록 맛이 좋아도 여러 사람의 입맛을 맞추기는
어렵다.

| 가사체 |

  양고기로 끓인국이 비록맛이 좋다하나
  뭇사람의 입맛들을 맞추기는 어렵니라

    羹(국 갱), 雖(비록 수), 衆(무리 중), 難(어려울 난), 調(고를 조).

· · ·

    ○羊羹(양갱)─양고기 국.　○美(미)─맛이 좋다.　○衆口(중구)─여러
사람의 입.　○難調(난조)─여러 사람의 입맛에 맞추기 어렵다.

| 참고 |

  아무리 맛있는 음식이라도 싫다는 사람이 있듯이 모든 사람을 고루
만족시키기 어렵다는 뜻.

12-29 /

益智書에 云,
익 지 서   운

白玉은 投於泥塗라도 不能汚穢其色이요
백 옥   투 어 이 도   불 능 오 예 기 색

君子는 行於濁地라도 不能染亂其心하나니
군 자   행 어 탁 지   불 능 염 란 기 심

故로
고

松栢은 可以耐雪霜이오
송 백   가 이 내 설 상

明智는 可以涉危難이니라.
명 지   가 이 섭 위 난

《익지서》에 있다. '흰 구슬을 진흙 속에 던지더라도 그 흰빛을 더럽게 할 수 없으며 군자는 혼탁한 곳에서 처신할지라도 그 마음을 흐리고 흐트리게 할 수 없다. 그러므로 소나무와 잣나무는 눈과 서리를 이겨내고 밝은 지혜는 위급한 난국을 잘 넘기게 할 수 있다.'

| 가사체 |

익지서에 말하였다
흰구슬을 진흙속에 던진다고 하더라도
그의하얀 고운빛을 더럽힐수 없을테고
군자들은 흐린데서 자리잡고 살더라도
그마음을 물들거나 산란하게 할수없다
그러므로 솔과잣은 눈과서리 이겨내고
지혜밝은 사람들은 위급난국 잘넘긴다

泥(진흙 니), 塗(진흙 도), 汚(더러울 오), 穢(더러울 예), 濁(흐릴 탁), 染(물들

일 엽), 栢 = 柏(측백나무 백), 耐(견딜 내), 霜(서리 상), 涉(건널 섭).

• • •

○益智書(익지서)―2-4 참조. ○投(투)―던지다. ○泥塗(이도)―진흙. ○汚穢(오예)―더럽히다. ○行於濁地(행어탁지)―혼탁한 곳에서 행동하다. 처신(處身)하다. ○染亂(염란)―(군자의 마음을) 나쁘게 물들도록 하고 산란하게 하지 (못함). ○松栢(송백)―소나무와 잣나무. ○可以(가이)―할 수 있다. ○耐(내)―견디다. ○雪霜(설상)―눈과 서리. ○明智(명지)―명석한 지혜, 혹은 지혜 있는 사람. ○涉(섭)―넘어가다. 극복하다. ○危難(위난)―위태로운 난국.

| 참고 |

군자는 절대선(絶對善)인 천도(天道)를 구현(具現)하려는 고결한 뜻을 지니고 있다. 그러므로 혼탁한 속세에 처해도 타락하거나 충절을 잃는 법이 없다. 군자의 절개는 엄동설한(嚴冬雪寒)에도 굽히지 않는 송백(松栢)과 같아야 한다.《논어》에 있다. '겨울 날씨가 혹독하게 추우면 소나무나 잣나무가 푸르름을 유지함을 알 수 있다(歲寒然後 知松柏之後凋也).'《사기(史記)》에는 다음과 같은 말이 있다. '온 세상이 혼탁해지면 비로소 맑은 선비가 누군지 돋보인다(擧世混濁 纔見淸士).'(〈伯夷傳〉) 또《후한서(後漢書)》에 있다. '모진 바람이 불 때에 비로소 넘어지지 않는 억센 풀을 알 수 있고, 혹독한 서리철에 굳은 나무를 식별할 수 있다(疾風知勁草 嚴霜識貞木).'

入山擒虎는 易나
입 산 금 호   이

開口告人은 難이니라.
개 구 고 인   난

산에 들어가 호랑이 잡기는 쉬워도 입을 열고 남에게 고하기
는 어렵다.

| 가사체 |

산에가서 호랑이를 잡는일은 쉽지만은
입을열어 사람에게 告하기는 어렵단다
                      고

擒(사로잡을 금), 虎(범 호), 易(쉬울 이), 告(알릴 고).

＊ ＊ ＊

○擒虎(금호)—호랑이를 사로잡다. ○易(이)—쉽다. ○告人難(고인
난)—남에게 어떤 내용을 고하기는 어렵다.

| 참고 |

말 잘하기는 어렵다. 논리를 바르게 세우고 표현을 정확하게 해야
한다. 또 때와 장소를 가려서 말을 해야 한다.

12-31 /

遠水는 不救近火요
원 수   불 구 근 화

遠親은 不如近隣이니라.
원 친   불 여 근 린

먼 곳의 물로는 가까운 불을 끄지 못하고, 먼 곳의 친척은 가
까운 이웃만 못하다.

| 가사체 |

멀리있는 물로써는 가까운불 끌수없고
멀리있는 친척들은 이웃보다 못하니라

遠(멀 원), 救(건질 구), 近(가까울 근), 隣(이웃 린).

• • •

○遠水(원수)─멀리 있는 물. ○不救近火(불구근화)─가까운 불을 끄
지 못한다. ○遠親(원친)─멀리 사는 친척. 혹은 사이가 벌어진 친척.
○不如近隣(불여근린)─가까이 사는 이웃만 못하다.

| 참고 |

멀리 있는 친척은 다정한 이웃만 못하다.

太公이 曰,
태공 왈

日月이 雖明이나 不照覆盆之下하고
일월 수명 부조복분지하

刀刃이 雖快나 不斬無罪之人하고
도인 수쾌 불참무죄지인

非災橫禍는 不入愼家之門이니라.
비재횡화 불입신가지문

강태공이 말했다. '해나 달이 밝아도 엎어진 동이 밑은 비추지 못하고, 칼날이 날카로워도 죄 없는 사람을 베지 못하며, 그릇된 재앙이나 빗나간 화도 신중한 집안에는 들지 못한다.'

| 가사체 |

강태공이 말하였다
해와달이 밝다해도
엎어놓은 동이밑은 비추지를 못할게고
날선칼날 잘든대도
죄가없는 사람목숨 끊을수는 없을게고
엉뚱災殃 뜻밖禍難
　　　재앙　　화난
조심하는 집문에는 들어오지 못하니라

覆(뒤집힐 복), 盆(동이 분), 斬(벨 참), 禍(재화 화), 愼(삼갈 신).

• • •

○太公(태공)-1-4 참고. ○雖(수)-비록 …해도. ○不照(부조)-비추지 못한다. ○覆盆(복분)-엎어놓은 동이. ○刀刃(도인)-칼날.

○快(쾌)—잘 든다. 날카롭다. ○斬(참)—베다. ○非災(비재)—엉뚱한 재앙. ○橫禍(횡화)—빗나간 화. 뜻밖의 화난. ○愼家(신가)—신중한 집안.

| 참고 |

몸가짐을 신중하게 하고 집안 살림을 성실하게 가꾸면 엉뚱한 횡액(橫厄)이나 빗나간 재난을 당하지 않을 것이다. 죄를 짓지 않으면 형벌의 칼을 두려워하지 않아도 된다. '위험을 미리 알고 조심하면 법망에 걸리지 않는다(知危識險 終無羅網之門).'〈12-1〉

12-33 /

太公이 曰,
태 공 왈

良田萬頃이 不如薄藝隨身이니라.
양 전 만 경   불 여 박 예 수 신

태공이 말했다. '좋은 밭 만 이랑도 작은 재주를 몸에 지닌 것만 못하다.'

| 가사체 |

강태공이 말하였다
좋고큰밭 一萬이랑 소유하고 있는것이
         일 만
자기몸에 재주하나 지닌것만 못하니라

頃(넓이 단위 경), 薄(엷을 박), 藝(기예 예), 隨(따를 수).

. . .

○萬頃(만경)—만 이랑. ○薄藝(박예)—작은 재주. ○隨身(수신)—몸
에 지니다. 몸에 익히다.

| 참고 |

　사람은 누구나 다 저마다의 기능(技能)을 발휘하고 제 손으로 일해서
먹고 살아야 한다. 무위도식(無爲徒食)은 죄악이다.

12-34

性理書에 云,
　성 리 서 　　운

接物之要는
　접 물 지 요

己所不欲을 勿施於人하고
　기 소 불 욕 　　물 시 어 인

行有不得이어든 反求諸己니라.
　행 유 부 득 　　　반 구 저 기

　《성리서》에서 말했다. '남을 대할 때의 요체는 내가 원치 않
는 일을 남에게 하라고 강요하지 말고, 또 행하고도 좋은 성과
가 없으면 그 잘못된 원인을 자신에게서 찾아야 한다.'

| 가사체 |

성리서에 말하였다
사람들을 대하는데 있어서의 요령이란
내가원치 않는일을
다른사람 그들에게 시켜서는 아니되고
좋은성과 없으면은
그잘못된 원인들을 자기에서 찾아얀다

接(사귈 접), 要(요점 요), 欲(원할 욕), 施(베풀 시).

• • •

○性理書(성리서)—5-1 참조. ○接物之要(접물지요)—사람을 대하는
요체(要諦), 요령(要領). ○己所不欲(기소불욕)—내가 원하지 않는 것.
○勿施於人(물시어인)—남에게 시키지 마라. ○行有不得(행유부득)—
자기 행동에 잘못이 있다. 혹은 행하고도 좋은 성과를 얻지 못함.
○反求諸己(반구저기)—잘못을 돌이켜 자신에게서 찾음.

| 참고 |

내가 하기 싫은 것을 남에게 강요하지 마라. 일이 잘못된 경우에는
그 원인을 자신에게서 찾아야 한다. 《논어》에 있다. '군자는 자기에게
구하고, 소인은 남에게 구한다(君子求諸己 小人求諸人).'

12-35/

酒色財氣四堵墻에 多少賢愚在內廂이라
주 색 재 기 사 도 장   다 소 현 우 재 내 상

若有世人이 跳得出이면 便是神仙不死方이니라.
약 유 세 인   도 득 출   변 시 신 선 불 사 방

음주·여색·재물·혈기의 네 가지 장벽에 둘러싸여 어질거
나 어리석거나 많은 사람들이 곁채에 갇혀있다. 만약 세상 사
람이면서 그 울타리를 넘고 나올 수 있다면 그것이 바로 신선이
되어 죽지 않는 방책이다.

| 가사체 |

음주여색 재물혈기
이네가지 담장으로 둘러싸인 그속에는
현명한자 우매한자 여러사람 갇혀있다
세상사람 어느누가
이네가지 울타리를 뛰어넘어 나온다면
그런것은 바로바로
신선들이 늙지않고 죽지않는 방법이다

堵(담 도), 墻(담 장), 愚(어리석을 우), 廂(행랑 상), 跳(뛸 도).

• • •

○堵墻(도장)―담 울타리. ○多少(다소)―퍽 많다. ○賢愚(현우)―현
명한 사람. 어리석은 사람. ○在內廂(재내상)―본채가 아닌 곁채에
있다. 그릇된 속에 갇혀 있다. ○跳得出(도득출)―도약해서 나오다.
뛰어나오다. ○不死方(불사방)―죽지 않는 방책.

| 참고 |

인간이 타락하는 악덕의 근본은 나쁜 욕구에 있다. 그중에도 음주·

여색·재물·혈기의 네 가지가 가장 사람을 망치게 한다. 그 네 개의 울타리를 뛰어넘을 수 있다면 누구나 신선이 될 수가 있다. 다음과 같은 격언도 있다.

'나 자신을 수양하고 남을 책망하지 않으면 재난을 면할 수 있다(修己而不責人 則免於難).'《左傳》

'천하에서 가장 얻기 어려운 것은 형제의 인연이다. 토지나 전답은 쉽게 구할 수 있는 것이다(天下難得者兄弟 易求者田地).'《北齋書》

'군자는 하늘의 도리를 따르고 행하지 못할 것을 걱정할지언정 가난하게 사는 것을 걱정하지 않는다(君子憂道 不憂貧).'《論語》

子曰立身有義而孝為
陳有烈而勇為本居國
而嗣為本生財有時而
之要曰公與清成家
之本循理保家之本勤
本○孔子三計圖云一
力為本○景行錄云爲政
道曰偆眛勤○讀書起

在於春一日之計在於寅幼而不學老無所
若不耕秋無所望寅若不起日無所辦○性理
五教之目父子有親君臣有義夫婦有別長幼
序朋友有信○王蠋曰忠臣不事二君烈女
二夫○忠子曰治官莫若平臨財莫若廉
故座右銘曰凡語必忠信凡行必篤敬飲食必愼
鄭字畫必楷正容貌必端莊衣冠必肅整
安詳居處必正靜作事必謀始出言必
必固持然諾必重應見善如己出見惡如
此十四者皆我未深省書此當座右朝夕視
○范益謙座右銘曰一不言朝廷利害邊報

제13편 〈입교편〉은 총 13개 항목의 글로 구성되었다. 그러나 한 항목의 글이 길기 때문에 본서에서는 다시 작은 구절로 나누어 풀이했다.

대체로 '바른 가르침〔敎〕과 배움〔學〕의 중요성' 및 '몸 가꾸기〔修身〕, 집안 일으키기〔成家〕, 나라 다스리기〔治國〕' 등에 관한 명구가 추려져 있다.

결국 이 편에는 동양의 전통 윤리의 핵심인 '삼강(三綱)·오륜(五倫)' 및 '수신(修身)·제가(齊家)·치국(治國)'을 위한 가르침이 추려져 있다고 하겠다. 그 중요한 내용을 들면 다음과 같다.

일생의 계획은 어릴 때에 매여 있고, 1년의 계획은 봄에 매여 있고, 하루의 계획은 새벽에 매여 있다.

수신(修身)과 보신(保身)의 기본은 효도(孝道)와 도의(道義)의 실천이고, 성가(成家)의 기본은 독서(讀書)이고, 생재(生財)의 기본은 근검과 절약이고, 치국(治國)의 근본은 공평(公平)과 청렴(淸廉)이다.

장사숙(張思叔)의 좌우명(左右銘)에는 약 14개 조항의 행동 지침이 적혀 있다.

범익겸(范益謙)의 좌우명에는 '7개의 말하면 안될 사항'과 '7개의 행하면 안될 사항'이 적혀 있다.

강태공(姜太公)은 '부자가 못되는 사유'를 '십도(十盜) 삼모(三耗)'라 하고 그 내용을 자세히 설명했다.

입교편 立教篇

13-1/

子曰,
자 왈

立身有義而孝爲本이요 喪祀有禮而哀爲本이요
입 신 유 의 이 효 위 본   상 사 유 례 이 애 위 본

戰陣有列而勇爲本이요 治政有理而農爲本이요
전 진 유 열 이 용 위 본   치 정 유 리 이 농 위 본

居國有道而嗣爲本이요 生財有時而力爲本이니라.
거 국 유 도 이 사 위 본   생 재 유 시 이 역 위 본

공자가 말했다. '입신에 지킬 도의가 있으니 효도가 근본이고,
상례와 제사에 지킬 예절이 있으니 애통함이 근본이며, 전진에
반열이 있으니 용맹을 근본으로 하고, 정치에 도리가 있으니 농
업을 근본으로 하며, 나라를 지킴에 도가 있으니 계승을 근본으
로 삼고, 재물 생산에 때가 있으니 노력을 근본으로 삼는다.'

| 가사체 |

공자님이 말하셨다

사회나가 활동함에 지킬道義 꼭있으니
_{도 의}

효도란게 근본이고

초상때와 제사때는 지킬예절 꼭있으니

슬퍼함이 근본이고

전투력을 배치함에 반열서열 꼭있으니

용맹함이 근본이고

한나라를 다스림에 이치란게 꼭있으니

농업생산 근본되고

한나라를 지킴에는 바른도가 꼭있으니

대대계승 근본되고

재물들을 생산함에 시기란게 꼭있으니

노력함이 근본이다

義(옳을 의), 祀(제사 사), 禮(예도 례), 哀(슬플 애), 嗣(이을 사).

• • •

○立身(입신)－몸을 세우다. 사회에 나가서 활동하고 출세하다. ○有
義(유의)－지켜야 할 도의(道義). ○喪祀(상사)－상례(喪禮)와 제사(祭
祀). ○哀(애)－슬퍼함. ○戰陣(전진)－전쟁을 위한 전투력의 배치.
○有列(유열)－반열, 서열이 있다. ○勇爲本(용위본)－용맹을 근본으
로 삼는다. 앞세우다. ○居國(거국)－한 나라를 가지고 지켜 나가다.
○嗣(사)－계승함. 대대로 물려줌. ○力爲本(역위본)－때에 맞추어 힘
들여 일함을 바탕으로 함.

| 참고 |

　집안에서 효도하는 사람은 국가에도 충성하며 따라서 입신출세한
다. 부모의 장례나 선조에 대한 제사는 경건하고 애도하는 마음으로 지

내야 한다. 싸움터에서는 용맹을 으뜸으로 앞세운다. 정치는 생산과 경제를 중시해야 한다. 국가를 잘 지키고 대대로 물려 영원히 발전시켜야 한다. 때를 놓치지 말고 힘들여 생산하고 재물을 축적해야 한다. 이상은 오늘날에도 귀중한 가르침이 될 것이다.

13-2 /

景行錄에 云,
경 행 록   운

爲政之要는 日公與淸이요
위 정 지 요   왈 공 여 청

成家之道는 日儉與勤이니라.
성 가 지 도   왈 검 여 근

《경행록》에서 말했다. '정치의 요체는 공정과 청렴이고 집안을 일으키는 길은 검약과 근면이다.'

| 가사체 |

경행록에 말하였다
정치할때 그要諦는 공정함과 청렴이고
　　　　　요체
집안일켜 세우는길 검약함과 근면이다

政(정사 정), 公(공변될 공), 與(더불 여), 儉(검소할 검), 勤(부지런할 근).

• • •

○爲政(위정)─나라 다스림. 정치.   ○要(요)─요체(要諦). 긴요한 것.

○公與淸(공여청)—공정과 청렴결백.   ○成家(성가)—집안을 일으킴.
○道(도)—길. 방도. 원리.   ○儉與勤(검여근)—검약과 근면. 알뜰하게
씀씀이를 절약하고 부지런히 일해 벌어들인다.

| 참고 |

정치는 공평무사(公平無私)하고 청렴결백(淸廉潔白)하게 해야 한다.
부지런히 일해서 벌고 알뜰히 절약해서 저축하면 집안이나 나라 살림
이 풍요롭고 또 흥성하게 된다. 특히 국가 정치를 담당하는 위정자들은
절대선(絶對善)의 하늘의 도리를 따르고 실천해야 한다. 사사로운 욕심
을 채우기 위해 나라의 재물을 축내면 안 된다.

13-3 /

讀書는 起家之本이요 循理는 保家之本이요
독 서   기 가 지 본   순 리   보 가 지 본

勤儉은 治家之本이요 和順은 齊家之本이니라.
근 검   치 가 지 본   화 순   제 가 지 본

독서는 집안을 일으키는 근본이고, 도리를 따름은 집안을 보
존하는 근본이며, 근검은 집안을 다스리는 근본이고, 온화 순종
은 집안을 바로 잡는 근본이다.

| 가사체 |

책을즐겨 읽는것은 집안세움 근본이요

道理들을 잘따름은 집안보존 근본이요
도 리
근면함과 절약함은 집안살림 근본이요
화목하고 순종함은 집안화합 근본이다

循(좇을 순), 勤(부지런할 근), 儉(검소할 검), 齊(가지런할 제).

• • •

○讀書(독서)—책을 읽음. 글공부를 함. ○循理(순리)—도리나 이치
를 따름. ○保家(보가)—가정을 잘 보존함. ○勤儉(근검)—근면과 검
약. ○和順(화순)—온화하고 유순함. 가족이 서로 화목하고 온순함.
○齊家(제가)—집안을 가지런히 다스림. 모든 식구가 저마다의 위치
에서 각자의 본분을 다하고 협동해서 집안을 흥성케 함.

| 참고 |

글공부를 잘해야 입신출세할 수 있다. 법도 및 도리를 잘 따라야 벼
슬이나 신분이 보장되고 따라서 가문도 잘 보존할 수가 있다. 가정 경
제의 바탕은 근면과 절약이다. 가족이 서로 화목하고 온순해야 가정이
평화롭게 된다. 《역경(易經)》에 있다. ‘집안이 바로잡혀야 천하가 안정
된다(正家而天下定).’

13-4-1/

孔子三計圖에 云,
공 자 삼 계 도   운

一生之計는 在於幼하고
일 생 지 계   재 어 유

一年之計는 **在於春**하고
일 년 지 계　　재 어 춘

一日之計는 **在於寅**이니라.
일 일 지 계　　재 어 인

　공자가 세 가지 계획에 대해서 말했다. '일생의 계획은 어릴 때에 세워야 하고, 1년의 계획은 봄에 세워야 하며, 하루의 계획은 새벽에 세워야 한다.'

| 가사체 |

　공자님이 세가지의 계획세워 말하였다
　일생동안 행할계획 어릴때에 세워야고
　일년동안 행할계획 이른봄에 세워야고
　하루동안 행할계획 새벽녘에 세워얀다

　　計(꾀 계), 圖(그림 도), 幼(어릴 유), 春(봄 춘), 寅(셋째 지지 인).

· · ·

　○三計圖(삼계도)―세 가지 계획. 즉 하루의 계획, 1년의 계획, 일생의 계획. 도(圖)는 도모(圖謀).　○一生之計在於幼(일생지계재어유)―평생의 계략을 어려서 잘 세워야 한다.　○在於寅(재어인)―새벽에 잘 세워야 한다. 인(寅)은 인시(寅時), 즉 새벽.

| 참고 |

　어려서 공부를 잘하고 수양을 잘해야 훌륭한 사람이 될 수 있다. 봄에 때를 놓치지 않고 농사를 잘해야 가을에 추수하고 겨울 양식을 저장할 수 있다. 새벽부터 일찍 일어나 부지런히 일을 해야 하루를 유효하

게 쓸 수 있다.

13-4-2/

幼而不學이면 老無所知요
유 이 불 학　　노 무 소 지

春若不耕이면 秋無所望이요
춘 약 불 경　　추 무 소 망

寅若不起면 日無所辦이니라.
인 약 불 기　　일 무 소 판

　어려서 배우지 않으면 늙어서 아는 것이 없게 되고, 봄에 밭을 갈지 않으면 가을에 소망할 것이 없게 되고, 새벽에 일어나지 않으면 그날의 할 일이 없게 된다.

| 가사체 |

어릴때에 안배우면 늙었을때 앎이없고
봄에밭을 갈잖으면 가을돼도 수확없고
새벽녘에 잠안깨면 그날할일 없게된다

　　所(바 소), 若(만약 약), 耕(밭갈 경), 望(바랄 망), 辦(힘쓸 판).

· · ·

　ㅇ老無所知(노무소지)―늙어서 아는 것이 없다.　ㅇ若(약)―만약.　ㅇ耕(경)―경작. 밭을 갈다.　ㅇ秋無所望(추무소망)―가을에 소망이 없다. 수확할 가망이 없다.　ㅇ寅(인)―새벽 4시경.　ㅇ日無所辦(일무소판)―

그날은 하는 일이 없다. 아무것도 하지 않음.

| 참고 |

배움에는 때가 있다. 어려서 잘 배워야 학식 있는 사람이 된다. 어려서 글을 배우지 않으면 평생을 두고 후회하게 된다. 경작에도 때가 있다. 봄에 경작을 잘해야 가을에 수확할 수 있다. 새벽에 일어나 맑은 정신으로 글을 읽거나 부지런히 일을 해야 그날 하루를 알차게 쓸 수 있다. 아침에 늦잠을 자고 늦게 일어나면 하루 반나절을 허송하게 된다. 새벽에 일어나기 위해서는 밤에 일찍이 자야 한다.

13-5/

性理書에 **云,**
성 리 서　　운

五敎之目은 **父子有親**하고
오 교 지 목　　부 자 유 친

君臣有義하고 **夫婦有別**하고
군 신 유 의　　부 부 유 별

長幼有序하고 **朋友有信**이니라.
장 유 유 서　　붕 우 유 신

《성리서》에 적혀 있다. '다섯 가지 윤리의 가르침이 있다. 아버지와 자식 사이에는 친애가 있어야 하고, 임금과 신하 사이에는 도의가 있어야 하며, 남편과 아내 사이에는 분별이 있어야 하고, 어른과 어린이 사이에는 서열이 있어야 하며, 벗과 친구

사이에는 돈독한 신의가 있어야 한다.'

성리서에 말하였다
다음같이 다섯윤리 가르침이 있느니라
아비자식 사이에는 서로친함 있어야고
임금신하 사이에는 대의명분 있어야고
남편아내 사이에는 지킬것이 유별하고
어른아이 사이에는 서열순서 있어야고
벗과친구 사이에는 돈독신의 있어얀다

親(친할 친), 義(옳을 의), 婦(아내 부), 序(차례 서), 朋(벗 붕).

• • •

○性理書(성리서)−5-1 참조. ○五敎之目(오교지목)−다섯 가지 가르침. 즉 오륜(五倫). ○父子有親(부자유친)−아버지와 자식 사이에는 육친애가 있다. ○義(의)−의리. 대의명분. 도의. ○有別(유별)−지킬 바에 구별이 있다. 즉 아내는 집안을 다스리고 남편은 사회 활동을 함. ○長幼(장유)−연장자와 어린 사람. ○序(서)−서열. 순서. 차례. ○朋友(붕우)−벗. 친구. ○信(신)−신의. 믿음.

| 참고 |

윤리(倫理)는 사람들이 함께 어울려서 사는 도리이다. 인간은 관계 속에 살고 있다. 인간관계의 중요한 다섯 가지가 바로 오륜이다. 오륜을 잘 지켜야 인간 사회가 안정된다. 오륜은 동서고금을 통해 누구나 다 지켜야 할 기본 윤리의 핵심이다.

13-6/

三綱은 君爲臣綱이요
삼 강   군 위 신 강

父爲子綱이요 夫爲婦綱이니라.
부 위 자 강   부 위 부 강

　삼강은 3개의 중심을 말한다. 임금은 신하의 중심적 기준이
되고, 아버지는 자식의 중심적 기준이 되고, 남편은 아내의 중
심적 기준이 된다.

| 가사체 |

삼강이란 다음같다
임금님은 신하들의 중심적인 기준되고
아버지는 자식들의 중심적인 기준되고
지아비는 그아내의 중심적인 기준된다

　　綱(벼리 강), 爲(할 위, 되다).

· · ·

　○三綱(삼강)—강(綱)은 벼리. 그물의 위에 있는 굵은 줄. '삼강'은 세
가지 기본적 인간관계에 있어 그 기준이 되고 기강을 잡아주고 또 다
스리는 주체적·중심적 존재를 뜻한다. ○君爲臣綱(군위신강)—임금
은 국가의 중심적 존재로 신하들을 통솔하고 백성들을 잘 다스리는
기준이다. ○父爲子綱(부위자강)—아버지는 가정의 중심적 존재로
자식들의 모범이 되고 자식들의 중심적 기준이다. ○夫爲婦綱(부위
부강)—남편은 부부간의 중심적 존재이자 기준이다.

중심적 존재는 모범이 되고 주체적 기준이 된다는 뜻이다. 도에서 벗어나 제멋대로 하면 중심적 존재가 될 수 없다. 삼강은 오늘날의 사회에서도 적용되는 기본 윤리이다. 동양의 전통 윤리는 오랜 역사적 경험과 지혜를 바탕으로 창출된 귀중한 문화적 유산이다.

13-7/

王蠋이 曰,
왕 촉 왈

忠臣은 不事二君하고
충 신   불 사 이 군

烈女는 不更二夫니라.
열 녀   불 경 이 부

왕촉이 말했다. '충신은 두 임금을 섬기지 않고 열녀는 두 지아비를 바꿔 섬기지 않는다.'

| 가사체 |

왕촉께서 말하였다
충신이란 두임금을 섬기지를 아니하고
열녀란자 두지아비 섬기지를 아니한다

忠(충성 충), 臣(신하 신), 事(섬길 사), 烈(세찰 렬), 更(바꿀 경).

○王蠋(왕촉)―전국(戰國)시대 제(齊)나라의 충신. ○不事(불사)―섬기지 않음. ○不更(불경)―바꾸지 않음.

| 참고 |

충신은 충절(忠節)을, 열녀는 정절(貞節)을 지킨다. 절개는 지극한 정성과 신뢰 및 의리에서 나오는 미덕이다.

13-8/

忠子曰,
충 자 왈

治官엔 莫若平이요
치 관　　막 약 평

臨財엔 莫若廉이니라.
임 재　　막 약 렴

충자가 말했다. '관직을 수행함에는 공평이 제일이고 재물 앞에서는 청렴이 제일이다.'

| 가사체 |

충자께서 말하였다
관직업무 수행함에 공평함이 제일이고
재산재물 앞에서는 청렴함이 제일이다

莫(말 막), 若(같을 약), 臨(임할 림), 財(재물 재), 廉(청렴할 렴).

○忠子(충자)－미상(未詳).　○治官(치관)－관직 수행.　○莫若(막약)－
제일이다.　○臨財(임재)－재물 앞에서는.　○廉(염)－청렴(淸廉).

| 참고 |

　관공서에서 공무를 수행할 때에는 공평무사하게 처리해야 하고 재
물이나 금전을 취급할 때에는 청렴결백해야 한다.

13-9-1 /

張思叔座右銘에 曰,
장 사 숙 좌 우 명　왈

凡語를 必忠信하며 凡行을 必篤敬하며
범 어　필 충 신　범 행　필 독 경

飮食을 必愼節하며 字劃을 必楷正하며
음 식　필 신 절　자 획　필 해 정

容貌를 必端莊하며 衣冠을 必整肅하라.
용 모　필 단 장　의 관　필 정 숙

　장사숙이 좌우명에서 말했다. '무릇 말은 반드시 충성되고
믿음직하게 하고, 행동은 반드시 독실하고 경건하게 하고, 음식
은 반드시 신중히 절도있게 취해야 한다. 자획은 네모지고 바
르게 쓰고, 용모를 단정하고 정중하게 지니고, 의관은 잘 갖추
고 점잖게 차려야 한다.'

장사숙의 좌우명에 다음같이 말하였다
말이란건 충성되고 믿음있게 해야하고
행실이란 독실하고 경건하게 해야하고
음식이란 신중하고 절도있게 취해야고
글자획은 네모지고 똑바르게 써야하고
용모란건 단정하고 정중하게 지녀야고
의관이란 정제하고 엄숙하게 차려얀다

篤(도타울 독), 愼(삼갈 신), 楷(곧을 해), 貌(얼굴 모), 肅(엄숙할 숙).

• • •

○張思叔(장사숙)—북송(北宋)의 학자. ○座右銘(좌우명)—자리 옆에
써 놓는 격언. ○篤敬(독경)—독실하고 경건하게. ○愼節(신절)—신
중하고 절도있게. ○字畵(자획)—글자의 획. ○楷正(해정)—바르고
단정하게. ○端莊(단장)—단정하고 정중함. ○衣冠(의관)—옷과 관
모. ○整肅(정숙)—정제하고 엄숙함.

13-9-2

步履必安詳하며 居處必正靜하며
보 리 필 안 상　　거 처 필 정 정

作事必謀始하며 出言必顧行하며
작 사 필 모 시　　출 언 필 고 행

常德必固持하며 然諾必重應하며
상 덕 필 고 지　　연 낙 필 중 응

見善如己出하며 見惡如己病하라.
견 선 여 기 출　　　　　 견 악 여 기 병

　걸음걸이는 반드시 침착하고 조용하게 걷고, 몸가짐은 반드시 단정하고 정숙하게 지니고, 일을 할 때에는 반드시 시작부터 신중하게 해야 한다. 말을 할 때에는 반드시 먼저 실행할 수 있을까를 생각하고, 인륜 도덕을 굳게 지키고 실천해야 한다. 승낙하는 대답은 반드시 신중하게 하고, 남의 선행을 보면 마치 자신이 한 듯이 기뻐하라. 남의 잘못을 보면 마치 자신이 한 듯이 아파하라.'

| 가사체 |

걸을때는 침착하고 조용하게 걸어야고
몸가짐은 단정하고 정숙하게 지녀야고
일할때는 시작부터 신중하게 해야하고
말할때는 실행할수 있을지를 생각하고
인륜도덕 굳게갖고 꼭반드시 실천하고
승낙대답 할때에는 신중하게 해야하고
남의선행 보게되면 제가한듯 기뻐하라
남의잘못 보게되면 제가한듯 아파하라

　　履(신 리), 詳(자세할 상), 靜(고요할 정), 謀(꾀할 모), 顧(돌아볼 고), 固(굳을 고), 諾(대답할 낙), 應(응할 응).

● ● ●

　　○步履(보리)-걸음걸이.　○安詳(안상)-침착하고 안존함.　○正靜(정정)-안정되고 조용함.　○謀始(모시)-계획을 잘 세워 시작함.　○顧

行(고행)—실행할 수 있을까를 먼저 생각함. ○常德(상덕)—항상 지
켜야 할 덕행. 즉 인륜 도덕. ○然諾(연낙)—남에게 승낙하는 대답.
○重應(중응)—신중하게 응답함. ○見善(견선)—남의 선행을 보면.
○如己出(여기출)—내 자신이 행한 듯이 기뻐함. ○見惡(견악)—남의
잘못을 봄. ○如己病(여기병)—마치 내 자신의 잘못인 듯이 생각하고
걱정함.

13-9-3/

凡此十四者는 皆我未深省이라
범 차 십 사 자   개 아 미 심 성

書此當座右하고 朝夕視爲警하노라.
서 차 당 좌 우   조 석 시 위 경

무릇 이상의 열네 개의 조목은 나 자신도 아직 깊이 살피고
실행하지 못한 바이다. 그러므로 이들을 써서 자리 오른 편에
붙이고 조석으로 보며 경계하노라.

| 가사체 |

이와같은 열네가지 나자신도 아직까지
깊이살펴 실행못해 그때문에 이것들을
내자리의 오른편에 써서붙여 놓고서는
아침으로 저녁으로 읽어보고 경계한다

深(깊을 심), 省(살필 성), 座(자리 좌), 視(볼 시), 警(경계할 경).

○未深省(미심성)─아직 깊이 살피고 실행하지 못했음. ○書此(서차)─이들을 써서. ○當(당)─마주함. ○視(시)─보다. ○爲警(위경)─경계하다. 경계하는 좌우명으로 삼다.

| 참고 |

장사숙의 좌우명은 오늘날의 우리도 잘 지키고 실천해야 할 계명(戒銘)들이다. 이상의 14개를 다음과 같이 요약할 수 있다. 언어 행동을 경건하게 하라. 용모나 의관을 단정하게 하라. 주거 환경을 안정되게 하고 식생활을 간소하게 하라. 처음부터 일을 신중하게 꾸미고 실천 불가능한 말이나 대답을 하지 마라. 걸음걸이나 글씨를 반듯하게 하라. 항상 어진 덕을 지니고 선행(善行)에 힘써라.

13-10-1 /

范益謙座右銘에 曰,
범 익 겸 좌 우 명   왈

一不言 朝廷利害邊報差除요
일 불 언 조 정 이 해 변 보 차 제

二不言 州縣官員長短得失이요
이 불 언 주 현 관 원 장 단 득 실

三不言 衆人所作過惡之事요
삼 불 언 중 인 소 작 과 악 지 사

四不言 仕進官職趨時附勢요
사 불 언 사 진 관 직 추 시 부 세

五不言 財利多少厭貧求富요
오 불 언 재 리 다 소 염 빈 구 부

六不言 淫媒戲慢評論女色이요
육 불 언 음 설 회 만 평 론 여 색

七不言 求覓人物干索酒食이라.
칠 불 언 구 멱 인 물 간 색 주 식

　범익겸이 좌우명에서 말했다. '다음 일곱 가지 사항에 대한 말을 하지 마라. ①조정의 이해와 변방의 정보와 인사이동에 대하여. ②주현을 다스리는 관원들의 장단과 득실에 대하여. ③여러 사람들이 저지른 과실이나 악한 죄과에 대하여. ④관직을 얻고 때를 타고서 세력에 아부하려는 생각에 대하여. ⑤재물의 다소와 가난을 피해 부자가 되려는 생각에 대하여. ⑥음탕하고 난잡스럽고 여색을 들추어내는 수작에 대하여. ⑦남의 물건을 탐내고 음식을 얻어먹으려는 의도에 대하여. 이상에 관한 말들을 일절하지 마라.'

| 가사체 |

　범익겸의 좌우명에 다음같이 말하였다
　첫째로는 조정이해 국경사정 인사기밀
　이런것은 말을말라
　둘째로는 지방정치 담당자들 장단득실
　여기대해 말을말라
　셋째로는 대중들의 과실이나 허물들을
　매도하는 말을말라
　넷째로는 장차관직 얻으려고 권력아부
　하는따위 말을말라
　다섯째는 재물부귀 탐을내고 가난싫다

하는것을 말을말라

여섯째는 음탕하고 난잡하며 여색평론

하는일을 말을말라

일곱째는 남의물건 탐내거나 음식얻어

먹는일을 말을말라

廷(조정 정), 邊(가 변), 縣(고을 현), 趨(달릴 추), 勢(기세 세), 厭(싫을 염), 淫(음란할 음), 媟(깔볼 설), 評(평할 평), 覓(찾을 멱), 索(찾을 색).

• • •

○范益謙(범익겸)－남송(南宋)의 학자. 이름은 충(冲). 익겸(益謙)은 그의 자(字). ○邊報(변보)－변경, 국경 지대의 상황이나 정보. ○差除(차제)－차(差)는 관리를 파견함. 제(除)는 벼슬에 임명함. ○州縣(주현)－지방의 행정단위. ○仕進官職(사진관직)－나가서 벼슬을 살다. ○趨時附勢(추시부세)－때를 타고 세도에 아부함. ○財利多少(재리다소)－재물이나 이득을 많이 얻고자 함. ○厭貧求富(염빈구부)－가난을 싫어하고 부자 되기를 바람. ○淫媟(음설)－음탕하고 난잡함. ○戲慢(희만)－희롱하고 능욕함. ○評論(평론)－(여색에 대하여) 말을 함. ○求覓(구멱)－탐내고 가지려 함. ○干索(간색)－무리하게 요구하다.

| 참고 |

남에게 함부로 말하면 안될 7개 항을 다음 같이 열거했다. ① 조정의 이해관계나 국경지대의 사정 및 인사 기밀에 관한 말을 하지 마라. ② 지방의 정치 담당자들의 장단점과 득실을 비판하지 마라. ③ 대중의 허물이나 과실을 매도하지 마라. ④ 장차 관직을 얻기 위하여 세도에 아부한다는 따위의 말을 하지 마라. ⑤ 재물이나 부귀를 탐내고 가난을

싫어한다는 따위의 말을 하지 마라. ⑥ 음란한 언동을 삼가라. ⑦ 천덕
스럽게 남의 재물을 탐내거나 음식을 얻어먹으려 하지 마라.

13-10-2/

又
우

人付書信을 不可開坼沈滯요.
인 부 서 신   불 가 개 탁 침 체

與人幷坐에 不可窺人私書요.
여 인 병 좌   불 가 규 인 사 서

凡入人家에 不可看人文字요.
범 입 인 가   불 가 간 인 문 자

凡借人物에 不可損壞不還이요.
범 차 인 물   불 가 손 괴 불 환

凡喫飮食에 不可揀擇去取요.
범 끽 음 식   불 가 간 택 거 취

與人同處에 不可自擇便利요.
여 인 동 처   불 가 자 택 편 리

凡人富貴를 不可歎羨詆毁라.
범 인 부 귀   불 가 탄 선 저 훼

또 남이 부탁한 편지를 뜯어보거나 지체하면 안 된다. 남의
곁에 앉아 있을 때 남의 사사로운 서류를 엿보면 안 된다. 남의
집에 들어갔을 때 남이 쓴 문장을 훑어보면 안 된다. 남에게 빌
린 물건을 파손하거나 안 돌려주면 안 된다. 음식을 먹을 때 가

리고 골라서 집어먹으면 안 된다. 남과 한자리에 있을 때 자기
혼자만 편하고자 하면 안 된다. 다른 사람의 부귀를 지나치게
선망하거나 욕하면 안 된다.

| 가사체 |

덧붙여서 말하였다
전해달라 부탁받은
편지뜯어 보지말고 지체해도 아니되고
남의곁에 앉아서는
사사로운 서류들을 엿보면은 아니되고
남의집에 들어가선
남이지은 문장들을 뒤져보면 아니되고
남의물건 빌렸을 때
빌린물건 손상시켜 돌려주면 아니되고
마시거나 먹을때는
가리거나 골라잡아 먹으면은 아니되고
남과같이 있으면서
자기만이 편안함을 취해서는 아니되고
다른사람 부귀한걸
부러워서 못참거나 헐뜯으면 아니된다

坼(터질 탁), 滯(막힐 체), 窺(엿볼 규), 喫(마실 끽), 揀(가릴 간), 擇(가릴 택),
羨(부러워할 선), 詆(꾸짖을 저), 毁(헐 훼).

• • •

○人付書信(인부서신)―남이 부탁한 서신. ○開坼(개탁)―열어 본
다. ○沈滯(침체)―남의 편지를 묻어 둔다. ○幷坐(병좌)―함께 앉다.

○窺人私書(규인사서)─남의 사사로운 서류를 엿보다. ○看人文字
(간인문자)─남이 작성하고 있는 글이나 문장을 뒤져 보다. ○損壞
(손괴)─손상하거나 파괴함. ○喫(끽)─먹다. ○揀擇去取(간택거
취)─가리고 골라서 집어먹다. ○自擇便利(자택편리)─자신의 편리
만을 택하다. ○歎羨(탄선)─감탄하고 선망함. ○詆毁(저훼)─욕하
고 비방하다.

13-10-3/

凡此數事에
범 차 수 사

有犯之者면 足以見用心之不正이라.
유 범 지 자   족 이 견 용 심 지 부 정

於正心修身에 大有所害라.
어 정 심 수 신   대 유 소 해

因書以自警하노라.
인 서 이 자 경

　이상에 열거한 사항들을 범하는 사람이 있으면 그것으로 그
의 마음씨가 바르지 못함을 알 수 있다. 따라서 마음을 바로잡
고 몸을 닦음에 크게 해가 될 것이다. 그러므로 이상을 적어서
스스로 경계하라.

| 가사체 |

이몇가지 사항들에 저촉됨이 있으면은
그것으로 그마음씨 똑바르지 아니하여

몸과마음 바로함에 해가됨을 알수있다
그리하여 이를적어 스스로를 경계한다

凡(무릇 범), 犯(범할 범), 修(닦을 수), 因(인할 인), 警(경계할 경).

• • •

○凡(범)─무릇. ○此數事(차수사)─'하지 마라' 는 7개 항과 '하면 안된다' 의 7개 항, 즉 도합 14개의 경계할 일. ○有犯之者(유범지자)─지키지 못하고 범하는 사람. ○足以見(족이견)─족히 볼 수 있다. 알수 있다. ○用心之不正(용심지부정)─마음 씀씀이가 바르지 못함. ○正心(정심)─마음을 바르게 함. ○修身(수신)─몸을 닦음. 수양. ○大有所害(대유소해)─크게 해되는 바가 있다. ○自警(자경)─스스로 경계하다.

| 참고 |

해서는 안될 행동 일곱 개 항을 열거했다. 남의 편지나 서류 혹은 문서를 엿보지 마라. 남에게 빌린 물건을 파손하지 말고 즉시 돌려주어라. 음식을 먹을 때 맛있는 것만 골라서 집어먹지 마라. 여러 사람과 함께 있으면서 자신의 편리만을 택하지 마라. 남의 부귀를 지나치게 부러워하거나 반대로 지나치게 헐뜯고 욕하지 마라. 자신의 주체성을 확립하고 자기의 본분을 지키고, 자기의 일을 성실하게 해야 한다. 그렇지못하기 때문에 남에 대한 쓸데없는 간섭을 하게 되는 것이다.

인격을 완성하는 수신을 위해 적극적으로 착한 일을 하는 것도 중요하다. 그러나 소극적 선행으로 악한 일을 하지 않음도 중요하다. 즉 위에 적힌 14개의 '하면 안될 사항' 들을 잘 지켜야 한다. 이상의 사항들은 오늘날의 사회생활에서도 지키고 행할 예의범절이라 하겠다.

13-11-1/

武王이 問太公曰,
무 왕　　문 태 공 왈

人居世上에 何得貴賤貧富不等고
인 거 세 상　　하 득 귀 천 빈 부 부 등

願聞說之하여 欲知是矣로이다.
원 문 설 지　　　욕 지 시 의

　문왕이 태공에게 물었다. '사람들이 같은 세상에 사는데 어 찌하여 빈부귀천이 저마다 같지 않습니까? 그에 대한 말씀을 듣고자 합니다. 그 까닭을 알고 싶습니다.'

| 가사체 |

　무왕께서 태공에게 다음같이 물으셨다
　사람마다 살아감에 빈부귀천 왜다르죠
　그에대해 말씀들어 그이유를 알고싶소

　　貴(귀할 귀), 賤(천할 천), 貧(가난할 빈), 等(가지런할 등), 願(원할 원).

　　　　　　　　　　　　● ● ●

　○武王(무왕)—주(周)나라를 세운 임금. 아버지 문왕(文王)의 뜻을 따 라 강태공(姜太公)을 태사(太師)로 모시고 나라를 세웠다.　○太公(태 공)—1-4 참조.　○何得(하득)—어찌하여 …할 수 있는가?　○貴賤 (귀천)—귀함과 천함.　○貧富(빈부)—가난한 사람과 부자.　○願聞(원 문)—듣고 싶다.　○說之(설지)—빈부귀천(貧富貴賤)이 다른 까닭을 설 명함.

13-11-2 /

太公이 曰,
태공 왈

富貴는 如聖人之德하여 皆由天命이어니와
부귀 여성인지덕 개유천명

富者는 用之有節하고 不富者는 家有十盜니다.
부자 용지유절 불부자 가유십도

태공이 말했다. '부와 귀를 겸하는 것은 마치 성인의 덕과 같으며 모두 천명에 의해서 주어지는 것입니다. 그러나 부자는 씀씀이를 절약하면 될 수 있으며 반대로 부자가 못 되는 것은 집안에 열 가지 도적이 숨어 있기 때문입니다.'

| 가사체 |

태공께서 대답했다
부와귀를 겸하는건 성인덕과 똑같으며
그모두가 천명으로 주어지는 것입니다
부자들은 씀씀이를 절약하면 될수있고
못사는자 그집안에 열개도적 숨어있죠

聖(성인 성), 皆(다 개), 命(명할 명), 節(마디 절), 盜(훔칠 도).

• • •

○由天命(유천명)─천명으로 주어짐. ○富者(부자)─돈을 많이 지닌 사람. ○用之有節(용지유절)─씀씀이를 절약함. ○不富者(불부자)─부자가 못된 자. ○家有十盜(가유십도)─집안에 열 가지의 도적이 있다.

13-11-3

武王_이 曰, 何謂十盜_오?
무 왕 　 왈 　 하 위 십 도

무왕이 물었다. '열 가지의 도적이란 무엇을 말하는 것입니까?'

| 가사체 |

무왕께서 물으셨다 열개도적 이란것은 어떤것을 말합니까

13-11-4

太公_이 曰,
태 공 　 왈

時熟不收爲一盜_요 收積不了爲二盜_요,
시 숙 불 수 위 일 도 　 수 적 불 료 위 이 도

無事燃燈寢睡爲三盜_요 慵懶不耕爲四盜_요,
무 사 연 등 침 수 위 삼 도 　 용 나 불 경 위 사 도

不施功力爲五盜_요 專行巧害爲六盜_요,
불 시 공 력 위 오 도 　 전 행 교 해 위 육 도

養女太多爲七盜_요 晝眠懶起爲八盜_요,
양 녀 태 다 위 칠 도 　 주 면 나 기 위 팔 도

貪酒嗜慾爲九盜_요 强行嫉妒爲十盜_{니다}.
탐 주 기 욕 위 구 도 　 강 행 질 투 위 십 도

태공이 말했다. '곡식이 제때에 익었는데 거둬들이지 않는
것이 첫째 도적이요, 잘 거두어들여 창고에 쌓지 않는 것이 둘

째 도적이요, 일없이 등불을 켜놓고 자는 것이 셋째 도적이요, 게을러서 밭갈이하지 않는 것이 넷째 도적이요, 공력을 남에게 베풀지 않는 것이 다섯째 도적이요, 오로지 간교하고 해로운 짓만 하는 것이 여섯째 도적이요, 딸을 너무 많이 낳아서 키우는 것이 일곱째 도적이요, 아침에 늦게 일어나고 낮잠 자는 것이 여덟째 도적이요, 술을 탐하고 환락에 빠지는 것이 아홉째 도적이요, 심하게 남을 시기하는 것이 열번째 도적입니다.'

| 가사체 |

태공께서 대답했다
곡식제때 익었는데 거두지를 않는것이 그첫번째 도둑이요
거둬들여 놓고서는 창고속에 안쌓는게 그두번째 도둑이요
할일없이 등불들을 밝혀놓고 잠자는게 그세번째 도둑이요
게을러서 밭갈이를 하지아니 하는것이 그네번째 도둑이요
남들에게 공덕들을 베풀지를 않는것이 다섯번째 도둑이요
교활하고 해로운일 전적으로 행하는게 여섯번째 도둑이요
딸자식만 많이낳아 그들만을 기르는게 일곱번째 도둑이요
아침늦게 일어나고 낮에잠을 자는것이 여덟번째 도둑이요
술마시길 좋아하고 오락향락 빠지는게 아홉번째 도둑이요
남을몹시 질투하고 미워하는 그런것이 그열번째 도둑이죠

熟(익을 숙), 了(마칠 료), 燃(사를 연), 燈(등잔 등), 睡(잘 수), 慵(게으를 용), 懶(게으를 라), 嗜(즐길 기), 嫉(시기할 질), 妬(강샘할 투).

• • •

○時熟不收(시숙불수) − 때맞게 곡식이 익었는데 거둬들이지 않는다.
○收積(수적) − 거두어들이고 창고에 쌓다. ○不了(불료) − 완료하지

않음. ○燃燈(연등)―등불을 켜놓다. ○寢睡(침수)―누워 자다. ○慵懶(용나)―게으르고 나태함. ○不施功力(불시공력)―노력하고 애를 쓰지 않음, 혹은 남에게 공덕을 베풀지 않음. ○專行巧害(전행교해)―오로지 간교하고 해독이 되는 행동을 함. ○養女太多(양녀태다)―너무 많은 딸을 키우다. ○懶起(나기)―아침에 늦게 일어남. ○貪酒(탐주)―술을 탐내다. ○嗜慾(기욕)―오락이나 향락에 빠짐. ○强行嫉妬(강행질투)―남을 심하게 질투하고 미워함.

13-11-5/

武王이 曰, 家無十盜 而不富者는 何如닛고?
무 왕 왈 가 무 십 도 이 불 부 자 하 여

太公이 曰, 人家에 必有三耗니다.
태 공 왈 인 가 필 유 삼 모

武王이 曰, 何名三耗닛고?
무 왕 왈 하 명 삼 모

太公이 曰,
태 공 왈

倉庫漏濫不蓋하여 鼠雀亂食이 爲一耗요
창 고 누 람 불 개 서 작 난 식 위 일 모

收種失時가 爲二耗요
수 종 실 시 위 이 모

拋撒米穀穢賤이 爲三耗니다.
포 살 미 곡 예 천 위 삼 모

무왕이 물었다. '집안에 열 가지 도적이 없는데도 부자가 되지 못함은 어찌해서인가요?'

태공이 말했다. '그런 집안에는 반드시 세 가지의 손실을 방치하고 있을 겁니다.'

무왕이 물었다. '세 가지의 손실이란 무엇을 말하나요?'

태공이 대답했다. '창고가 헐고 비가 새는데도 수리하지 않고 쥐나 새들이 곡식을 마구 먹게 내버려 두는 것이 첫 번째의 손실이고, 거두어들이고 씨뿌릴 때를 놓쳐 농사를 망치는 것이 두 번째의 손실이고, 쌀이나 곡식을 더러운 땅바닥에 흩뜨려 뿌리는 것이 세 번째의 손실입니다.'

| 가사체 |

무왕께서 말하셨다
그집안에 열도둑이 있지아니 하는데도
부자되지 못한것은 어찌하여 그런가요
태공께서 말하였다
그집에선 손실셋을 방치하고 있습니다
무왕께서 말하셨다
세가지의 손실이란 어떤것을 말합니까
태공께서 대답했다
창고헐고 비가새도 수리하지 아니하고
쥐와참새 곡식들을 마구먹게 하는것이
첫번째의 손실이요
수확하고 씨뿌림에 때를놓쳐 망치는게
두번째의 손실이요
쌀과같은 곡식들을 거친땅에 흩는것이
세번째의 손실이죠

耗(줄 모), 漏(샐 루), 濫(퍼질 람), 蓋(덮을 개), 鼠(쥐 서), 雀(참새 작), 亂(어지러울 란), 抛(던질 포), 撒(뿌릴 살), 穀(곡식 곡), 穢(더러울 예).

• • •

○三耗(삼모)—세 가지 손실. ○漏(루)—비가 새다. ○濫(람)—망가지다. ○蓋(개)—지붕을 덮다. 수리하다. ○鼠(서)—쥐. ○雀(작)—새. ○亂食(난식)—함부로 먹다. ○收種失時(수종실시)—거두거나 씨 뿌릴 때를 잃음. ○抛撒(포살)—내다 뿌리다. ○穢賤(예천)—더러운 땅바닥.

13-11-6/

武王이 曰, 家無三耗 而不富者는 何如닛고?
무 왕   왈 가무삼모 이불부자   하 여

太公이 曰,
태 공   왈

人家에 必有 一錯 二誤 三痴 四失 五逆
인 가   필유 일착 이오 삼치 사실 오역

六不祥 七奴 八賤 九愚 十强하여
육불상 칠노 팔천 구우 십강

自招其禍요 非天降殃이니다.
자초기화   비천강앙

무왕이 물었다. '집안에 세 가지의 손실이 없는데도 부자가 되지 못함은 어찌해서요?'

태공이 말했다. '그런 사람 집안에는 반드시 다음의 열 가지 잘못이 있습니다. 1은 그르침, 2는 잘못, 3은 치졸함, 4는 실수,

5는 거역, 6은 꼴불견, 7은 종놈 행세, 8은 천민 행세, 9는 우둔함, 10은 뻔뻔스러움입니다. 그러므로 그들은 화를 자초하는 것이지 절대로 하늘이 재앙을 내리는 것이 아닙니다.'

| 가사체 |

무왕께서 물으셨다
그집안에 세가지의 손실들이 없는데도
부자되지 못한것은 어찌하여 그런가요
태공께서 대답했다
그런사람 집안에는
꼭반드시 열가지의 잘못들이 있습니다
첫번째는 그르침에 두번째는 잘못이고
세번째는 치졸함에 네번째는 실수이고
다섯번째 거역함에 여섯번째 꼴불견에
일곱번째 종놈행세 여덟번째 천민행세
아홉번째 우둔함에 열번째는 뻔뻔스럼
그러므로 그자들은 화를자초 하는거지
저하늘이 재앙들을 내리는게 아닙니다

• • •

○ 錯(섞일 착), 誤(그릇할 오), 痴 = 癡(어리석을 치), 逆(거스를 역), 祥(상서로울 상), 奴(종 노), 賤(천할 천), 愚(어리석을 우), 招(부를 초), 殃(재앙 앙).

13-11-7/

武王이 曰, 願悉聞之이다
무왕 왈 원실문지

太公이 曰,
태공 왈

養男不敎訓이 爲一錯이요 嬰孩不訓이 爲二誤요
양남불교훈 위일착 영해불훈 위이오

初迎新婦不行嚴訓이 爲三痴요
초영신부불행엄훈 위삼치

未語先笑가 爲四失이요 不養父母가 爲五逆이요.
미어선소 위사실 불양부모 위오역

무왕이 말했다. '자세히 듣고 싶습니다.'

태공이 말했다. '아들을 기르되 교육과 훈도를 안함이 1의 그
르침이고, 어린아이를 잘 훈도하지 않음이 2의 잘못이고, 신부
를 처음 맞아 엄히 훈도하지 않음이 3의 치졸이고, 말하기 전에
먼저 웃는 것이 4의 실수이고, 부모를 양육하지 않음이 5의 거
역입니다.'

| 가사체 |

무왕께서 말하였다
그내용을 자세하게 들어보길 원합니다
태공께서 대답했다
자식들을 기르면서 교육훈도 안하는게
그첫번째 그르침에
어린아이 제대로들 훈도하지 않는 것이
두번째의 잘못이고

새신부를 맞아들여 엄히훈도 않는 것이
세번째의 치졸이고
말하기에 앞서먼저 웃기부터 하는 것이
네번째의 실수이고
아버지와 어머니를 봉양하지 않는 것이
다섯번째 거역이고

悉(다 실), 訓(가르칠 훈), 嬰(잣난아이 영), 孩(어린아이 해), 嚴(엄할 엄).

• • •

○悉(실)─자세히. ○錯(착)─빗나가다. ○嬰孩(영해)─어린아이.
○誤(오)─오도(誤導). ○嚴訓(엄훈)─엄하게 타이르다. ○痴(치)─바
보. 치졸. ○失(실)─실수. ○逆(역)─인륜에 거역함.

13-11-8/

夜起赤身이 爲六不祥이요
야 기 적 신   위 육 불 상

好挽他弓이 爲七奴요
호 만 타 궁   위 칠 노

愛騎他馬가 爲八賤이요
애 기 타 마   위 팔 천

喫他酒勸他人이 爲九愚요
끽 타 주 권 타 인   위 구 우

喫他飯命朋友가 爲十强이니다
끽 타 반 명 붕 우   위 십 강

武王曰, 甚美誠哉라 是言也라.
무 왕 왈   심 미 성 재   시 언 야

'밤에 알몸으로 일어나 나가는 것이 6의 흉측함이고, 남의 활 당기기를 좋아하는 것이 7의 종놈 행세이고, 남의 말타기를 좋아하는 것이 8의 천민 행세이고, 남의 술을 마시며 다른 사람에게 권하는 것이 9의 우둔함이고, 남의 밥을 얻어먹으면서 친구에게 먹으라고 권함이 10의 뻔뻔스러움입니다.'

무왕이 말했다. '참으로 좋고 옳은 말이로다.'

| 가사체 |

한밤중에 알몸으로 일어나서 나가는게
여섯번째 꼴불견에
남의활을 당기기를 좋아하는 그런것이
일곱번째 종놈행세
남의말을 타는것을 좋아하는 그런것이
여덟번째 천민행세
남의술을 마시면서 남들에게 권하는게
아홉번째 우둔함에
남의밥을 먹으면서 친구에게 권하는게
열번째의 뻔뻔스럼
이와같은 열가지가
부자되지 않게하는 잘못이라 할수있죠
무왕께서 말하였다
이들말씀 진정으로 아름답고 옳습니다

赤(붉을 적), 挽(당길 만), 喫(마실 끽), 勸(권할 권), 誠(정성 성).

• • •

○赤身(적신)－알몸. ○不祥(불상)－상서롭지 않음. 흉함. ○挽(만)－

당기다. ○奴(노)—종놈의 행세. ○强(강)—강심장. 뻔뻔스럽다. ○美
(미)—아름답다. 좋다.

| 참고 |

주(周)나라 무왕과 강태공의 문답 속에는 여러 가지의 교훈이 담겨있
다. 크게 부귀를 누리는 것은 천명(天命)에 의한다. 그러나 자신이 노력
하고 잘못하지 않으면, 작은 부자로 살 수 있다. 특히 집안에서 재물을
축내는 열 가지 항목, 즉 십도(十盜)와 삼모(三耗)를 피해야 한다. 이렇게
하면 부자가 된다. 그래도 부자가 못되는 것은 열 가지 잘못이 있기 때
문이다. 결국 불행이나 재앙은 사람이 잘못하여 자초하는 것이다. 이상
에서 태공이 열거한 여러 가지 사항은 오늘날의 우리도 따르거나 명심
할 사항들이다.

〈치정편〉은 주로 벼슬을 사는 공직자, 즉 관리들의 마음가짐과 몸가짐에 대한 가르침이다. 중요한 항목을 대략 다음과 같이 추릴 수 있다.

우선 공무를 담당하고 백성들을 다스릴 관리들은 청렴하고 신중하고 아울러 근면해야 한다. 그래야 벼슬자리도 잘 지키고 집안 살림도 유지할 수 있다.

벼슬아치들은 백성의 재물을 거두어 녹봉으로 충당하고 있음을 잘 인식해야 한다. 즉 백성의 덕택으로 비단옷도 입고 쌀밥도 먹는 것이다. 그러므로 백성을 고맙게 여기고 또 그들을 높이고 사랑해야 한다.

관리들은 절대로 폭노(暴怒)하면 안 된다. 즉 격한 노여움을 밖으로 나타내면 안 된다. 폭노하면 자신이 먼저 다치고 또 남들도 해친다.

공직사회에서는 성실과 겸양으로써 상하가 서로 화목해야 한다. 그러나 정도(正道)와 정의(正義)를 위해서는 충간(忠諫)도 서슴지 말고 올려야 한다.

허물은 자기에게 돌리고 공적은 남에게 밀어주는 미덕을 발휘해야 한다. 기타 다음과 같은 태도로 벼슬을 살아야 한다.

임금 섬기기를 어버이 섬기듯이 하고, 장관 받들기를 형님 모시듯이 하고, 동료들과 어울리기를 가족같이 하고, 아전들 대하기를 자기 집안의 노복같이 하고, 백성들 사랑하기를 처자식같이 하고, 관청일 처리를 자기 가사 처리하듯이 해야 한다. 그래야 비로소 정성을 다했다고 말할 수 있다. '나를 바르게 하면 모든 것이 바르게 잡힌다(正己以格物).'라고 요약할 수 있다.

치정편 治政篇

14-1/

明道先生이 曰,
<small>명 도 선 생　　 왈</small>

一命之士 苟有存心於愛物이면
<small>일 명 지 사　구 유 존 심 어 애 물</small>

於人必有所濟니라.
<small>어 인 필 유 소 제</small>

　명도선생이 말했다. '일단 임명을 받고 부임한 관리가 진실
로 자기의 직책과 공사를 소중히 여기는 마음을 지닌다면 자기
가 다스리는 사람들을 잘 제도할 수 있을 것이다.'

| 가사체 |

　명도선생 말하였다
　처음으로 임명된자
　진정으로 자기직책 소중하게 여긴다면
　꼭반드시 백성에게 도움줄수 있을게다

命(명령 명), 士(선비 사), 苟(진실로 구), 存(있을 존), 濟(건널 제).

• • •

○明道先生(명도선생)—북송(北宋)의 대학자. 정호(程顥). ○一命之士
(일명지사)—임명을 받은 선비. 혹은 처음으로 임명된 관리. ○苟
(구)—가령. 참으로. 진실로. ○存心(존심)—마음을 지니다. ○於
(어)—대해서. ○愛物(애물)—물(物)은 넓은 뜻으로 '대상(對象)', 즉
자기가 맡은 직책과 공사(公事), 혹은 기물이나 재물. ○於人(어인)—
인민, 백성에게. ○有所濟(유소제)—제도하는 바 있다. 도움을 줄 것
이다.

| 참고 |

　관리는 자기가 맡은 직책과 자기 소관하에 있는 모든 사물(事物)을
사랑하는 마음을 지녀야 한다. 사(事)는 정사(政事)·공무(公務), 물(物)
은 금전·기물·재산 등이다. 강한 책임감으로 국가의 공금과 재산을
아끼는 마음이 투철해야 국민에게 이익을 줄 수 있다.

14-2/

唐太宗御製에 云,
당 태 종 어 제 　 운

上有麾之하고 中有乘之하고 下有附之하여
상 유 휘 지 　 　 중 유 승 지 　 　 하 유 부 지

幣帛衣之요 倉廩食之하니 爾俸爾祿이
폐 백 의 지 　 　 창 름 식 지 　 　 이 봉 이 록

民膏民脂니라 下民易虐이나 上蒼難欺니라.
민 고 민 지 　 　 하 민 이 학 　 　 상 창 난 기

당태종이 어제에서 말했다. '위에서는 임금이 명령하고 중간에서는 관리가 다스리고 아래에서는 백성들이 따른다. 백성들의 폐백으로 옷을 입고 창고의 곡식으로 밥을 먹으니 그대들의 봉급이나 녹미가 모두 백성들의 기름이다. 백성을 학대하긴 쉬워도 푸른 하늘은 못 속인다.'

| 가사체 |

당태종의 어제에서 다음같이 말하였다
위에서는 임금님이 명령하고 지시하며
임금백성 그사이는 관리들이 다스리고
아래로는 백성들이 그다스림 따르니라
백성들의 폐백으로 옷을지어 입게되고
창고안에 쌓여있는 곡식으로 밥먹는다
그대들의 녹봉녹미 모두백성 기름이다
아래있는 백성들은 학대하기 쉽지만은
위에있는 푸른하늘 속이기는 어렵단다

麾(대장기 휘), 幣(비단 폐), 廩(곳집 름), 俸(녹 봉), 祿(복 록), 膏(살찔 고), 脂(기름 지), 虐(사나울 학), 蒼(푸를 창), 欺(속일 기).

• • •

○唐太宗(당태종)─당나라 제2대 임금. 이름은 이세민(李世民). 아버지 이연(李淵)을 도와 당나라를 세웠다. ○御製(어제)─임금이 지은 글. ○上有麾之(상유휘지)─위에서 지휘함. 상(上)은 임금, 혹은 하늘. ○中有乘之(중유승지)─임금과 백성 사이에서 (관리들이) 다스림. ○下有附之(하유부지)─아래 백성들이 따르다. ○幣帛(폐백)─백성이 바친 재물과 비단. ○倉廩(창름)─국가의 곡식 창고. ○爾(이)─그대들.

○俸祿(봉록)—봉급이나 녹미. ○膏脂(고지)—기름. ○易虐(이학)—
(백성들을) 학대하기는 쉽다. ○上蒼難欺(상창난기)—위에서 굽어보
고 있는 푸른 하늘을 속이기는 어렵다.

| 참고 |

  관리들은 백성들의 땀과 노력의 대가로 녹봉을 받아먹고 산다. 그러
므로 백성들에게 잘해야 한다. 백성을 학대하면 하늘이 노한다.

14-3/

童蒙訓에 曰,
동 몽 훈   왈

當官之法이 唯有三事하니 曰淸曰愼曰勤이라
당 관 지 법   유 유 삼 사   왈 청 왈 신 왈 근

知此三者라야 知所以持身矣니라.
지 차 삼 자   지 소 이 지 신 의

  《동몽훈》에서 말했다. '관직을 감당하는 법은 오직 셋이다.
즉 청렴하고 신중하고 근면함이다. 이 세 가지를 잘 알고 실천
하는 것이 곧 자기 신분을 유지하는 바탕임을 알아야 한다.'

| 가사체 |

  동몽훈에 말하였다
  관리된자 지켜야할 법이오직 세가지니
  청렴하고 신중하며 근면하는 것이니라

이와같은 세가지를 바로알고 실천함이
자기신분 유지하는 바탕임을 알아얀다

蒙(입을 몽), 訓(가르칠 훈), 法(법 법), 唯(오직 유), 愼(삼갈 신), 勤(부지런할
근), 持(가질 지).

• • •

○童蒙訓(동몽훈)―아이들을 계몽하는 책. 송(宋)나라 여본중(呂本中)
이 지었음. ○當官(당관)―관직을 감당함. ○唯(유)―오직. ○三事
(삼사)―지키고 행해야 할 세 가지 일. ○淸(청)―청렴결백(淸廉潔白).
○愼(신)―신중하고 세밀함. ○勤(근)―근면(勤勉)하고 성실함. ○知
(지)―알고, 또 실천함. ○所以(소이)―바탕. ○持身(지신)―몸가짐.
혹은 신분을 유지함.

| 참고 |

　관리가 되어 나랏일을 다스리려면 청렴결백해야 한다. 그리고 처신
에 있어서나 공무 처리에 있어서나 신중해야 한다. 아울러 항상 근면하
고 성실하게 직책을 수행해야 한다. 그렇게 하면 관리로서의 도리도 다
하고 또 신분도 오래 보장될 수 있을 것이다.

14-4/

當官者는 必以暴怒爲戒하여
당 관 자　　필 이 폭 노 위 계

事有不可어든 當詳處之면
사 유 불 가　　당 상 처 지

必無不中이요 若先暴怒면
필무부중　　약선폭노

只能自害라 豈能害人이리오?
지능자해　　기능해인

　관직을 맡은 사람은 심하게 화를 내는 일이 없도록 경계해야
한다. 일처리에 있어 혹 잘못이 있으면, 마땅히 자상하게 대처
하면 합당하게 될 것이다. 만약에 관리가 먼저 심하게 화를 내
면 자신을 다치게 할 뿐, 남을 해칠 수 있는 것이 아니다.

| 가사체 |

관직맡고 있는자는
몹시화를 내는일을 안하도록 경계하라
일을처리 하는중에 간혹잘못 있거들랑
자상하게 대처하면 합당하게 될것이다
만약먼저 화를내면 그자신만 다칠테니
어찌하여 다른사람 해칠수가 있겠는가

　　暴(사나울 폭), 怒(성낼 노), 詳(자세할 상), 處(처리할 처), 豈(어찌 기).

• • •

　○當官者(당관자)―관직을 맡은 사람. 관리.　○暴怒(폭노)―노여움의
폭발. 감정 폭발.　○爲戒(위계)―경계함.　○事有不可(사유불가)―일이
혹 잘못되었더라도.　○當(당)―마땅히.　○詳(상)―자상하게.　○處
(처)―처리함.　○必無不中(필무부중)―반드시 맞지 않음이 없다.　○若
(약)―만약.　○自害(자해)―자신을 다치고 자기에게 해가 됨.　○豈能
害人(기능해인)―어찌 (화를 냄으로써) 남을 해칠 수가 있으랴.

관리는 감정을 억제하고 냉철히 일을 처리해야 한다. 함부로 화를
내면 자신의 인격에 손상을 준다. 백성이 생산하는 재물을 녹봉으로 받
는 관리들은 백성에게 감사하며 바르게 봉사해야 한다.

14-5 /

事君을 如事親하고 事長官을 如事兄하고
사 군　　여 사 친　　　사 장 관　　여 사 형

與同僚를 如家人하고 待群吏를 如奴僕하고
여 동 료　　여 가 인　　　대 군 리　　여 노 복

愛百姓을 如妻子하고 處官事를 如家事하니
애 백 성　　여 처 자　　　처 관 사　　여 가 사

然後에 能盡吾之心이니 如有毫末不至면
연 후　　능 진 오 지 심　　　여 유 호 말 부 지

皆吾心有所未盡也니라.
개 오 심 유 소 미 진 야

임금 섬기기를 어버이 섬기듯이 하고, 장관 받들기를 형님 모
시듯이 하고, 동료들과 어울리기를 가족같이 하고, 아전들 대하
기를 자기 집의 노복같이 하고, 백성들 사랑하기를 처자식같이
하고, 관청 일 처리를 집안일 처리하듯이 하라. 그래야 비로소
나의 정성을 다했다고 말할 수 있다. 만약에 털끝만큼이라도
이르지 못한 점이 있다면 모두가 나의 정성에 미진함이 있기 때
문이다.

임금님을 섬기기를 어버이를 섬기는듯
장관들을 섬기기를 자기형을 섬기는듯
동료들과 어울리길 가족들과 어울리듯
아전들을 대하기를 집의노복 대하는듯
백성들을 사랑하길 처자식을 사랑하듯
관청일을 처리하길 내집안일 처리하듯
이래야만 나의정성 다했다고 할수있다
만에하나 못이를게 털끝만큼 있다면은
그건모두 나의정성 다못했기 때문이다

僚(동료 료), 群(무리 군), 僕(종 복), 盡(다될 진), 毫(가는 털 호).

• • •

○事(사)―섬기다.　○與(여)―함께 어울리다.　○同僚(동료)―함께 일
하는 사람.　○待群吏(대군리)―아전들을 대하다.　○處官事(처관사)―
관청 일을 처리함.　○能盡(능진)―다 했다고 말할 수 있다.　○吾之心
(오지심)―자신의 정성(精誠). 성심(誠心).　○毫末(호말)―털끝.　○有所
未盡(유소미진)―다하지 못함이 있음.

| 참고 |

이기심(利己心)을 확대해서 이타심(利他心)을 발휘해야 한다. 그래야
나와 더불어 공동체가 함께 흥성하고 발전한다.

14-6/

或이 問,
혹 문

簿는 佐令者也니 簿所欲爲를 令或不從이면 奈何닛고?
부 좌령자야 부소욕위 영혹부종 내하

伊川先生曰,
이천선생왈

當以誠意動之니라 今令與簿不和는 便是爭私意요
당이성의동지 금령여부불화 변시쟁사의

令은 是邑之長이니 若能以事父兄之道로 事之하여
영 시읍지장 약능이사부형지도 사지

過則歸己하고 善則唯恐不歸於令하여 積此誠意면
과즉귀기 선즉유공불귀어령 적차성의

豈有不動得人이리오?
기유부동득인

　어떤 사람이 물었다. '주부는 수령을 보좌하는 직책인데 주부가 하고자 하는 일을 수령이 혹 반대하고 허락하지 않으면 어찌 해야 합니까?'

　이천선생이 말했다. '마땅히 서로 정성스런 마음으로써 움직이게 해야 한다. 가령 지금 수령과 주부가 서로 화합하지 못하고 있다면 그것은 사사로운 의견 차이에서 비롯된 다툼이다. 수령은 고을의 장관이니 만약에 주부가 아버지나 형을 섬기는 도리로 수령을 섬기고, 잘못은 자기에게 돌리고, 잘된 일의 공적이 혹시라도 수령에게 돌아가지 않으면 어쩔까 하고 걱정을 하는 그런 정성스런 마음을 거듭 쌓아올리면 어찌 서로를 감동시키지 못하겠느냐?'

| **가사체** |

어떤사람 물어봤다

주부란자 그수령을 보좌하는 직책인데

주부그자 하고픈일 혹시수령 반대하고

허락하지 않는다면 어찌해야 합니까요

이천선생 대답했다

정성스런 마음으로 움직이게 해야한다

가령지금 수령主簿 화목하지 못하다면
　　　　　　　주 부

그건바로 다름아닌 사사로운 의견차이

거기에서 말미암은 다툼이라 할수있다

수령이라 하는자는 한고을의 장관이니

만일만약 주부그자 아버지나 형섬기는

그와같은 도리로써 자기수령 섬기고서

잘못된일 있으면은 자기에게 되돌리고

잘된일이 있으면은 공적혹시 수령에게

돌아가지 아니하면 어찌할까 걱정하여

이런정성 쌓아가면 감동되게 할수있다

簿(장부 부), 佐(도울 좌), 奈(어찌 내), 積(쌓을 적), 誠(정성 성).

• • •

○簿(부)―주부(主簿). 서류나 장부를 관장하는 관원(官員). ○佐(좌)―
보좌함. ○令(영)―수령(守令), 고을을 다스리는 원님. ○所欲爲(소욕
위)―하고자 하는 일. ○不從(부종)―따르지 않고 반대함. ○奈何(내
하)―어찌하랴? ○伊川先生(이천선생)―북송(北宋)의 대학자로 정이
(程頤). 정호(程顥)의 동생. ○誠意(성의)―정성과 성심. ○動之(동
지)―(정성으로) 상대를 감동시킴. ○今(금)―지금. 만약. ○便是(변
시)―곧 그것은 …이다. ○爭私意(쟁사의)―사사로운 의견의 다툼.

○若能(약능)─만약 능히 …할 수 있다면. ○事之(사지)─(부형을 섬기는 도리로써) 수령을 섬기다. ○過則歸己(과즉귀기)─잘못은 자기에게 돌리다. ○唯恐(유공)─항상 겁을 내다. 걱정함. ○不歸於令(불귀어령)─(잘된 일의 공적이) 수령에게 돌아가지 않으면 (어쩔까 하고 걱정함). ○積(적)─쌓아올리다. ○豈有不動得人(기유부동득인)─어찌 상대를 감동시키지 못하랴?

| 참고 |

상급자와 하급자는 서로 화목하고 화합해서 공무를 수행해야 한다. 기준을 항상 바른 도리에 두고 서로 정성을 다해야 한다.

14-7/

劉安禮問 臨民한대
유 안 례 문 임 민

明道先生이 曰, 使民各得輸其情이니라
명 도 선 생   왈   사 민 각 득 수 기 정

問 御吏한대 曰正己以格物이니라.
문 어 리   왈 정 기 이 격 물

유안례가 '어떻게 백성에게 대해야 합니까?' 하고 묻자, 명도선생이 말했다. '저마다 각자의 뜻을 펴게 해주어라.'
또 '관리들은 어떻게 다루면 됩니까?' 하고 묻자, '자신을 바르게 함으로써 남도 바르게 하여라' 고 대답했다.

유안례가 여쭈었다

백성들을 어떠하게 대하여야 합니까요

명도선생 말하였다

저마다가 가진뜻을 펼수있게 해주어라

유안례가 여쭈었다

관리들은 그어떻게 다루면은 됩니까요

명도선생 대답했다

무엇보다 자신먼저 올바르게 하고나서

그런뒤에 다른사람 올바르게 하여얀다

臨(임할 림), 輪(나를 수), 情(뜻 정), 御(어거할 어).

• • •

○劉安禮(유안례)─북송(北宋) 때의 학자. ○臨民(임민)─백성에 임하
다. ○使民各得(사민각득)─백성으로 하여금 저마다 얻게 함. ○輪其
情(수기정)─자기들의 생각을 관청에 전달하다. 뜻을 펴게 함. ○御
吏(어리)─관리들을 다스리다. ○正己(정기)─자신을 바르게 함. ○格
物(격물)─남들도 바르게 됨. 물(物)은 대상(對象). 격(格)은 바르게 됨.

| 참고 |

백성들의 바른 뜻과 욕구를 적절히 충족시켜주는 정치를 펴야 한다.
백성을 억압하고 착취하는 학정(虐政)을 펴면 안 된다. 지도자가 몸가짐
을 바르게 하면 그 아래의 부하들이나 그가 다스리는 일들도 바르게 될
것이다.

抱朴子가 曰,
포 박 자　왈

迎斧鉞而正諫하며 據鼎鑊而盡言이면
영 부 월 이 정 간　　　거 정 확 이 진 언

此謂忠臣也니라.
차 위 충 신 야

《포박자》에서 말했다. '도끼 형벌을 받아도 바르게 간하고 가마솥에 죽더라도 바른 말을 다하면 그를 충신이라 할 것이다.'

| 가사체 |

포박자에 말하였다
도끼형벌 받더라도 올바르게 諫言하고
　　　　　　　　　　　　　　 간 언
가마솥에 죽더라도 바른말을 다한다면
그를두고 충신이라 할수있을 것이니라

　　斧(도끼 부), 鉞(도끼 월), 鼎(솥 정), 鑊(가마 확).

• • •

　　○抱朴子(포박자)―동진(東晉)의 도가(道家)의 사상가 갈홍(葛洪)의 전서. ○迎斧鉞(영부월)―도끼로 죽이는 형벌을 받아도. ○據鼎鑊(거정확)―가마솥 속에 넣고 죽이는 형벌을 당해도.

| 참고 |

　임금이 도에서 벗어나 잘못하면 충신은 생명을 걸고 바르게 간언을

올려야 한다. 윗사람의 잘못을 알면서 아부하거나 겁을 내고 모른 척하면 국가와 백성들이 피해를 입는다.

정다산(丁茶山)이 저술한 《목민심서(牧民心書)》에는 관리들이 따르고 지켜야 할 여러 가지 지침이 적혀 있다. 그중에 다음과 같은 말이 있다. '예를 지킴에 공손하고 의를 따름에 청렴해야 한다. 예와 의를 다 온전하게 지키고 또 남들과 화목하고 도에 맞도록 해야 그를 비로소 군자라고 말할 수 있다(禮不可不恭 義不可不潔 禮義兩全 雍容中道 斯之謂君子也).' 이때의 군자(君子)는 임금을 받들고 백성을 다스리는 선비의 뜻이다. '법은 임금의 명령이다. 법을 안 지킴은 곧 임금의 명령을 어김이다(法者 君命也 不守法 是不遵君命者也).' '법을 굳게 지키고 절대로 굽히면 안 된다. 그렇게 하면 곧 사사로운 욕심을 물리치고 하늘의 말을 듣게 되고 따라서 오직 천리의 흐름을 따라 나가게 된다(確然持守 不撓不奪 便是人欲退 聽天理之流行).' 천리지류행(天理之流行)이란, 곧 하늘의 도리가 천지에 펴져 흐르고 만물을 낳고 키우고 번성케 한다는 뜻이다. 그러므로 백성을 다스리는 관리들도 하늘의 도리를 따라 백성과 만물을 사랑하고 더욱 흥성케 해야 한다.

제15편에는 주로 집안 다스리기에 관한 짧은 구절이 8개 항 있으며 각 항의 요지는 대략 다음과 같다.

가정의 구성원인 가족들은 가정의 중심인물인 가장(家長)을 받들고 따라야 한다. 가족들이 저마다 자기만을 내세우고 제멋대로 행동하면 가정의 통일이 이루어지지 않는다.

집안 살림은 검소하게 하되 손님 대접은 후하고 후덕하게 해야 한다. 이와 반대로 자기 집안에서는 사치와 낭비를 하면서 남에게는 인색하게 하면 실인심 (失人心)하며 결국에는 사회적으로 고립된다.

어리석은 남자는 아내를 겁낸다. 현명한 아내는 남편을 공경한다. 남편이 아내를 사랑하는 것과 겁내는 것은 다르다.

노비(奴婢)를 부릴 때에는 그들의 배고픔과 헐벗음을 염려해야 한다. 남을 사랑하고 남의 어려운 사정을 동정하는 인심(仁心)이 있어야 한다.

자식은 어버이에게 성심으로 효도를 해야 한다. 그래야 양친이 즐거워하신다. 또 모든 가족들이 서로 화목해야 만사가 이루어진다.

항상 불조심하고 또 도둑을 방비해야 한다.

새벽 일찍이 일어나 부지런히 일을 해야 집안이 흥한다.

결혼을 함에 있어 재물을 논함은 오랑캐가 하는 짓이다. 지나친 금전만능주의에 빠지면 안 된다.

다른 편(篇)에도 집안 다스리기와 가정 윤리에 관한 가르침이 퍽 많다. 오히려 다른 편 속에 더 중요하고 절실한 구절이 많이 있으니 두루 참고하기를 바란다.

15-1/

司馬溫公이 曰,
사 마 온 공   왈

凡諸卑幼는 事無大小에
범 제 비 유   사 무 대 소

毋得專行하고 必咨稟於家長이니라.
무 득 전 행   필 자 품 어 가 장

사마온공이 말했다. '손아래의 사람들은 일의 크고 작음을 막론하고 독단으로 처리하거나 제멋대로 행동하면 안 된다. 반드시 가장에게 여쭈어 보고 처리하거나 행동해야 한다.'

| 가사체 |

사마온공 말하였다
손아래의 사람들은 일이크든 작든간에
독단으로 제멋대로 처리하면 아니되고
꼭반드시 가장에게 여쭤봐야 하느니라

卑(낮을 비), 毋(말 무), 專(오로지 전), 咨(물을 자), 稟(줄 품).

• • •

○司馬溫公(사마온공)－1-6 참조.   ○諸(제)－모든. 여러.   ○卑幼(비유)－손아래의 사람.   ○事無大小(사무대소)－일의 크고 작음을 가리지 않고 모든 일을.   ○毋得(무득)－하면 안 된다.   ○專行(전행)－제멋대로 행하다. 독단으로 처리하다.   ○咨稟(자품)－윗사람에게 알리고 물어보다.   ○家長(가장)－집안의 어른.

| 참고 |

　가정은 사회의 기본 단위가 되는 하나의 공동체이다. 그 공동체의 중심적 존재가 가장이다. 가족의 모든 성원들이 가장을 중심으로 통일된 행동을 취해야 가족이 단합되고 가정 전체가 번성하고 발전한다.

15-2/

待客에 不得不豊이요 治家에 不得不儉이니라.
대 객　　부 득 불 풍　　치 가　　부 득 불 검

손님 접대는 풍족하게 하고 집안 살림은 검소하게 해야 한다.

| 가사체 |

　손님접대 풍성하게 아니하지 못할게고
　살림살이 검소하게 하지아니 할수없다

待(대접할 대), 客(손 객), 豐(풍성 풍), 治(다스릴 치), 儉(검소할 검).

• • •

○待客(대객)—손님을 접대함. ○不得不(부득불)~—…해야 한다. ○豐
(풍)—풍족하게. ○治家(치가)—집안 살림. ○儉(검)—검약. 검소.

| 참고 |

집안 살림은 알뜰하게 하되 손님 접대는 후하게 해야 한다. 반대로
자신은 낭비하면서 남에게 인색하게 하면 안 된다.

15-3/

太公이 曰,
태 공   왈

痴人은 畏婦하고 賢女는 敬夫니라.
치 인   외 부   현 녀   경 부

태공이 말했다. '어리석은 사람은 아내를 두려워하고 현명한
여자는 남편을 공경한다.'

| 가사체 |

태공께서 말하였다
어리석은 사람들은 그아내를 두려하고
저현명한 여자들은 그남편을 공경한다

痴 = 癡(어리석을 치), 畏(두려워할 외), 賢(어질 현), 敬(공경할 경).

· · ·

○痴人(치인)—어리석은 사람. ○畏婦(외부)—아내를 두려워함. ○賢
女(현녀)—현명한 여자. ○敬夫(경부)—남편을 공경함.

| 참고 |

　부부가 서로 사랑하고 공경해야 가정이 화락(和樂)하고 자녀를 잘 양
육할 수 있다. 그러기 위해서는 남편과 아내가 저마다 부부의 도리와
본분을 잘 지키고 성실하게 해야 한다.

15-4/

凡使奴僕에 先念飢寒이니라.
범 사 노 복　　선 념 기 한

　종을 부릴 때에는 먼저 그들의 춥고 굶주림을 염려해야 한다.

| 가사체 |

노복들을 부릴때는
제일먼저 그네들의 추운사정 굶주림을
생각해야 하느니라

　凡(무릇 범), 奴(종 노), 僕(종 복), 飢(주릴 기), 寒(찰 한).

○凡(범)−무릇. ○使奴僕(사노복)−종을 부리다. ○先念(선념)−먼저 생각함. ○飢寒(기한)−그들의 굶주림과 추운 사정.

| 참고 |

종이나 노비도 같은 사람이다. 인간애(人間愛)를 가지고 그들을 부려야 한다. 그들로부터 도움을 받는다는 생각으로 그들을 따뜻하게 대하고 흡족하게 보수를 주어야 한다.

15-5/

子孝면 雙親樂이오
자 효　쌍 친 락

家和면 萬事成이니라.
가 화　만 사 성

자식이 효도하면 어버이가 즐겁고, 집안이 화목하면 만사가 잘 된다.

| 가사체 |

자식들이 효도하면 어버이가 즐거웁고
그집안이 화목하면 모든일이 잘된단다

• • •

○子孝(자효)−자식이 부모에게 효도함. ○雙親(쌍친)−양친. 어버이. ○樂(락)−즐겁고 안락함. ○家和(가화)−집안이 화목함. 가족이

서로 사랑하고 협동함. ○萬事成(만사성)—모든 일이 이루어진다.

자식이 부모에게 감사하고 진정으로 효도를 해야 그 가정에 사랑의
꽃이 만발하고 집안이 번창한다.

15-6/

時時防火發하고
시 시 방 화 발

夜夜備賊來니라.
야 야 비 적 래

항상 불나지 않게 미리 조심하고 밤마다 도적이 들어오지 못
하게 방비하라.

| 가사체 |

늘언제나 불나는걸 미리미리 조심하고
매일밤에 도적들이 들어올까 방비하라

防(막을 방), 發(발생할 발), 備(갖출 비), 賊(도둑 적).

• • •

○時時(시시)—언제나. 항상. ○防(방)—방비함. ○火發(화발)—화재
발생. ○夜夜(야야)—밤마다. ○備(비)—방비. ○賊來(적래)—도적
침입.

밤낮없이 화재와 도난 사고에 대비해야 한다.

15-7/

景行錄에 云,
경 행 록   운

觀朝夕之早晏하여 可以卜人家之興替니라.
관 조 석 지 조 안   가 이 복 인 가 지 흥 체

《경행록》에서 말했다. '아침저녁의 이르고 늦음을 보아 그
집의 흥하고 망할 것을 점칠 수 있다.'

| 가사체 |

경행록에 말하였다

朝夕식사 일찍하고 늦게하는 그런걸로
조 석

그집興衰 그런것을 점칠수가 있느니라
   흥 쇠

觀(볼 관), 晏(늦을 안), 卜 (점 복), 興(일 흥), 替(쇠퇴할 체).

• • •

○景行錄(경행록)─3-3 참조. ○觀(관)─관찰하다. ○朝夕(조석)─
아침저녁의 식사 또는 기침(起寢). ○早晏(조안)─이르거나 늦거나.
○卜(복)─점을 침. ○興替(흥체)─흥할 것, 혹은 쇠퇴할 것.

온 집안 식구가 아침 일찍이 일어나 밤늦게까지 부지런히 일하고 근검절약하면 그 집안은 흥하고, 반대로 게으름 피우고 사치 낭비하면 가세가 기울고 종국에는 망한다.

15-8/

文仲子가 日,
문 중 자   왈

婚娶而論財는 夷虜之道也니라.
혼 취 이 논 재   이 로 지 도 야

문중자가 말했다. '결혼에 재물을 논하는 것은 오랑캐들이 하는 방식이다.'

| 가사체 |

문중자가 말하였다
혼인財物 따지는건 오랑캐나 하는거다
　　　재 물

婚(혼인할 혼), 娶(장가들 취), 夷(오랑캐 이), 虜(오랑캐 로).

• • •

○文仲子(문중자)―수(隋)나라의 대학자. ○婚(혼)―결혼. ○娶(취)―아내를 취함. ○論財(논재)―재물의 많고 적음을 말함. ○夷虜(이로)―오랑캐. ○道(도)―도리. 방식.

　결혼은 신성하고 중대한 예식이다. 남녀 간의 사랑과 인격을 앞세워
야 한다. 재물의 다소를 결혼의 조건으로 삼는 것은 오랑캐들이 취하는
방식이다. 기타 참고될 말을 첨가하겠다. '언어를 신중하게 함으로써
자신의 덕을 닦고 음식을 절도 있게 취함으로써 자기의 몸을 보양한다
(愼言語以養其德 節飮食以養其體).'《近思錄》

　효(孝)의 뜻 속에는 '계지술사(繼志述事)'가 있다. 부모의 뜻과 이상
을 계승하고 집안의 일을 더욱 발전시킴이다. 자식이 부모의 은공에 보
답하고 또 가업(家業)을 계승 발전시켜 나가야 인류의 역사와 문화도 발
전한다. 효는 허례허식이 아니다.

제16편에는 윤리를 강조한 3항의 구절이 있다. '부부(夫婦), 부자(父子), 형제(兄弟)' 등 삼친(三親)을 위시하여 일가 친척에 걸치는 가족윤리는 천륜(天倫)이다. 빈부(貧富)를 초월해서 서로 인애(仁愛)를 돈독히 해야 한다.

전통 사상이나 윤리 도덕은 국가적인 차원에서는 임금에 대한 충성을 높이고 가정적인 차원에서는 효(孝)와 제(悌)를 강조한다. 이 점에 대해서는 다 잘 알고 있다.

한편 부부 사이의 사랑이나 화목에 대해서는 덜 강조하는 것처럼 생각될지도 모른다. 그러나 사실은 그렇지 않다. 동양 사상에서는 음양의 조화를 가장 중시한다. 따라서 부부의 윤리를 더없이 중시한다. 《시경(詩經)》의 첫머리에 있는 〈관저편(關雎篇)〉의 시가 바로 부부의 화목과 가족과 국가의 평안을 연결한 시다.

부부가 있은 다음에 부모와 자녀 및 형제자매 등의 관계와 윤리가 발생한다. 가정에서 가족이 번성한 다음에 국가와 국민의 수도 증폭되고 경제도 흥성하게 된다. 그러므로 부부는 국가, 더 나가서는 인류 사회 발전의 기본이 된다. 남녀가 결합하는 결혼생활에는 이와 같이 지대한 의미가 있는 것이다. 따라서 결혼을 신중하게 해야 한다.

본 편의 첫 구절은 다음과 같이 말했다. '사람이 있은 다음에 부부가 있고, 부부가 있은 다음에 부자가 있고, 부자가 있은 다음에 형제가 있다. 일가(一家)에서 가장 친근한 혈육은 이상의 셋뿐이다. 이에서부터 구족(九族)으로 확대된다. 삼친(三親)은 인류에 있어 가장 중요한 바탕이 되므로 서로 돈독히 사랑하고 협동해야 한다.'

안의편 安義篇

16-1

顔氏家訓曰,
안 씨 가 훈 왈

夫有人民而後에 有夫婦하고
부 유 인 민 이 후   유 부 부

有夫婦而後에 有父子하고
유 부 부 이 후   유 부 자

有父子而後에 有兄弟하니
유 부 자 이 후   유 형 제

一家之親은 此三者而已矣라.
일 가 지 친   차 삼 자 이 이 의

自兹以往으로 至于九族이 皆本於三親焉이라.
자 자 이 왕   지 우 구 족   개 본 어 삼 친 언

故로 於人倫에 爲重也니 不可不篤이니라.
고   어 인 륜   위 중 야   불 가 불 독

《안씨가훈》에 적혀 있다. '사람이 있은 다음에 부부가 있고,
부부가 있은 다음에 부자가 있고, 부자가 있은 다음에 형제가
있다. 일가에서 가장 친근한 혈육은 이상의 셋뿐이다. 이에서

부터 구족(九族)으로 확대되며, (일가친척이) 다 삼친(三親)을
바탕으로 삼는다. 그러므로 (삼친은) 인륜에 있어 가장 중요하
니 서로 돈독히 사랑하고 협동해야 한다.'

| 가사체 |

안씨가훈 말하였다
사람들이 있은후에 남편아내 있게되고
남편아내 있은후에 아비자식 있게되고
아비자식 있은후에 형과아우 있게되니
한집에서 친근혈육 이세가지 뿐이니라
예서부터 나아가서 구족으로 확대되며
일가친척 모두三親 바탕으로 삼는단다
　　　　　　삼 친
三親이란 人倫에서 가장제일 중요하니
삼 친　　인 륜
돈독하게 사랑하고 협동해야 하느니라

　　自(…로부터 자), 玆(이 자), 族(겨레 족), 倫(인륜 륜), 篤(도타울 독).

* * *

　○顔氏家訓(안씨가훈)―북제(北齊)의 안지추(顔之推)가 지은 책.　○夫
(부)―무릇. 생각하면.　○人民(인민)―백성. 사람.　○而後(이후)―그
런 다음.　○一家之親(일가지친)―한 집안의 육친. 직계 가족.　○三者
(삼자)―세 가지. 즉 부부(夫婦), 부자(父子), 형제(兄弟).　○而已矣(이이
의)―…일 뿐이다.　○三親(삼친)―세 가지의 친근한 육친. 즉 부부,
부자, 형제.　○人倫(인륜)―인간 윤리.　○爲重(위중)―가장 중하게 친
다.　○不可不(불가불)―하지 않으면 안 된다. 해야 한다.

　　인간 윤리의 핵심은 '삼친(三親)' 이다. 즉 '부부, 부모 자식, 형제자매' 의 직계다. 이들로부터 확대된 것이 일가친척이다. 그러므로 가정에서 먼저 '삼친' 이 돈독하게 사랑하고 서로 협동해야 한다. 인간관계의 시작은 남녀가 어울리는 결혼을 바탕으로 한다. 즉 남녀가 결혼하여 가정을 꾸밈으로써 아들딸을 출산하고 양육하며, 부모 자식 및 형제자매의 가족이 형성된다. 그러므로 남편은 아내를 부드럽게 사랑하고, 아내는 남편을 공경하고 내조해야 한다. 부모는 자애로써 자식들을 양육하고 또 잘 훈육해서 훌륭한 사람으로 키워야 한다. 자식들은 지극한 효도로써 부모를 섬기고 아울러 성실하게 공부하고 수양해서 사회의 일꾼이 되어야 한다. 형제자매는 각자가 부모에게 효순(孝順)해야 한다. 그러면 저절로 서로 화목하고 또 저마다 노력하고 일을 해서 가문의 전통과 가업(家業)을 계승하고 더욱 발전케 할 수 있을 것이다. 이와 같이 한 가정에서 '삼친' 의 윤리가 바르게 서고 실천되면 자연히 일가친척들도 번창하고 서로 화목하게 된다.

16-2/

莊子가 曰,
장 자 　 왈

兄弟는 爲手足하고
형 제 　 위 수 족

夫婦는 爲衣服이니
부 부 　 위 의 복

衣服破時엔 更得新이나
의 복 파 시 　 갱 득 신

手足斷處엔 難可續이니라.
수 족 단 처 · 난 가 속

장자가 말했다. '형제는 손발과 같고 부부는 옷과 같다. 옷이 떨어지면 새것으로 바꿀 수도 있으나 손발이 잘린 경우에는 새로 잇기 어렵다.'

| 가사체 |

장자께서 말하였다
형제란건 손발같고 부부란건 옷과같다
옷이해진 경우에는 새로만들 수있어도
손과발이 잘린경우 다시잇기 어려웁다

破(깨질 파), 更(다시 갱), 斷(끊을 단), 處(장소 처), 續(이을 속).

· · ·

○莊子(장자)－1-3 참조.　○爲手足(위수족)－손과 발과 같다.　○破時(파시)－(옷이) 떨어진 때에는.　○更(갱)－다시. 바꾸다.　○得(득)－할 수도 있다.　○斷處(단처)－단절된 곳. 손발이 잘린 때에는.　○難可續(난가속)－잇기 어렵다. 새로 달기 어렵다.

| 참고 |

형제는 남남이 아니다. 한 부모에서 태어난 같은 동기이다. 한 몸에 있는 손발처럼 가문의 흥성 발전을 위해 서로 사랑하고 협동해야 한다. 부부 사이를 옷에 비유하여 떨어지면 바꿀 수도 있다고 한 말은 야박하지만 사실을 지적한 말이다. 그러나 부부가 있은 다음에 부모와 자식도 있고 또 형제자매도 있다. 그러므로 부부도 한마음 한 몸이 되어야 한

다. 그래야 사랑의 가정을 꾸밀 수 있다.

16-3/

蘇東坡云,
소 동 파 운

富不親兮貧不疎는 此是人間大丈夫요
부 불 친 혜 빈 불 소   차 시 인 간 대 장 부

富則進兮貧則退는 此是人間眞小輩니라.
부 즉 진 혜 빈 즉 퇴   차 시 인 간 진 소 배

소동파가 말했다. '부자에게 유별나게 친한 척하지도 않고 가난한 사람을 멸시하고 멀리하지도 않는 그런 인간이 바로 사내대장부이다. 상대가 부자면 가까이 접근하고 상대가 가난하면 뒤로 물러나는 그런 인간은 참으로 졸장부이다.'

| 가사체 |

소동파가 말하였다
부자에게 유별나게 친한척도 아니하며
가난한자 그사람을 멀리하지 아니하는
그와같은 인간바로 대장부라 할 것이다
상대방이 부유하면 그가까이 접근하고
상대방이 가난하면 뒤로물러 나는인간
그와같은 인간바로 졸장부라 할것이다

兮(어조사 혜), 貧(가난할 빈), 眞(참 진), 輩(무리 배).

• • •

○蘇東坡(소동파)－12-16 참조. ○富不親(부불친)－상대가 부자라도 유별나게 친한 척하거나 또 접근하지도 않는다. ○貧不疎(빈불소)－ 가난한 사람을 멸시하고 멀리하지도 않는다. ○進(진)－다가가 접근함. ○退(퇴)－물러나고 멀리함. ○小輩(소배)－소인배. 졸장부.

| 참고 |

　내가 부자라도 남에게 교만하지 않고 내가 가난해도 남에게 비굴하지 않아야 참다운 사내대장부이다. 공자가 말했다. '가난하면서도 천도를 따라 즐겁게 살고 부자이면서도 예절을 지키기를 좋아해야 한다 (子曰 貧而好樂 富而好禮).'《論語》

제 17편
준례편遵禮篇

예(禮)는 인간만이 의식하고 실천하는 생활미(生活美)의 극치이다. 예는 진(眞)·선(善)·미(美)를 통합한 모든 행동의 문화적·예술적 표현이다. 진은 진리로서 그 근원은 하늘의 도리이다. 선은 최고 최선의 능률 및 효능이다. 가장 좋은 효능은 모든 사람이 함께 다 잘 살고 또 시간적·역사적으로 문화를 더욱 발전케 하는 것이다. 하늘의 진리를 따라 모든 사람이 다 같이 잘 살아야 진정으로 아름답다.

푸른 하늘을 나는 흰 갈매기가 왜 저렇듯이 아름다울까? 하늘의 진리인 비상(飛翔)의 법칙을 따라 가장 능률적으로 잘 날기 때문에 가장 아름답게 보이는 것이다. 인간도 천도를 따라 능률적으로 살면 아름다운 삶을 살 수 있다. 탐욕을 채우려고 남의 재물을 탈취하는 행위는 추하다.

문화인은 음식을 먹을 때에도 예절을 가린다. 동물을 잡는 사냥에서도 지킬 한계가 있다. 심지어 생사를 건 전쟁을 해도 예를 지키고 인도주의(人道主義)의 테두리를 벗어나지 말아야 한다. 동물의 씨를 말리고 적을 무자비하게 도륙하는 것은 인간들이 할 짓이 아니다.

예(禮)는 '이치 리(理)'와 '밟을 리(履)'의 두 뜻을 합친 글자로 '하늘의 도리를 따르고 실천한다'는 깊은 뜻을 지니고 있다. 하늘의 도리는 자연과 사람이 조화를 이루고 함께 번성하는 도리이다.

예는 윤리 도덕에 직결된다. 사람들이 서로 사랑하고 협동하고 '진선미(眞善美)'의 문화생활을 하기 위해서는 상하좌우(上下左右)의 인간관계를 조절하는 윤리 도덕을 지키고 따라야 한다. 예절의 깊은 뜻을 알고 '진선미'의 공동체를 꾸미고 함께 잘 살기 위해서는 예의와 윤리 도덕을 잘 따르고 실천해야 한다.

준례편 遵禮篇

17-1/

子曰,

자 왈

居家有禮라 故로 長幼辨하고

거 가 유 례　故로　장 유 변

閨門有禮라 故로 三族和하고

규 문 유 례　故로　삼 족 화

朝廷有禮라 故로 官爵序하고

조 정 유 례　故로　관 작 서

田獵有禮라 故로 戎事閑하고

전 렵 유 례　故로　융 사 한

軍旅有禮라 故로 武功成이니라.

군 려 유 례　故로　무 공 성

　공자가 말했다. '가정에 예절이 있으므로 어른과 아이를 분별하고, 안방에 예절이 있으므로 삼족이 서로 화목하고, 조정에 예절이 있으므로 관직상의 위계질서가 서고, 사냥에도 예절이 있으므로 무력동원이 잦지 않고, 전쟁에도 예절이 있으므로 무공을 세울 수가 있다.'

공자님이 말하셨다
가정에는 예가있어 어른아이 분별하고
안방에는 예가있어 삼족서로 화목하고
조정에는 예가있어 관직상의 질서서고
사냥에도 예가있어 무력동원 잦지않고
전쟁에도 예가있어 무공들을 이루니라

辨(분별할 변), 閨(도장방 규), 爵(잔 작), 獵(사냥 렵), 戎(병기 융).

• • •

○居家(거가)―가정 살림. ○禮(예)―예의범절. ○長幼辨(장유변)―
어른과 아이의 분별. ○閨門(규문)―부녀자가 거처하는 안방. ○三
族(삼족)―여기서는 부모님 세대와 자기 세대 및 자녀들 3대의 모든
식구. ○朝廷(조정)―나라의 정치를 집행하는 곳. ○官爵(관작)―관
직과 작위(爵位). 관직상의 위계(位階)와 질서(秩序). ○田獵(전렵)―사
냥. 사냥에도 지켜야 할 도리와 규칙이 있다. ○戎事(융사)―무력을
동원하는 일. ○閑(한)―한가롭다. ○軍旅(군려)―군대를 동원한 싸
움. 전쟁. ○武功成(무공성)―정의롭게 싸워 이기는 것이 무공이다.

| 참고 |

예절(禮節)이라는 말은 저마다 하늘의 도리를 실천하고 과도한 짓을
억제함이다. 절(節)은 절도있게 행동하다와 물질이나 재물을 절약한다
는 뜻도 있다. 예절이 없으면 사람들이 저마다 동물적 본능이나 끝없는
탐욕을 채우려고 할 것이며 결국 서로 싸우고 처절한 쟁탈전을 벌이게
될 것이다. 전쟁도 대의명분을 가리는 정의의 전쟁을 해야 한다. 비굴
하게 싸워 이기는 것은 무공으로 치지 않는다. 침략적 전쟁이나 적을

무자비하게 도륙하면 안 된다.

17-2/

子曰,
<small>자 왈</small>

君子有勇而無禮면 爲亂하고
<small>군자유용이무례 위란</small>

小人이 有勇而無禮면 爲盜니라.
<small>소인   유용이무례   위도</small>

공자가 말했다. '군자가 용기만 있고 예절이 없으면 난동을 일으키고 소인이 용기만 있고 예절이 없으면 도적질을 하게 된다.'

| 가사체 |

공자님이 말하셨다
군자라는 사람들이
용맹있고 義없으면 亂을짓게 되느니라
<small>의   난</small>
한편으로 소인들이
용맹있고 義없으면 도둑질을 하게된다
<small>의</small>

勇(날쎌 용), 爲(할 위), 亂(어지러울 란), 盜(훔칠 도).

• • •

○君子(군자)-학문과 인덕(仁德)을 겸비한 선비. 엘리트. ○有勇而

無禮(유용이무례)―용기만 있고 예절을 모르거나 안 지킴. ○亂(란)―
난을 일으키다. 사회나 국가의 질서를 어지럽히다. ○小人(소인)―
자기 한 몸만 잘 살려는 이기적 물질주의자. ○盜(도)―재물을 훔치
다.

| 참고 |

　군자(君子)는 지(知)·인(仁)·용(勇)의 세 가지 덕성을 다 갖추어야
한다. 지(知)는 학문이나 지식이다. 그 속에는 바른 세계관·역사관 및
문화에 대한 바른 인식과 역사관이 포함된다. 인(仁)은 인간애(人間
愛)·인류애(人類愛)이다. 용(勇)은 정의(正義)에 대한 과감한 실천력이
다. 참다운 슬기와 사랑을 바탕으로 하고 실천하는 것이 참다운 용기이
다. 맹목적인 용맹이나 만용을 부리면 사회나 국가를 어지럽힐 뿐이다.
소인(小人)은 물질적·현세적으로 잘 살기에 급급한 이기주의자(利己主
義者)이다.

17-3/

曾子曰,
증 자 왈

朝廷엔 **莫如爵**이요
조 정　　막 여 작

鄕黨엔 **莫如齒**요
향 당　　막 여 치

輔世長民엔 **莫如德**이니라.
보 세 장 민　　막 여 덕

중자가 말했다. '조정에서는 작위를 가장 중하게 여기고, 향리에서는 나이 많은 사람을 높이고, 나라와 백성 다스림에는 덕을 높인다.'

증자께서 말하였다
조정에는 벼슬지위 가장중히 생각하고
고을에선 나이많은 그분들을 존중하고
나라백성 다스림엔 어진德性 높게친다
　　　　　　　　　　덕 성

廷(조정 정), 鄕(시골 향), 黨(무리 당), 輔(도울 보).

• • •

○曾子(증자) ─ 공자의 수제자. 효(孝)를 높였다.　○朝廷(조정) ─ 나라의 정치를 총괄 집행하는 곳.　○莫如(막여) ─ 더한 것이 없다. 제일이다.　○爵(작) ─ 작위. 벼슬의 등급이나 위계.　○鄕黨(향당) ─ 시골 마을 2천5백 호를 향, 5백 호를 당이라고 함.　○齒(치) ─ 연령. 나이.　○輔世長民(보세장민) ─ 세상이 잘되게 돕고 백성을 잘살게 키워줌. 즉 나라나 백성을 잘되게 다스림.　○德(덕) ─ 인덕(仁德). 어진 덕성.

| 참고 |

하나를 중심하고 모든 사람이 뭉치고 협동해야 공동체가 발전한다. 가정과 사회 및 국가적 차원에서 하나의 중심이 있어야 전체가 하나로 뭉친다. 저마다 뿔뿔이 흩어지면 공동체가 성립되지 않는다.

17-4 /

老少長幼는 天分秩序니
노 소 장 유   천 분 질 서

不可悖理 而傷道也니라.
불 가 패 리 이 상 도 야

　늙은이와 젊은이 어른과 아이의 순차는 하늘에 의해 나뉜 절
대적인 질서이다. 이치를 어기고 도리를 상하게 하면 안 된다.

| 가사체 |

　늙은이와 젊은이들 어른들과 아이들은
　저하늘이 이미정한 절대적인 질서이니
　이런理致 그런道理 어길수가 없느니라
　　　이 치　　　도 리

　　秩(차례 질), 序(차례 서), 悖(어그러질 패), 傷(상처 상).

　　　　　　　• • •

　　○天分秩序(천분질서)—하늘에 의해 나뉜 절대적 질서.　○悖理(패
리)—이치에 어긋나다.　○傷道(상도)—도리를 상하게 함.

| 참고 |

　이 세상에 먼저 태어나고 혹은 나중에 태어나고 하는 것은 하늘이
정해준다. 사람이 임의로 바꿀 수 없다. 그러므로 할아버지—아버지—
자기—아들—손자의 순차는 하늘이 정해준 절대적 질서이다. 이것을
천륜(天倫)이라고 한다. 천륜을 어기면 천벌을 받는다. 주어진 질서 속
에서 최선을 다하는 것이 곧 천도를 따름이다.

17-5/

出門如見大賓하고
<small>출 문 여 견 대 빈</small>

入室如有人이니라.
<small>입 실 여 유 인</small>

　문 밖에 나갈 때는 귀빈을 만나는 것처럼 신중하게 하고 방 안에 들어갈 때는 다른 사람이 있는 것처럼 조심하라.

| 가사체 |

　문밖으로 나갈때는
　큰손님을 만나는듯 신중하게 해야하고
　방안으로 들어올땐
　다른사람 있는듯이 조심스레 해야한다

　　如(같을 여), 賓(손 빈), 室(집 실).

　　　　　　　● ● ●

　　○出門(출문)─자기 집 대문을 나가면, 즉 밖에서는　○如見大賓(여견 대빈)─귀빈을 만난 것처럼 신중하게 행동한다.　○入室(입실)─자기 집 방에 들어가도.　○如有人(여유인)─남이 있는 것처럼 신중하게 한다.

| 참고 |

　밖에서나 안에서나 몸가짐과 행동거지를 신중하게 해야 한다. 항상 하늘 앞에 떳떳할 수 있게 행동해야 한다. 그것이 군자의 도리이다. 사람은 속여도 하늘은 못 속인다.

17-6/

若要人重我면 無過我重人이니라.
약 요 인 중 아   무 과 아 중 인

　만약 남이 나를 존중해 주기를 바란다면 내가 남을 존중해 주는 것이 가장 좋다.

| 가사체 |

　만약남이 나자신을 존중하길 바란다면
　내가먼저 그사람을 중히여겨 줘야한다

　　　若(만약 약), 要(구할 요), 重(무거울 중), 過(지날 과).

· · ·

　○要(요)−요구함. 바란다.　○人重我(인중아)−남이 나를 높이다. 존중하다.　○無過(무과)−지나칠 것이 없다. 제일 좋다.

| 참고 |

　내가 먼저 남을 높이면 상대도 나를 높인다. 내가 행동으로 먼저 좋은 본을 보이면 상대도 깨닫고 착하게 행동한다.

17-7/

父不言子之德하며
부 불 언 자 지 덕

子不談父之過니라.
자 부 담 부 지 과

   아버지는 자기 자식의 덕을 자랑하지 말고, 자식은 아버지의 허물을 남에게 말하지 마라.

| 가사체 |

   아버지라 하는자는
   자기자식 덕있음을 남들에게 자랑말며
   자식이라 하는자는
   자기아비 과실허물 남들에게 말을말라

     德(덕 덕), 談(말할 담), 過(허물 과).

              • • •

     ㅇ不言(불언)-말하지 마라.   ㅇ談(담)-말하다. ㅇ過(과)-과실. 허물.

| 참고 |

   자식 자랑은 팔불출에 속하고 아버지의 허물을 남에게 고하는 것은 불효이자 동시에 일종의 반역이다. 아버지와 자식은 천륜으로 맺어진 한 몸, 한 생명체다.

劉會言不中
用○君平曰
人之言煖如綿
重直千金一語傷人痛
是割古刀關口深藏舌安身
三分話未可全抛一片心不怕虎生
人情兩樣心○酒逢知已千鍾少
多

劉會言不中
用○君平曰
人之言煖如綿
重直千金一語傷人痛
是割古刀關口深藏舌安身
三分話未可全抛一片心不怕虎生
人情兩樣心○酒逢知已千鍾少
多

言語篇

제18편

언어편言語篇

제18편에서는 말을 신중히 하라는 가르침이 추려져 있다. 언어는 인간의 행동 중에서 큰 비중을 차지한다. 말은 서로 주고받는다. 내가 하는 말이 부드러우면 상대방에게 부드럽게 전달된다. 반대로 나의 입에서 나오는 말이 격하면 상대방의 귀에 격하게 전달되고, 따라서 상대방의 마음을 격하게 만든다. 그러므로 말을 바르고 부드럽게 해야 한다. 소리로 표출된 말속에는 내면적 사상이나 감정이 반영되게 마련이다. 그러므로 일차적으로는 속에 품은 생각이 바르고 감정이 부드러워야 한다. 그래야 밖으로 표출되는 말도 바르고 부드럽다. 그러나 설사 속에 품은 생각이 격하고 감정이 격해도 밖으로 표출되는 말은 바르고 부드럽게 하려고 애를 써야 한다.

사람은 공동체를 구성하고 서로 사랑하고 협동하면서 공동선(共同善)을 추구한다. 이때에 사람과 사람을 연결하고 하나로 만드는 데에 있어 언어가 차지하는 비중이 크다. 그러므로 언어도 행동과 마찬가지로 예의범절 및 윤리 도덕과 맞게 해야 한다. 난폭한 말을 하거나 혹은 감정을 원색적으로 표출하면 인간관계가 파탄나게 마련이다.

외형적 표현인 말을 가지고 내면적 실재인 사상이나 감정을 순화할 수도 있다. 그러므로 항상 말을 부드럽고 아름답게 하려고 애를 써야 한다. 의복을 세련되고 아름답게 입는 것 이상으로 말을 세련되고 아름답게 문화적으로 해야 한다. 말은 입으로 하고 귀로 듣는 소리 말만이 아니다. 손으로 쓰고 눈으로 보는 글씨 말도 있다. 그러므로 말을 순화하고 향상시키기 위해서는 글씨 말을 잘 익혀야 한다. 그 바탕은 좋은 책을 많이 읽는 것이다. 독서를 많이 해야 사상이 고결해지고 감정이 순화되고 인격이 완성된다.

제18편
언어편言語篇

18-1/

劉會曰,
유 회 왈

言不中理면 不如不言이라.
언 부 중 리　　불 여 불 언

　유회가 말했다. '이치에 맞지 않는 말을 함은 차라리 말을 안 하는 것보다 못하다.'

| 가사체 |

　유회께서 말하였다
　바른이치 맞지않는 그런말을 하는 것은
　아예말을 하지않는 그것보다 못하니라

· · ·

　○劉會(유회)—인명. 자세히 알 수 없다.　○中理(중리)—도리나 이치에 맞다.　○不如(불여)—차라리 …만 못하다.

도리에 어긋난 말은 차라리 않는 편이 낫다. 머리에 들은 것이 없으니까 바보 같은 소리를 하는 것이다. 독서를 해야 말도 바르게 하고 또 논리적으로 하게 된다.

18-2/

一言不中이면 千語無用이니라.
일 언 부 중   천 어 무 용

한 마디 말이라도 이치에 맞지 않으면 천 마디 말을 해도 쓸데가 없다.

| 가사체 |

한마디의 말이라도 이치맞지 아니하면
천마디의 말을해도 아무소용 없느니라

• • •

○一言不中(일언부중)─한 마디라도 이치에 맞지 않으면. ○千語無用(천어무용)─천 마디 말을 해도 다 쓸모가 없다.

| 참고 |

절대선(絶對善)인 하늘의 도리를 따르고 행하는 군자가 되어야 한다. 군자는 도리에 합당한 말을 한다. 속에 음흉한 생각을 품으면 거짓말 혹은 헛소리를 하게 된다.

18-3/

君平_이 曰,
군 평 왈

口舌者_는 禍患之門_{이요} 滅身之斧也_{니라.}
구 설 자 화 환 지 문 멸 신 지 부 야

군평이 말했다. '입과 혀는 잘못 놀리면 재앙과 근심의 문이
되며 몸을 망치는 도끼와 같게 된다.'

| 가사체 |

군평께서 말하였다
입과혀는 잘못쓰면 재앙근심 門이되며
　　　　　　　　　　　　　　　문
몸망치는 도끼와도 같은것이 되느니라

舌(혀 설), 禍(재화 화), 患(근심 환), 滅(멸망할 멸), 斧(도끼 부).

• • •

○君平(군평)－사람의 이름, 혹은 자(字)인지 알 수 없다. ○口舌(구
설)－입과 혀. ○禍(화)－재앙. 재화. ○患(환)－근심. 환난. ○滅身
(멸신)－몸을 망치는. ○斧(부)－도끼.

| 참고 |

입을 잘못 놀려 말을 잘못하면 재앙을 초래하고 심하면 신세를 망치
고 형벌의 도끼를 받게 된다.

利人之言은 煖如綿絮하고
이인지언　난여면서

傷人之言은 利如荊棘하여
상인지언　이여형극

一言半句가 重値千金이요
일언반구　중치천금

一語傷人에 痛如刀割이니라.
일어상인　통여도할

　남을 이롭게 하는 말은 따뜻함이 솜과 같고, 남을 다치게 하는 말은 상처를 줌이 가시와 같다. 일언반구의 말 무게가 천금과 같으며 한마디가 남을 다칠 때의 아픔은 칼로 베는듯하다.

| 가사체 |

사람들에 利주는말 따뜻함이 솜과같고
　　　　이
남들에게 害주는말 찌르기가 가시같다
　　　　해
일언반구 중하기가 천금만금 될것이고
상처주는 그한마디 칼로베듯 아프느라

煖(따뜻할 난), 絮(솜 서), 荊(가시나무 형), 棘(가시 극).

• • •

　○煖如綿絮(난여면서)─따뜻함이 솜과 같다.　○利如荊棘(이여형극)─날카로움이 가시 같다.　○一言半句(일언반구)─한 마디의 말이나 반 토막의 구절.　○重値(중치)─무게가 (천금의 값에) 해당한다.　○一語傷人(일어상인)─한 마디 말이라도 남을 다치게 할 때에.　○痛如刀割(통여도할)─그 아픔이 칼로 베는듯하다.

　남을 포근하게 감싸고 이롭게 해주는 말이 있는가 하면, 반대로 남을 아프게 하고 상처를 주는 말이 있다. 사랑에서 나오는 말은 솜같이 포근하고, 반대로 증오에서 나오는 말은 가시나 칼과 같이 남을 아프게 한다. 사랑하는 마음으로 말을 신중히 해야 한다.

18-5/

口是傷人斧요 言是割舌刀니
구 시 상 인 부　　　언 시 할 설 도

閉口深藏舌이면 安身處處牢니라.
폐 구 심 장 설　　　안 신 처 처 뢰

　입은 사람을 다치게 하는 도끼요, 말은 혀를 베는 칼이니 입을 막고 혀를 깊이 감추면 어디서나 내 몸이 안락하리라.

| 가사체 |

　입이란건 사람에게 상처주는 도끼이고
　말이란건 사람들의 혀를베는 칼이되니
　입을굳게 꼭다물고 혀를깊이 감추면은
　어디가나 나의몸이 편안하게 될것이다

　　傷(상처 상), 斧(도끼 부), 藏(감출 장), 牢(우리 뢰).

· · ·

　　○傷人斧(상인부)―사람을 상하게 하는 도끼. ○割舌刀(할설도)―혀를

베는 칼. ○閉口(폐구)—입을 닫다. 말을 삼가다. ○深藏舌(심장설)—
혀를 깊이 감추다. ○安身(안신)—몸이 편하고 안전함. ○處處牢(처
처뢰)—어디에서나 신변이 튼튼하다. 뢰(牢)는 굳다, 단단하다.

| 참고 |

말조심해야 한다. 입을 잘못 열고 혀를 잘못 놀리면 형벌을 받는다.
입 다물고 말을 신중하게 하면 어디에서나 안전하다.

18-6/

逢人且說三分話하고
봉 인 차 설 삼 분 화

未可全抛一片心이라.
미 가 전 포 일 편 심

不怕虎生三個口요
불 파 호 생 삼 개 구

只恐人情兩樣心이니라.
지 공 인 정 양 양 심

　사람을 만나 혹시 이야기를 하면 3부 정도만 말하라. 자기의
속마음을 다 털어서 알려주면 안 된다. 3명이면 호랑이도 만든
다는 것을 두려워 말고 오직 사람의 마음에 두 가닥이 있음을
두려워하라.

| 가사체 |

사람만나 얘기할때 삼부정도 말을하고
자기자신 속마음을 다말하면 아니된다
세명이면 호랑이도 만드는걸 두려말고
오직사람 두마음을 두려웁게 여겨안다

逢(만날 봉), 抛(던질 포), 怕(두려워할 파), 樣(모양 양).

• • •

○逢人(봉인)—사람을 만나다. ○且說(차설)—또 말을 하다. 혹은 잠
깐 말하다. ○三分話(삼분화)—3부 정도만 말하다. ○全抛(전포)—전
부를 내던지다. ○怕(파)—겁내다. ○虎生三個口(호생삼개구)—호랑
이가 세 사람의 입에서 만들어진다. 세 사람이면 범(虎)도 만든다(三
人成虎), 즉 없는 사실을 만들어낸다는 뜻. ○人情(인정)—세상 사람
의 마음. ○兩樣心(양양심)—두 가닥의 상반된 마음.

| 참고 |

세 사람이 모이면 호랑이도 만들어내듯 거짓을 만들 수 있다. 간악
한 사람을 가까이하지 말고 특히 속마음을 주면 안 된다.

18-7/

酒逢知己千鐘少요
주 봉 지 기 천 종 소

話不投機一句多니라.
화 불 투 기 일 구 다

술은 지기를 만나면 천 잔을 마셔도 부족하지만 말은 뜻이 맞지 않는 사이에서는 한마디도 많다.

술이라고 하는것은
친구들을 만나면은 일천잔도 부족하고
말이라고 하는것은
뜻안맞는 사이에는 한마디도 많으니라

　酒(술 주), 逢(만날 봉), 鐘(종 종), 投(던질 투), 機(틀 기).

· · ·

　○逢(봉)ー만나다.　○知己(지기)ー자기를 알아주는 사람. 절친한 친구.　○鐘(종)ー술잔.　○不投機(불투기)ー서로 의기가 투합되지 않음. 기(機)는 기미한 속마음의 뜻.　○一句多(일구다)ー한 마디도 많다.

| 참고 |

속을 줄 수 없는 사람에게 한 마디 말을 잘못하면 큰 봉변을 당할 수가 있다. 그러므로 말조심해야 한다. '선비는 자기를 알아주는 사람을 위해서 생명을 바치고, 여자는 자기를 사랑해 주는 사람을 위해서 치장을 한다(士爲知己者死 女爲說己者容).'《史記》

기타 다음 같은 가르침의 말이 있다. '말과 행동은 천지를 감동시키는 바탕이다. 그러므로 삼가야 한다(言行君子之所動天地 可不可愼乎).'《易經》 '화란의 발생은 언어를 계단으로 삼는다(亂之所生也 則言語以爲階).'《易經》 '여러 사람의 마음은 성을 쌓고, 여러 사람의 입은 쇠도 녹인다(衆心成城 衆口鑠金).'《國語》 '언어를 신중히 하여 덕성을 함양하고, 음식을 절검하여 몸을 보양하라(愼言語以養其德 節飮食以養其體).'《近思錄》'어긋나는 짓을 하려는 자의 말에는 부끄러운 기색이 있고, 음흉한 생각을 품은 자는 말을 꾸미려 한다(將叛者其辭慙 中心疑者其辭枝).'《易經》

제19편에는 '벗을 사귐〔交友〕'에 관한 가르침이 8개 항 있다. 인간의 생활영역은 크게 둘로 나뉠 수 있다. 가정생활과 사회생활이다. 사람은 누구나 가정을 바탕으로 출생하고 성장한다. 그러므로 가정에서는 부모에게 효도하고 형제들이 서로 화목해야 한다.

동시에 사람은 어려서부터 사회적으로 벗과 어울려 놀고 연장자나 스승으로부터 가르침을 받으면서 성인이 되고 사회 조직의 일원으로서 위아래의 동직(同職)이나 동료(同僚)와 함께 사회 활동에 참여한다. 그러므로 사회적으로는 스승이나 연장자를 존경하고 동직이나 동료와 협력하고 벗들과는 신의를 돈독히 해야 한다.

이렇듯이 사람은 한평생을 남과 어울려 살고 있다. 따라서 함께 어울리는 남들의 영향이 매우 크다. 천륜(天倫)으로 맺어진 부모형제는 절대적이고 다시 바꾸거나 선택할 수 없다. 그러므로 내가 솔선하여 부모에게 효도하고 형제간의 우애를 돈독히 하고 집안의 평화와 흥성을 도모해야 한다.

그러나 스승이나 벗은 내가 선택할 수 있다. 좋은 스승을 만나 잘 배우고 착한 친구를 사귀어 서로 절차탁마하며 서로의 학식과 인격을 높여야 한다. 특히 벗은 어려서부터 죽을 때까지 사귀며 서로 도움을 준다.

그러므로 벗 사귐에 있어서는 도의(道義)와 인덕(仁德)을 바탕으로 해야 한다. 절대로 함께 놀거나 혹은 어울려 나쁜 짓을 하면 안 된다. 선량한 벗을 가려서 사귀고 서로 신의(信義)의 꽃을 피우고 우정(友情)의 좋은 열매를 맺게 해야 한다.

교우편 交友篇

19-1-1/

子曰,
자 왈

與善人居에 如入芝蘭之室하여
여 선 인 거   여 입 지 란 지 실

久而不聞其香하되 卽與之化矣요
구 이 불 문 기 향   즉 여 지 화 의

與不善人居에 如入鮑魚之肆하여
여 불 선 인 거   여 입 포 어 지 사

久而不聞其臭하되 亦與之化矣니라.
구 이 불 문 기 취   역 여 지 화 의

　공자가 말했다. '착한 사람과 함께 있으면 마치 영지와 난초
가 자란 방에 들어간 듯 오랫동안 향기를 코에 대고 맡지 않아
도 이내 그윽한 향기에 동화되고, 착하지 않은 사람과 함께 있
으면 마치 자반 가게에 들어간 듯 오랫동안 나쁜 냄새를 코에
대고 맡지 않아도 추악한 냄새에 젖게 된다.'

공자님이 말하셨다
착한자와 함께하면 지초난초 향내나는
그런방에 들어간듯 오래도록 그향기를
코에대고 안맡아도 그향기에 동화되고
나쁜자와 함께하면 비린내가 풀풀나는
생선가게 들어간듯 오래도록 그냄새를
코에대고 안맡아도 그냄새에 젖게된다

芝(지초 지), 蘭(난초 란), 鮑(어물 포), 肆(가게 사), 臭(냄새 취).

* * *

○與(여)―함께. 더불어. ○居(거)―살다. 같이 있다. ○芝蘭(지란)―
영지와 난초. ○久(구)―오랫동안. ○不聞(불문)―직접 코에 대고 그
냄새를 맡지 않아도. ○卽(즉)―이내. ○與之化(여지화)―더불어 동
화됨. ○鮑魚之肆(포어지사)―자반 가게. ○臭(취)―나쁜 냄새. 악취.

| 참고 |

'먹을 가까이하면 검어지고, 주홍을 가까이하면 붉어진다(近墨必緇
近朱必赤).'

19-1-2/

丹之所藏者는 赤하고 漆之所藏者는 黑이라
단 지 소 장 자   적   칠 지 소 장 자   흑

是以로 君子는 必愼其所與處者焉이니라.
시 이 군 자 필 신 기 소 여 처 자 언

단사를 지니면 붉어지고 옻을 지니면 검어지니 군자는 반드시 함께 있을 사람을 신중히 가려야 한다.

| 가사체 |

붉은단사 지닌자는 자기자신 붉어지고
검은옻을 지닌자는 자기자신 검어지니
군자들은 함께할者 잘골라야 하느니라
　　　　　　　자

· · ·

○丹(단)−단사(丹砂). 붉은빛의 광물. ○藏(장)−지니다. 저장하다.
○所與處者(소여처자)−함께 있을 사람, 혹은 장소.

| 참고 |

인간이나 인격을 형성함에 있어 교육과 환경이 크게 작용한다. 선인
(善人)과 사귀고 배우면 착한 사람이 된다.

19-2/

家語에 云,
가 어 운

與好學人同行이면 如霧中行하여
여 호 학 인 동 행　　　여 무 중 행

雖不濕衣라도 **時時有潤**하고
수 불 습 의   　 시 시 유 윤

與無識人同行이면 **如廁中坐**하여
여 무 식 인 동 행   　 여 측 중 좌

雖不汚衣라도 **時時聞臭**니라.
수 불 오 의   　 시 시 문 취

《공자가어》에 있다. '학문을 잘하는 사람과 동행하면 마치 안갯속을 가는 것과 같아서 비록 옷은 젖지 않아도 점차로 물기가 배어들고, 무식한 사람과 동행하면 마치 뒷간에 앉은 것과 같아서 비록 옷이 더럽혀지지 않지만 점차로 악취에 젖는다.'

| 가사체 |

가어에서 말하였다
글잘하는 그런자와 함께걸어 간다면은
그건마치 안갯속을 가는것과 똑같아서
비록옷은 안젖어도 점점물기 배어들고
무식한자 그사람과 함께걸어 간다면은
그건마치 뒷간안에 있는것과 똑같아서
비록옷은 더럽히지 아니한다 하더라도
점차점차 그악취에 흠뻑젖게 될것이다

霧(안개 무), 濕(습할 습), 潤(젖을 윤), 廁(뒷간 측).

• • •

○家語(가어)―12-5 참조. ○好學人(호학인)―글을 잘하는 사람. ○霧(무)―안개. ○雖不濕衣(수불습의)―비록 옷이 젖지 않아도. ○時時(시시)―때때로. 점차로. ○有潤(유윤)―젖게 된다. ○廁(측)―측간. 뒷

간. ○汚衣(오의)―옷을 더럽히다. ○聞臭(문취)―악취를 풍기다.

글 잘하는 사람과 함께 있으면 좋은 영향을 받고, 반대로 무식한 사람들과 어울리면 자기도 모르게 악화(惡化)된다.

19-3/

子曰,
자 왈

晏平仲은 善與人交로다 久而敬之온여.
안 평 중   선 여 인 교   구 이 경 지

공자가 말했다. '안평중은 사람과 잘 사귀었다. 일단 사귀면 오래도록 상대를 존경했다.'

| 가사체 |

공자님이 말하셨다
晏平仲은 사람들과 사귀기를 잘하였지
안 평 중
오래돼도 그사람을 잊지않고 공경했네

• • •

○晏平仲(안평중)―춘추(春秋)시대 제(齊)나라의 재상으로, 이름은 안영(晏嬰). ○善與人交(선여인교)―남과 잘 사귀다. ○久而敬之(구이경지)―오래도록 그 사람을 존경하다.

인연을 소중히 하고 서로 존경하며 협조해야 한다.

19-4/

相識이 滿天下하되 知心能幾人고?
상 식 만 천 하   지 심 능 기 인

 서로 알고 지내는 사람은 세상에 가득하여도 마음속을 아는
사람은 몇이나 되겠는가?

| 가사체 |

 서로알고 지내는자 온세상에 가득해도
 마음속을 아는사람 몇명이나 되겠는가

 相(서로 상), 識(알 식), 滿(찰 만), 幾(얼마 기).

· · ·

 ○相識(상식)—서로 알고 지내다. ○滿天下(만천하)—천하에 가득하
다. ○知心(지심)—마음속을 알다. ○幾人(기인)—몇 사람이 되느냐?

| 참고 |

 서로 마음을 알아주는 친구를 지기지우(知己之友)라고 한다. 겉으로
알고 지내는 사람은 많다. 참 친구는 몇 명이나 될까?

19-5/

酒食兄弟는 千個有로되
주식형제 천개유

急難之朋은 一個無니라.
급난지붕 일개무

　술과 음식을 함께 나누어 먹을 형제는 천 명이나 되지만 위급하고 어려울 때 도와줄 친구는 한 사람도 없다.

| 가사체 |

　술과음식 나눠먹을 형제같은 사람들은
　천명이나 되지만은
　위급하고 어려울때 도와주는 친구들은
　한사람도 없느니라

　　酒(술 주), 食(밥 식), 急(급할 급), 難(어려울 난), 朋(벗 붕).

· · ·

　　○酒食兄弟(주식형제)─형제처럼 술이나 음식을 함께할 사람들.　○急難之朋(급난지붕)─위급하고 어려울 때 도와줄 친구.

| 참고 |

　먹고 마실 때에는 형제처럼 어울리고 법석댄다. 그러나 위급하고 어려운 때에 도와줄 사람은 별로 없다.

19-6/

不結子花는 休要種이요
불 결 자 화 　휴 요 종

無義之朋은 不可交니라.
무 의 지 붕 　불 가 교

　열매를 맺지 않는 꽃은 심지 말고 의리 없는 친구는 사귀지
마라.

| 가사체 |

　열매맺지 않는꽃은 아예심지 말것이고
　의리없는 친구들은 사귀지를 말지어다

　　　結(맺을 결), 子(열매 자), 種(심을 종), 義(옳을 의).

　　　　　　　　• • •

　　　○不結子花(불결자화)─열매나 씨를 맺지 않는 꽃.　○休要種(휴요
종)─심지 마라.　○無義之朋(무의지붕)─의리가 없는 친구.　○不可交
(불가교)─사귀지 마라.

| 참고 |

　겉으로 보기에 아름답고 화려한 꽃나무보다도 열매를 거둘 수 있는
유실수를 심어야 실속이 있다. 친구의 사귐도 같다. 서로 어울려 술 마
시고 놀기만 하는 벗은 해롭다. 도의(道義)로써 맺어진 친구라야 가치가
높고 또 그 사귐도 참되고 오래 간다. '주식지우(酒食之友)' 보다는 서로
학문과 인격을 높이는 '도의지우(道義之友)'를 사귀고 서로 신의를 지

켜야 한다.

19-7/

君子之交는 淡如水하고
군 자 지 교　　 담 여 수

小人之交는 甘如醴니라.
소 인 지 교　　 감 여 예

군자들의 사귐은 담담하기가 물과 같고, 소인들의 사귐은 달콤하기가 단술과 같다.

| 가사체 |

군자들의 사귐이란 담담하기 물과같고
소인들의 사귐이란 달콤하기 단술같다

淡(담박할 담), 如(같을 여), 甘(달 감), 醴(단술 예).

• • •

○淡(담)－맑고 담담함.　○甘(감)－달다.　○醴(예)－단술.

| 참고 |

도의를 바탕으로 하고 사귀는 군자들의 '도의지교(道義之交)'는 담백하고 오래 지속된다. 반대로 천박한 이득을 얻으려는 소인들의 사귐은 당장은 달지만 오래 가지 못한다.

19-8/

路遙知馬力이요
노 요 지 마 력

日久見人心이니라.
일 구 견 인 심

  길이 멀어야 말의 힘을 알고, 세월이 오래 지나야 사람의 마음을 알 수 있다.

| 가사체 |

  길을멀리 가보아야 말의힘을 알수있고
  세월오래 지나야만 사람마음 알수있다

    路(길 로), 遙(멀 요), 久(오랠 구).

         • • •

    ○路遙(노요)—길을 멀리 가봐야. ○知馬力(지마력)—말의 힘이 강한지 약한지를 안다. ○日久(일구)—세월이 오래돼야. ○見人心(견인심)—사람의 마음이 좋은지 나쁜지를 안다.

| 참고 |

  사람의 마음은 보이지 않는다. 보이지 않는 사람의 마음을 어떻게 알 수가 있을까? 오직 그 사람의 행동을 보고 그의 마음을 알 수가 있다. 착한 행동을 하는 사람의 마음은 착하고, 악한 행동을 하는 사람의 마음은 악하다. 오랜 세월을 두고 나타나는 행동을 통해서 우리는 그 사람의 마음씨가 좋고 나쁨을 알 수가 있다.

'벗은 서로의 덕을 바탕으로 벗으로 사귄다(友也者 友其德也).'《孟子》'빈천했을 때 친하게 사귄 벗을 잊으면 안 된다. 조강지처를 안채에서 내보내면 안 된다(貧賤之交不可忘 糟糠之妻不下堂).'《十八史略》'두 사람이 마음을 합하면 쇠도 끊을 만큼 날카로운 힘이 생기고 같은 마음에서 나오는 말은 난초와 같은 향기를 풍긴다(二人同心 其利斷金 同心之言 其臭如蘭).'《易經》

제19편까지는 일반적인 가르침을 추렸다. 그러나 제20편 부녀편은 부녀자가 지켜야 할 덕행(德行)을 강조했다. 물론 부녀자들도 앞의 가르침을 잘 익히고 실천해야 한다. 그래야 심성을 함양하고 인격을 완성할 수 있다.

가정의 주부로서의 부녀의 위치나 책임은 특수하고 또 중대하다. 그래서 특히 부녀자들이 지켜야 할 덕행을 별도로 내세운 것이다.

남경여직(男耕女織)이란 말이 있다. 남자는 밭에 나가서 밭갈이하고, 여자는 집안에서 길쌈을 한다. 즉 남자는 밖에서 사회 활동을 하고, 부녀자는 안에서 가정살림을 주재한다.

《역경(易經)》에 다음과 같은 말이 있다. '가정이 바로잡혀야 천하가 바르게 된다(正家而天下定矣).' 가정은 사회의 기본 단위이다. 가정이 안정되고 흥성해야 사회나 국가도 안정되고 흥한다. 따라서 가정살림을 책임지고 주재하는 가정주부의 위상은 더없이 중차대(重且大)하다. 그러기에 동양의 전통사상은 옛날부터 부녀도(婦女道)를 중시하고 힘주어 가르쳤던 것이다.

제20편에 있는 중요한 말을 추려 보겠다. '어진 아내는 남편을 귀하게 만들고, 악한 아내는 남편을 천하게 만든다.' '집안에 어진 아내가 있으면 남편이 뜻밖의 화를 당하지 않는다.' '어진 아내는 육친을 화목하게 하고, 간악한 아내는 육친의 화목을 깨뜨린다.'

아내의 책임이나 영향이 이렇게 크다. 그러므로 가정을 다스릴 부녀자들은 특히 부녀의 도리를 다해야 한다. 특히 '부덕(婦德)·부용(婦容)·부언(婦言)·부공(婦工)'의 사덕(四德)을 높이고 실천해야 한다.

부행편 婦行篇

20-1/

益智書云,
<small>익 지 서 운</small>

女有四德之譽하니
<small>여 유 사 덕 지 예</small>

一曰婦德이요 二曰婦容이요
<small>일 왈 부 덕   이 왈 부 용</small>

三曰婦言이요 四曰婦工也니라.
<small>삼 왈 부 언   사 왈 부 공 야</small>

《익지서》에 있다. '여자에게는 기려야 할 네 가지 덕이 있다. 첫째는 부덕 즉 부인다운 덕행이고, 둘째는 부용 즉 부인다운 꾸밈이고, 셋째는 부언 즉 부인다운 말씨이고, 넷째는 부공 즉 부인다운 일솜씨이다.'

| 가사체 |

익지서에 말하였다
여자에겐 기려야할 네가지德 있느니라
<small>덕</small>

첫번째로 말하자면 부인다운 덕행이고

두번째로 말하자면 부인다운 꾸밈이고

세번째로 말하자면 부인다운 말씨이고

네번째로 말하자면 부인다운 일솜씨다

益(더할 익), 譽(기릴 예), 婦(여자 부), 容(얼굴 용), 工(장인 공).

• • •

○益智書(익지서)－2-4 참조.   ○四德之譽(사덕지예)－기려야 할 네 가지 덕. '예(譽)'는 높이고 기리다.   ○婦德(부덕)－부녀자의 덕행. ○婦容(부용)－부녀자가 지녀야 할 용모나 태도.   ○婦言(부언)－부인 다운 말씨, 언변.   ○婦工(부공)－부녀자의 일솜씨. 가사를 처리하는 기술.

| 참고 |

용모를 단정히 하고 말씨를 곱게 해야 한다. 특히 주부는 살림솜씨가 좋아야 한다. 안살림의 주체는 가정주부이다. 모든 식구들이 주부가 만든 음식을 먹고 또 옷을 입는다. 그뿐만이 아니다. 관혼상제(冠婚喪祭) 등 대소사도 주부의 손을 거치어 이루어지게 마련이다. 주부는 슬기롭고 솜씨가 뛰어나야 한다.

20-2/

婦德者는 不必才名絶異요
부 덕 자   불 필 재 명 절 이

婦容者는 不必顏色美麗요
부용자 불필안색미려

婦言者는 不必辯口利詞요
부언자 불필변구리사

婦工者는 不必技巧過人也니라.
부공자 불필기교과인야

  '부덕은 반드시 재능과 명성이 뛰어나야 함이 아니고, 부용은
반드시 안색이 아름답고 고와야 함이 아니며, 부언은 반드시 구
변이 좋고 말을 썩 잘함이 아니고, 부공은 반드시 손재주가 남
보다 뛰어나야 함이 아니다.'

| 가사체 |

婦德이란 꼭반드시
부덕
재능명성 뛰어나야 한다는게 아니고요

婦容이란 꼭반드시
부용
얼굴색이 아름답고 고와야함 아니고요

婦言이란 꼭반드시
부언
구변좋고 말을아주 잘하는게 아니고요

婦功이란 꼭반드시
부공
손재주가 남들보다 뛰어남이 아니란다

  才(재주 재), 麗(고울 려), 辯(말 잘할 변), 詞(말씀 사).

                    • • •

○不必(불필)―반드시 …함이 아니다. ○才名(재명)―재주와 명성.
○絶異(절이)―남다르게 뛰어나다. ○顏色(안색)―용모나 기색. ○美

麗(미려)—아름답고 곱다. ○辯口(변구)—구변. 언변. 말솜씨. ○利詞(이사)—말을 잘함. ○技巧(기교)—손재주. 기술이나 솜씨. ○過人(과인)—남보다 뛰어남.

| 참고 |

네 가지 부덕이 특이한 것이 아님을 말하고 있다. 즉 '부덕·부용·부언·부공'은 다 외형적으로 혹은 인위적으로 가식하고 꾸미는 것이 아니고 깊은 정성에서 나와야 함을 말하고 있다. 부녀의 네 가지 덕목은 기술에 속하기보다는 정성에서 나오고 또 부지런하게 실행할 수 있는 덕행이다. 유별나게 뛰어난 것이 아니라 누구나 실행할 수 있는 평범한 것들이다. 항목별로 자세히 설명을 가했다.

20-3-1/

其婦德者는 淸貞廉節하여
기 부 덕 자 청 정 염 절

守分整齊하고 行止有恥하여
수 분 정 제 행 지 유 치

動靜有法이니 此爲婦德也요.
동 정 유 법 차 위 부 덕 야

부덕은 다음과 같이 함을 말한다. 맑고 곧은 마음가짐과 청렴하고 절개 있는 몸가짐으로 분수를 지키며 단정하고 엄숙한 태도를 항상 지녀야 한다. 행동거지에 수줍음이 있고 움직이거나 조용히 있을 때나 항상 법도를 지켜야 한다. 이상과 같이 함을 부인다운 덕행, 즉 부덕이라고 한다.

婦德이라 하는것은
부 덕
맑으면서 곧디곧은 마음가짐 지니면서
청렴하고 절개있는 몸가짐을 가지고서
자기분수 잘지키며 단정하고 또엄숙한
그런태도 지니는게 부인다운 덕행이다

貞(곧을 정), 廉(청렴할 렴), 節(마디 절), 整(가지런할 정), 齊(가지런할 제),
恥(부끄러워할 치), 靜(고요할 정).

• • •

○淸貞(청정)−맑고 곧음. ○廉節(염절)−청렴하고 절개를 지킴. ○守
分(수분)−분수를 지킴. ○整齊(정제)−단정하고 엄숙함. ○行止(행
지)−가나 멈추거나. 즉 행동거지(行動擧止). ○有恥(유치)−부끄러움
이나 수줍음이 있다. 창피함을 알다. ○動靜(동정)−움직이고 활동할
때나 조용히 있을 때나. ○有法(유법)−법도를 지키다.

| 참고 |

마음과 몸가짐이 법도에 맞고 청렴결백(淸廉潔白)하고 분수와 절개
를 지키고 아울러 항상 단정하고 엄숙한 생활태도를 지니는 것을 곧 부
녀자가 지켜야 할 부덕이라 한다. 특히 후안무치(厚顔無恥)하고 때와 장
소를 가리지 않고 나서서 떠벌리는 일이 있어서는 안 되겠다. 여성 상
위시대라고 버릇없이 굴면 못쓴다.

20-3-2/

婦容者는 **洗浣塵垢**하여
부 용 자 　 세 완 진 구

衣服鮮潔하며 **沐浴及時**하여
의 복 선 결 　 목 욕 급 시

一身無穢니 **此爲婦容也**니라.
일 신 무 예 　 차 위 부 용 야

　부용은 다음과 같이 함을 말한다. 옷을 세탁하여 먼지와 때를 말끔히 빨아내고 의복을 산뜻하고 정결하게 가꾸어 차려입으며, 때맞추어 목욕을 말끔히 하고 온몸에 더러움이 없게 한다. 이상과 같이 함을 부인다운 용모 가꾸기, 즉 부용이라고 한다.

| 가사체 |

婦容이라 하는것은
부 용
의복들을 세탁하여 때와먼지 빨아내고
옷차림을 산뜻하고 정결하게 가꿔입고
때맞추어 목욕하여 몸더러움 없게하는
그와같이 하는것을 부인다운 용모란다

　　浣(빨 완), 塵(티끌 진), 垢(때 구), 潔(깨끗할 결), 穢(더러울 예).

* * *

　　○洗浣(세완)－세탁하고 빨래함.　○塵垢(진구)－먼지와 때.　○鮮潔(선결)－산뜻하고 정결함.　○沐浴(목욕)－목(沐)은 머리를 감다. 욕(浴)은 몸을 씻다.　○一身(일신)－전신.　○無穢(무예)－더러움이 없다.

부용(婦容)은 용모나 몸 가꾸기를 말한다. 비싼 화장품으로 화장하고 사치스런 옷을 입으라는 것이 아니다. 맑고 밝은 용모와 정결하고 산뜻한 옷차림이 곧 부덕에 맞는 몸 가꾸기이다. 아름다움은 밖의 꾸밈에서 나오는 것이 아니고 속에서 풍겨 나오는 것이다. 즉 속의 깊은 덕성과 높은 정신자세와 교양미(敎養美)에서 풍기는 것이다.

20-3-3/

婦言者는 擇詞而說하여
부언자　　택사이설

不談非禮하고 時然後言하여
부담비례　　시연후언

人不厭其言이니 此爲婦言也요.
인불염기언　　차위부언야

부언은 다음과 같이 함을 말한다. 할 말을 골라서 하며 예의에 벗어난 말을 하지 않으며 때가 된 후에야 말을 하므로 남들이 그 말을 싫어하지 않는다. 이상과 같이 함을 부인다운 말씨, 즉 부언이라고 한다.

| 가사체 |

婦言이라 하는것은
부언

할말들을 골라하며 무례한말 하지않고

때가된후 말을하여 사람들이 그런말을

싫어하지 않는것을 부인다운 말씨란다

擇(가릴 택), 詞(말씀 사), 談(말씀 담), 禮(예도 례), 厭(싫을 염).

• • •

○擇詞而說(택사이설)—말을 골라서 함. ○不談非禮(부담비례)—예의
에 어긋나는 말은 하지 않음. ○時然後(시연후)—말할 때가 된 후에.
○不厭(불염)—싫어하지 않음.

| 참고 |

말을 함부로 하면 안 된다. 예의에 어긋나는 상스런 말을 입 밖에 내
지 말고 또 아무 때에나 불쑥 나서서 말하면 실례가 된다. 나서서 말해
도 될 만한 때가 되었을 때에 적절하게 말을 해야 한다. 위로는 부모님
이 계시고 아래로는 자녀들이 있으므로 모든 가족을 사랑하는 마음으
로 말을 부드럽게 함과 동시에 사려 깊게 가려서 해야 한다.

20-3-4

婦工者는 **專勤紡績**하고
부 공 자　　전 근 방 적

勿好酳酒하며 **供具甘旨**하여
물 호 운 주　　공 구 감 지

以奉賓客이니 **此爲婦工也**니라.
이 봉 빈 객　　차 위 부 공 야

부공은 다음과 같이 함을 말한다. 오로지 길쌈을 부지런히 하

고 술 마시고 취하기를 좋아하지 말며 맛있는 음식을 고루 마련하여 귀한 손님들을 대접한다. 이상과 같이 함을 부인다운 솜씨, 즉 부공이라고 말한다.

| 가사체 |

婦工이라 하는것은
_{부 공}
오직길쌈 힘을쓰고 술취하지 아니하며
맛이좋은 음식갖춰 손님대접 하는것을
그런것을 잘하는걸 부인다운 솜씨란다

　　專(오로지 전), 勤(부지런할 근), 紡(자을 방), 績(길쌈 적), 暈(어지러울 운), 旨
(맛있을 지), 奉(받들 봉), 賓(손 빈).

· · ·

　　○專勤(전근)—오로지 부지런히.　○紡績(방적)—길쌈. 방적.　○勿好
(물호)—좋아하면 안 된다.　○暈酒(운주)—얼큰한 술, 또는 술에 얼큰
하게 취함.　○供具(공구)—갖추고 구비함.　○甘旨(감지)—맛있는 음
식.　○以(이)—그래 가지고.　○奉賓客(봉빈객)—손님 대접을 함.

| 참고 |

　옛날에는 부녀자의 솜씨는 주로 길쌈과 음식에서 발휘되었다. 이 점
에 있어서는 오늘의 가정주부가 할 일과 일치하지 않는다. 오늘에는 가
정주부가 길쌈이나 옷 만들기를 거의 아니 한다. 차츰 장 담그기나 김
치 담그기도 줄어들고 있다. 그러나 집안살림 꾸려나가기에 있어 주부
의 위치와 책임은 원칙적으로는 옛날과 같고 그 비중이 크고 높다.

此四德者는 是婦人之所不可缺者라
차 사 덕 자   시 부 인 지 소 불 가 결 자

爲之甚易하고 務之在正하니
위 지 심 이   무 지 재 정

依此而行이면 是爲婦節이니라.
의 차 이 행   시 위 부 절

　이상의 네 가지 부덕은 부인들이 소홀히 하면 안 되는 것들이
며 행하기가 아주 쉬우니 바르게 행하도록 힘써야 한다. 네 가
지 덕에 따라 행동하는 것이 바로 부인이 따르고 지켜야 할 범
절이다.

| 가사체 |

　이러한德 네가지는 부인들이 꼭지킬것
　　　덕
　행하기가 아주쉽고 올바르게 힘써야니
　이에따라 행동하면 이게바로 부인범절

　　缺(빌 결), 甚(심할 심), 易(쉬울 이), 務(힘쓸 무), 依(의지할 의).

· · ·

　○所不可缺者(소불가결자)―빠뜨려서는 안 되는 것.　○爲之甚易(위지
심이)―행하기가 매우 쉽다. 용이하다.　○務之(무지)―애쓰다. 노력
하다.　○在正(재정)―바르게 되도록.　○依(의)―의지하다. 따라서.
○婦節(부절)―부인이 행할 범절(凡節)·절도(節度).

이상의 사부덕(四婦德)은 행하기 용이한 평범한 범절이다. 고전의 가르침의 깊은 뜻과 정신을 오늘의 생활에 활용하는 슬기가 있어야겠다. 고금동서(古今東西)를 막론하고 남자는 학덕(學德)을 겸비해야 하고 부녀자는 자애롭고 우아하고 정숙해야 한다. 사회 활동을 한다고 후안무치하고 포악해지면 안 된다.

20-5/

太公이 曰,
태공 왈

婦人之禮는 語必細니라.
부인지례 어필세

태공이 말했다. '부인의 예절은 말할 때는 반드시 조용히 하는 법이다.'

| 가사체 |

태공께서 말하였다
부인들의 예절이란
말할때는 꼭반드시 조용하게 해야니라

• • •

○太公(태공)—1-4 참조. ○婦人之禮(부인지례)—부인이 지켜야 할 예절의 하나는. ○語必細(어필세)—말을 반드시 조용히 한다.

무식하고 포악한 남자처럼 말하면 안 좋다.

20-6/

賢婦_는 令夫貴_요
<small>현 부　영 부 귀</small>

惡婦_는 令夫賤_{이라.}
<small>악 부　영 부 천</small>

어진 아내는 남편을 귀하게 만들고, 악한 아내는 남편을 천하
게 만든다.

| 가사체 |

어진아내 그남편을 귀하도록 하여주고
악한아내 그남편을 천하도록 만드니라

　　　　　　　　　　• • •

　○賢婦令夫貴(현부영부귀)－현명한 아내는 자기 남편을 귀하게 만든
다.　○惡婦令夫賤(악부영부천)－악처는 자기 남편을 천하게 만든다.

| 참고 |

현명한 아내는 남편을 존중하고 내조의 공을 세워서 자기 남편을 출
세하게 만든다. 그러나 악한 아내는 자기 남편을 무시하거나 멸시하고
스스로 천한 존재가 되게 한다. 부부는 서로 학식과 인격을 존중하고

사랑을 바탕으로 협동해야 한다. 동시에 각자의 소질과 재능을 발휘하여 사회발전에 기여하도록 서로 도와야 한다.

20-7/

家有賢妻면 夫不遭橫禍니라.
가 유 현 처 　 부 부 조 횡 화

집안에 현처가 있으면 남편이 뜻밖의 화를 당하지 않는다.

| 가사체 |

아내란자 어질면은 그남편이 재앙없다

賢(어질 현), 妻(아내 처), 遭(만날 조), 橫(가로 횡), 禍(재화 화).

• • •

○遭(조)─만나다. 당하다. ○橫禍(횡화)─뜻밖의 재앙.

| 참고 |

가정주부는 가정을 잘 다스리고 가족들의 마음을 안락하게 해주어야 한다. 그러면 남편을 위시하여 모든 가족들도 즐겁고 편해지며, 따라서 뜻밖의 화를 초래하지 않는다.

20-8 /

賢婦는 和六親하고 佞婦는 破六親이니라.
현 부　　화 육 친　　　영 부　　　파 육 친

어진 아내는 육친을 화목하게 하고, 간악한 아내는 육친의 화
목을 깨뜨린다.

| 가사체 |

어진아내 그육친을 화목하게 하여주고
모진아내 그육친의 화목함을 깨뜨린다

和(화할 화), 親(친할 친), 佞 = 佞(아첨할 녕), 破(깨뜨릴 파).

• • •

○和(화) ─ 화목하게 한다.　○六親(육친) ─ 부모(父母), 형제(兄弟), 처자
(妻子)의 육친 관계. 가까운 친척의 뜻도 있다.

| 참고 |

아내가 잘하면 일가친척이 더욱 화목하고 잘하지 못하면 화목했던
사이도 파탄난다. 가정주부는 일가친척에게 실인심(失人心)하면 안 된
다. 항상 사랑과 은혜를 베풀어야 한다.

남자는 남성으로서 지켜야 할 도리와 덕행이 있고, 부녀자는 여성으
로서 지켜야 할 도리와 덕행이 있게 마련이다.

동양 철학에서는 음양(陰陽)의 도리와 천지의 기능과 작용을 중시했
다. 하늘과 땅이 어울려야 자연만물이 육성되고 번성하듯이 남자와 여
성이 진정한 사랑을 바탕으로 부부가 되어 가정을 꾸미고 자녀를 낳고

잘 키워야 한다.

그러기 위해서는 저마다의 이기적 욕심을 억제하고 상대를 받들고 도와야 한다. 동시에 나보다도 가정을 위하는 대아(大我)의 정신으로 부부가 조화를 이루고 저마다의 직책과 도리를 다해야 한다. 그리고 더 나아가서, 나의 가정의 이득보다도 사회와 국가 및 인류·역사·문화 발전에 선가치적(善價値的)으로 공헌하는 남성과 여성이 되어야 한다.

제21편

적소성대積小成大

21-1

周易_에 曰,
주 역 왈

善不積_{이면} 不足以成名_{이요}
선 부 적 부족 이 성 명

惡不積_{이면} 不足以滅身_{이어늘}
악 부 적 부족 이 멸 신

小人_은 以小善_{으로} 爲無益而弗爲也_{하고}
소 인 이 소 선 위 무 익 이 불 위 야

以小惡_{으로} 爲无傷而弗去也_{니라}.
이 소 악 위 무 상 이 불 거 야

故_로 惡積而不可掩_{이요} 罪大而不可解_{니라}.
고 악 적 이 불 가 엄 죄 대 이 불 가 해

《주역》에서 말했다. '선행을 오래 행하지 않으면 선인의 이름을 듣기에 부족하고, 악행도 오래 하지 않으면 일신을 망치기에는 부족하다. 그래서 소인은 작은 선으로는 이로움이 없다고 선을 행하지 않고, 작은 악으로는 몸을 다치지 않는다고 악을 버리지 않는다. 그런 고로 악이 쌓여 가리울 수 없게 되고 죄가

커져서 벗어날 수 없게 된다.'

주역에서 말하였다
착한일을 오래도록 행하지를 아니하면
착하다고 하는이름 들어보기 힘들게고
악한일도 오래도록 행하지를 아니하면
자기일신 망치기에 부족하다 할것이다
그리하여 소인들은 조그마한 선으로는
이로움이 없다하여 행하지를 아니하고
작은악은 자기몸을 안다친다 생각하고
작은악을 안버린다
그러므로 악이쌓여 가리울수 없게되고
죄도따라 크게되어 벗어나지 못하니라

. . .

○周易(주역)—상고(上古)로부터 전해오던 '역(易)'을 주(周)의 문왕(文王), 주공(周公), 공자(孔子)가 설명을 가한 것으로 《역경(易經)》이라고도 함. ○滅身(멸신)—몸을 망치다. ○以小善(이소선)—작은 선으로 써는. 작은 선을 행해도. ○爲无益(위무익)—이익될 게 없다 하고. 위(爲)는 생각하다, 여기다. ○弗爲(불위)—작은 선을 행하지 않는다. ○爲无傷(위무상)—(작은 악을 행해도) 몸을 해치지 않는다고 생각하고. ○弗去(불거)—작은 악을 멀리하지 않고 (행한다). ○掩(엄)—가리다. ○解(해)—(죄를) 풀다. (죄에서) 벗어나다.

적진성산(積塵成山)이라고도 한다. 흙먼지가 쌓여 산이 된다는 뜻이다. 또 적수성해(積水成海)라고도 한다. 이 말들은 모두 작은 것이 모여서 큰 것이 된다는 뜻이다. 선을 한 번 행하고 이득이 안 된다고 해서 선행을 중단해서는 안 된다. 반대로 악행을 해도 당장에 패가망신하지 않고 벌 받지 않는다고 해서 계속 악을 행해도 안 된다.

21-2/

履霜이면 堅氷至라
이 상   견 빙 지

臣弑其君하며 子弑其父가
신 시 기 군   자 시 기 부

非一旦一夕之事라 其由來者漸矣니라.
비 일 단 일 석 지 사   기 유 래 자 점 의

　서리를 밟으면 굳은 얼음이 얼게 된다고 했으니, 신하로서 자기 임금을 죽이고, 아들이 자기 아버지를 죽이는 일이 하루아침이나 하루저녁에 이루어지는 것이 아니다. 그렇게 된 유래는 오래 두고 차츰 자란 것이다.

| 가사체 |

　이미서리 밟았으면 굳은얼음 얼게된다
　신하로서 윗사람인 자기임금 시해하고
　자식이라 하는자가 자기아비 죽이는일
　하루아침 하루저녁 일어난일 아니니라
　그렇게된 그유래는

오랜세월 두고두고 차츰차츰 자란거다

履(밟을 리), 霜(서리 상), 堅(굳을 견), 弑(죽일 시), 漸(점점 점).

• • •

○履霜(이상)—서리를 밟게 되면.   ○堅氷至(견빙지)—(그 다음에는)
굳은 얼음이 얼게 된다.   ○弑(시)—시해함. 윗사람을 죽임.   ○旦
(단)—아침.   ○由來(유래)—내력. 연유.   ○漸(점)—점차적으로 자라
나다.

| 참고 |

가을에 서리가 내리고 다시 추워지면 굳게 얼음이 얼게 된다. 극악
무도한 범죄도 하루아침에 까닭 없이 돌발하는 것이 아니다. 작은 악덕
(惡德)이 쌓여서 큰 죄악으로 자라난다.

제22편

팔반가八反歌

22-1

幼兒或詈我하면 我心覺懽喜하고
유 아 혹 이 아   아 심 각 환 희

父母嗔怒我하면 我心反不甘이라.
부 모 진 노 아   아 심 반 불 감

一喜懽一不甘하니 待兒待父心何懸고
일 희 환 일 불 감   대 아 대 부 심 하 현

勸君今日逢親怒어든 也應將親作兒看하라?
권 군 금 일 봉 친 노   야 응 장 친 작 아 간

어린 자식놈이 철없이 나를 보고 욕을 하면 부모된 나는 마음으로 기쁨을 느끼지만 부모님이 나에게 화를 내시면 자식된 나는 속으로 언짢게 여긴다. 한쪽은 기쁘고 한쪽은 언짢으니 자식과 부모 대하는 마음이 이다지도 다른가? 그대에게 권하노니 오늘 부모님이 성을 내시거든 또한 응당 부모님을 아이들을 간주하라.

어린자식 철도없이 나를보고 욕을해도
그부모인 나자신은 마음으로 기뻐하고
아버지와 어머니가 나를보고 화내시면
그자식인 나자신은 언짢다고 여긴다네
그한쪽은 기뻐하고 다른쪽은 언짢으니
자식부모 상대하는 그마음이 왜다를까
그대에게 권하노라
지금오늘 부모님이 성을내게 되거들랑
또한응당 어버이를 아이들로 간주하라

罵(꾸짖을 리), 懽(기쁠 환), 嗔(성낼 진), 懸(매달 현), 勸(권할 권).

. . .

○或罵我(혹이아)—자식이 부모된 나를 욕하거나 꾸짖다. ○懽喜(환희)—기쁘고 좋아한다. ○嗔怒(진노)—화를 내고 성내다. ○一喜懽(일희환)—자식에 대해서는 즐겁게 느끼고. ○一不甘(일불감)—부모에 대해서는 언짢게 여김. ○待兒待父心(대아대부심)—자식과 부모를 대하는 마음. ○何懸(하현)—어찌 이다지도 다르냐? ○逢親怒(봉친노)—어른께서 진노하시더라도. ○將親(장친)—어버이를. ○作兒看(작아간)—아이들로 간주하라.

22-2/

兒曹_는 出千言_{하되} 君聽常不厭_{하고}
아 조   출 천 언   군 청 상 불 염

父母는 一開口하면 便道多閑管이라
부모 일개구 변도다한관

非閑管親掛牽이라 皓首白頭多諳諫이라.
비한관친패견 호수백두다암간

勸君敬奉老人言하고 莫敎乳口爭長短하라.
권군경봉노인언 막교유구쟁장단

　　어린아이들이 천 마디 말을 해도 그대는 항상 듣기에 염증을 내지 않으면서 부모님이 어쩌다가 한 번 말씀을 하시면 부질없이 잔소리하신다고 불평할 것이지. 그러나 부질없는 잔소리가 아니고 부모가 걱정을 하신 것이며, 백발이 되어도 모든 것을 살피고 타이르는 것일세. 그대에게 권하노니 어른의 말씀을 공경하여 받들고 젖내 나는 입으로 어른 앞에서 장단을 따지지 말게.

| 가사체 |

나이어린 자식들이 여러마디 말을해도
그대들은 늘언제나 싫증내지 않으면서
부모님이 어쩌다가 한번말씀 하시면은
잔소리를 하신다고 불평들을 할것이다
그러하나 쓸데없이 간섭한게 아닐테고
그대들이 걱정되어 그리하신 것이니라
백발돼도 모든것을 보살피고 타이른다
그대에게 권하노라 어른말씀 공경하여
젖내나는 그입으로 어르신들 그앞에서
이런저런 길고짧음 따지지를 말지어다

聽(들을 청), 管(간섭할 관), 牽(끌 견), 皓(흴 호), 諳(욀 암).

• • •

○兒曹(아조)—아이들. 조(曹)는 무리. ○出千言(출천언)—천 마디 말을 지껄여도. ○君聽常不厭(군청상불염)—부모된 그대는 자식의 말을 듣고도 항상 싫지 않다. ○父母一開口(부모일개구)—한편 부모가 한 번 입을 열고 말을 하면. ○便道多閑管(변도다한관)—(자식이 부모에게) 쓸데없는 이 일에 간섭한다고 말을 한다. ○非閑管(비한관)—(그러나 부모가) 쓸데없이 간섭하는 것이 아니고. ○親掛牽(친괘견)—친히 걱정하고 지도함이다. ○皓首白頭(호수백두)—호호백발. 백발의 노인. ○諳諫(암간)—많은 것을 잘 알고 타이르다. ○敬奉(경봉)—공경하고 받들다. ○乳口(유구)—젖내 나는 입. 자식의 입.

22-3/

幼兒尿糞穢는 君心에 無厭忌로되
유 아 뇨 분 예 군 심 무 염 기

老親涕唾零에 反有憎嫌意니라
노 친 체 타 령 반 유 증 혐 의

六尺軀來何處요 父精母血成汝體라.
육 척 구 래 하 처 부 정 모 혈 성 여 체

勸君敬待老來人하라 壯時爲爾筋骨敝니라.
권 군 경 대 노 래 인 장 시 위 이 근 골 폐

　어린아이의 똥오줌 같은 더러운 것은 그대 마음에 싫거나 꺼리는 바 없거늘, 늙은 어버이의 눈물과 침 흘리는 것은 도리어 미워하고 싫어하는 생각이 드니, 그대의 6척 되는 체구가 어디서 왔는고? 바로 어버이의 정기와 피가 그대의 몸이 된 것이다. 그대에게 권하노니 늙으시는 어버이를 공경하라. 젊어서 그대를 위해 힘줄과 뼈를 피폐케 하셨다.

| 가사체 |

어린아이 똥과오줌 그와같이 더러운건
싫어하고 꺼리는바 그대맘에 없지만은
나이드신 부모님이 침과눈물 흘리는건
싫어하는 생각드니
육척되는 그대몸은 그어디서 왔단말고
부모님의 精과피로 그대들의 몸이됐네
　　　　　정
그대에게 권하노니
늙으시는 부모님을 공경스레 대접하라
부모님은 젊었을때
그대때문 살과뼈가 망가지게 되셨도다

尿(오줌 뇨), 糞(똥 분), 穢(더러울 예), 忌(꺼릴 기), 涕(눈물 체), 唾(침 타), 零(떨어질 령), 嫌(싫어할 혐), 軀(몸 구), 筋(힘줄 근), 敝(해질 폐).

• • •

○尿糞(뇨분)—오줌과 똥. ○穢(예)—더러운 것. ○厭忌(염기)—싫어하고 기피함. ○涕(체)—눈물. ○唾(타)—침. ○零(령)—뚝뚝 떨어짐. ○憎嫌意(증혐의)—증오하고 혐오한다. ○軀(구)—체구. 몸. ○父精母血(부정모혈)—아버지의 정기와 어머니의 피. ○成汝體(성여체)—그대의 몸을 이루다. ○敬待(경대)—공경하고 잘 봉양해 올려라. ○老來人(노래인)—늙어가시는 어른. ○壯時(장시)—젊고 세찰 때. ○筋骨(근골)—심줄. 근육. 살과 뼈. ○敝(폐)—피폐하다.

看君晨入市하여 買餠又買餻하니
간 군 신 입 시　　　매 병 우 매 고

少聞供父母하고 多說供兒曹라.
소 문 공 부 모　　　다 설 공 아 조

親未啖兒先飽하니 子心不比親心好라.
친 미 담 아 선 포　　　자 심 불 비 친 심 호

勸君多出買餠錢하여 供養白頭光陰少하라.
권 군 다 출 매 병 전　　　공 양 백 두 광 음 소

　그대가 아침에 저자에 가서 여러 가지 떡을 사는 것을 보니, 부모님에게 드리겠다는 말은 안하고 아이들 주겠다는 말은 많이 하더군. 부모님 맛보시기도 전에 아이들만 포식하니 어버이 사랑이 자식 사랑만 못함이다. 그대에게 권하니 떡 살 돈을 조금 더 써서 머리 희고 늙어 여생이 얼마 남지 않은 어버이를 공양하게나.

| 가사체 |

그대들이 아침일찍
가게가서 이떡저떡 사는것을 살펴보니
떡을사서 부모님께 드린다는 말안하고
자식에게 준다는말 많이많이 하더구나
부모아직 맛보기전 아이들만 포식하니
부모님을 사랑함이
자식들을 사랑함만 못한것이 분명하다
그대에게 권하노니

떡살돈에 조금보태 머리희고 나이들어
살날얼마 남지않은 부모님을 봉양하라

晨(새벽 신), 餠(떡 병), 餻(떡 고), 啖(먹을 담), 飽(물릴 포).

• • •

○看君晨入市(간군신입시)─그대가 아침에 시장에 가서. ○買餠又買
餻(매병우매고)─여러 가지 떡을 사는 것을 보았노라. 병(餠)도 떡, 고
(餻)도 떡. ○少聞供父母(소문공부모)─그런데 (떡을) 부모에게 올린
다는 말은 안 들리고. ○多說供兒曹(다설공아조)─아이들에게 준다는
말만 많이 하더라. ○親未啖(친미담)─부모는 씹어보지도 못함. ○兒
先飽(아선포)─아이들이 먼저 포식하다. ○子心(자심)─자식으로서
효도하려는 마음. ○親心(친심)─자식을 사랑하는 마음. ○買餠錢
(매병전)─떡을 살 돈. ○白頭光陰少(백두광음소)─머리가 희고 늙어
사실 날이 얼마 없는 (부모님).

22-5/

市間賣藥肆에 惟有肥兒丸하고
시 간 매 약 사　유 유 비 아 환

未有壯親者하니 何故兩般看고?
미 유 장 친 자　하 고 양 반 간

兒亦病親亦病에 醫兒不比醫親症이라.
아 역 병 친 역 병　의 아 불 비 의 친 증

割股還是親的肉이니 勸君亟保雙親命하라.
할 고 환 시 친 적 육　권 군 극 보 쌍 친 명

시중 약 파는 가게에는 오직 아이들 살찌게 하는 알약만 있고

어버이를 보하는 약은 없다고 하니 어찌 자식과 양친의 병간호를 다르게 하나? 자식이 병들고 어버이도 병에 걸렸다면 자식 치료는 어버이 치료에 비할 바 못 되느니라. 허벅지의 살을 베어 치료해도 역시 어버이 살이니, 그대여 당장에 양친의 목숨을 보전해 올려라.

| 가사체 |

약을파는 가게에는
오직아이 살찌우는 알약들만 많이있고
부모님을 튼튼하게 하는보약 거의없다
자식들과 부모님의 병간호가 왜다르나
자식들이 병이들고 부모님도 병이들면
자식들을 치료함은
부모님을 치료함에 비할바가 못되니라
넙적다리 살을베어 부모님을 치료해도
베어낸살 그살역시 부모님의 살이란다
그대에게 권하노니
부모님의 귀한목숨 정말로잘 보전하라

醫(의원 의), 症(증세 증), 割(나눌 할), 股(넙적다리 고), 亟(빠를 극).

• • •

○賣藥肆(매약사)―약 파는 가게. ○惟有肥兒丸(유유비아환)―약국에 다만 아이를 살찌게 하는 알약만이 있다. 즉 자식을 위한 약만을 샀다는 뜻. ○未有壯親者(미유장친자)―부모를 튼튼하게 하는 보약은 없다. 즉 부모를 위한 보약은 안 샀다는 뜻. ○何故(하고)―어찌하여. ○兩般看(양반간)―양쪽을 다르게 보나. 차별하나. ○不比(불비)―비

교가 안 된다. ○醫親症(의친증)－부모님의 병을 치료함. ○割股(할고)－허벅지의 살을 베다. ○親的肉(친적육)－부모의 살. ○亟(극)－빨리. 당장에. ○保(보)－보전(保全)함. ○雙親命(쌍친명)－양친의 생명.

22-6/

富貴엔 養親易로되 親常有未安하고
부귀   양친이   친상유미안

貧賤엔 養兒難하되 兒不受饑寒이라.
빈천   양아난   아불수기한

一條心兩條路에 爲兒終不如爲父라.
일조심양조로   위아종불여위부

勸君兩親을 如養兒하고
권군양친   여양아

凡事를 莫推家不富하라.
범사   막추가불부

부귀를 누릴 때에 양친을 공양하기는 쉬우나 그래도 양친의 마음은 항상 편치 않은 바가 있느니라. 빈천한 때에 자식들 키우기는 힘이 들지만 그렇다고 아이들을 굶주리고 헐벗게 하지는 않는다. 한 가닥 마음으로 두 가닥 길을 따라야 할 경우에 자식 사랑과 어버이 사랑이 결국은 같지 않게 되더라. 그대에게 권하노니 어버이 공양을 자식 위하듯 하며 모든 것을 집안의 가난으로 돌리고 핑계대지 마라.

부귀하게 살때에는 양친공양 쉽지만은
양친마음 늘언제나 편치않은 바가있다
가난하고 천한때에 자식양육 어려우나
아이들을 굶주리고 헐벗게는 않는단다
한가닥의 마음으로
두갈래의 양쪽길을 따라야할 그런 경우
자식사랑 부모사랑 결국같지 않게된다
그대에게 권하노니 어버이를 섬기기를
아이들을 위하듯이 그러하게 해야하며
모든것을 집안가난 핑계대지 말지어다

饑(주릴 기), 條(가지 조), 凡(무릇 범), 莫(말 막), 推(밀을 추).

• • •

○富貴養親易(부귀양친이)─부귀를 누릴 때에 양친을 물질적으로 잘
봉양하기는 쉽다. ○親常有未安(친상유미안)─양친은 항상 정신적으
로 편안하지 않다. ○貧賤養兒難(빈천양아난)─빈천하게 살면 아이
들을 키우기 어렵다. ○兒不受饑寒(아불수기한)─아이들을 굶주리게
하고 추위에 떨게 하지 않는다. ○一條心(일조심)─한 가닥의 마음.
○兩條路(양조로)─두 갈래의 길. ○莫推(막추)─핑계대지 마라.

22-7/

養親엔 只有二人이로되 常與兄弟爭하고
양 친   지 유 이 인   상 여 형 제 쟁

養兒엔 雖十人이나 君皆獨自任이라.
양 아　수 십 인　　군 개 독 자 임

兒飽煖親常問하되 父母饑寒不在心이라.
아 포 난 친 상 문　　부 모 기 한 부 재 심

勸君養親을 須竭力하라.
권 군 양 친　　수 갈 력

當初衣食이 被君侵이니라.
당 초 의 식　　피 군 침

　양친 공양은 오직 두 분만을 모실 뿐인데도 노상 형제들이 서로 다투면서 안 모시려고 하며, 반대로 자식 양육은 열 명이라도 저마다 혼자서 다 떠맡으려고 한다. 아이들 배부르고 따뜻한지는 친히 항상 물으면서 어버이 배고프고 추운 것은 마음에도 두지 않는다. 권하노니, 어버이 공양에 모름지기 힘을 다하라. 부모님은 당초에 옷이나 음식을 그대 때문에 빼앗기셨느니라.

| 가사체 |

어버이를 공양함은 오직두분 뿐인데도
늘언제나 형제들이 안모시려 다툴테고
아이들을 기름에는 열명이나 된다해도
그대혼자 그모두를 떠맡으려 할것이다
그대들의 아이들이
배부르고 따뜻한지 부모님은 늘묻지만
그대들의 부모님이
배고프고 추운것은 그대마음 두지않네
그대에게 권하노니

어버이를 공양하길 모름지기 힘다하라
부모님은 애당초에
입는것과 먹는것을 그대에게 뺏기셨다

飽(물릴 포), 煖(따뜻할 난), 饑(주릴 기), 竭(다할 갈), 侵(침노할 침).

‧ ‧ ‧

○養親只有二人(양친지유이인)─부모를 모시고 공양을 해야, 모두 두 분뿐이다. ○常與兄弟爭(상여형제쟁)─그런데 자식 형제들이 저마다 부모를 안 모시겠다고 항상 서로 다투고 싸운다. ○養兒雖十人(양아수십인)─자식을 키우는 데는 비록 열 명이라도. ○君皆獨自任(군개독자임)─저마다 모두 혼자 스스로 맡겠다고 한다. ○兒飽煖(아포난)─자식들이 배불리 먹고 따뜻하게 옷을 입었는지. ○父母饑寒(부모기한)─부모가 굶주리고 추워하는지에 대해서는. ○不在心(부재심)─마음에 두지 않음. 무관심하다. ○竭力(갈력)─힘을 다 씀. ○被君侵(피군침)─부모가 그대에게 침해를 당하다.

22-8/

親有十分慈하되 君不念其恩하고
친 유 십 분 자　　 군 불 념 기 은

兒有一分孝하되 君就揚其名이라.
아 유 일 분 효　　 군 취 양 기 명

待親暗待兒明하니 誰識高堂養子心고?
대 친 암 대 아 명　　 수 식 고 당 양 자 심

勸君漫信兒曹孝하라.
권 군 만 신 아 조 효

兒曹親子在君身이니라.
아 조 친 자 재 군 신

어버이께서 10분의 자애로 키워주셨거늘 그대는 그 크나큰
은혜를 생각지 않고, 아이들이 한 푼의 효도를 하면 그대는 그
것을 들어 자랑하노라. 어버이 섬김에는 어둡고 자식 대함에만
밝으니, 누가 부모님의 자식 키우는 마음을 알아주랴? 그대에
게 권하노니, 부질없이 자식 효도 믿지를 마라. 그대가 바로 자
식의 어버이요, 어버이의 자식이니라.

| 가사체 |

어버이는 지극하게 자애로써 키웠는데
그대들은 그은혜를 생각하지 아니하고
자기자식 효도함이 한푼어치 있으면은
그대는곧 그걸들어 자랑하려 할것이다
부모봉양 어두웁고 자식양육 밝게하니
자식키운 부모마음 그누구가 알아주랴
그대에게 권하노니
자식들의 효도함을 부질없이 믿지말라
그대들로 말하자면
자식들의 어버이요 어버이의 자식이다

慈(사랑할 자), 恩(은혜 은), 揚(오를 양), 識(알 식), 漫(질펀할 만).

• • •

○十分慈(십분자)―충분히 넘치는 자애(慈愛)로써. ○念(념)―깊이 생
각하고 고마워함. ○一分孝(일분효)―자식놈이 어쩌다가 1푼의 효도

를 하면. ○就(취)—당장. 곧. ○揚其名(양기명)—아들의 이름을 들고 자랑을 한다. ○待(대)—대하다. ○誰識(수식)—누가 알아주랴? ○高堂(고당)—부모님의 뜻. ○養子心(양자심)—자식 키우는 마음. ○漫信(만신)—부질없이 믿다. 만(慢)과 같은 뜻. ○兒曹親子(아조친자)—아이들의 어버이이자 동시에 어버이의 자식. 친(親)은 위와 아래에 다 걸림.

| 참고 |

이상의 팔반가(八反歌) 8수(首)는 자식 사랑하는 마음을 돌려서 부모에게 효도를 하라는 풍자시(諷刺詩)다. 동물도 새끼를 한동안은 극진히 아끼고 키운다. 그러나 동물은 새끼가 어미에게 보답하지 않는다. 효도는 다만 사람만이 한다. 뒤집어 말하면 효도를 안하면 사람이 아니다. 어린 자식을 귀여워하고 철없이 응석부리는 것을 기쁘게 느끼는 것도 좋다. 그러나 동시에 잘 생각해야 한다. 늙으신 부모님 앞에 나는 어떤 존재인가? 비록 내가 장가들고 처자식을 거느리고 있어도 늙은 부모님 앞의 나는 항상 어린 아들에 불과하다. 따라서 평생을 두고 부모님에게 효도를 해야 한다.

깊이 생각해 보자. 나를 양육하기 위해 노쇠하신 부모님을 누가 극진히 모셔야 하나? 바로 자식된 내가 아닌가? 그런데 처자식 생각만 하고 부모님을 소홀히 하면 되겠는가? 그것은 사람의 도리가 아니다. 동물과 같은 짓이다. 장년기의 나는 위로는 늙은 부모님을 공양하고, 아래로는 어린 자녀들을 양육해야 한다. 대부분의 사람들은 자식들 키우는 것에는 정성을 기울이지만 위에 계신 부모님에 대한 공양을 형식적으로 하는 수가 많다.

그러나 깊이 생각해 보자. 부모님이 장년기에 어린 나를 양육해 주셨다. 그리고 지금 부모님은 노쇠했다. 한편 나는 장년기에 기운 좋고 활동력도 있고 돈도 잘 번다. 그러므로 내가 늙은 부모에게 보답하는 것은 당연하지 않은가? 원래 부모님도 위로는 부모님에게 효도하고 아래로는 나를 키우셨다. 그렇게 해서 세세대대로 이어오면서 우리 집안이 더욱 번성하고 발전한다. 효도의 원리에는 두 가지 핵심이 있다. 하나는 나를 낳고 양육해 주신 부모님에게 감사하고 보답하는 것이다. 다른 하나는 선조의 이상과 가업을 계승하고 내가 노력하여 집안을 더욱 흥성케 하고 발전시키는 것이다. 효도는 인간의 존엄성을 높이고 동시에 인류의 역사·문화 발전에 직결되는 숭고한 덕행이다.

제23편

효행 속편 孝行續篇

1. 손순(孫順) 부부의 효성

孫順이 家貧하여 與其妻로 傭作人家하여
손 순 가 빈   여 기 처   용 작 인 가

以養母할새 有兒每奪母食이라.
이 양 모   유 아 매 탈 모 식

順謂妻曰, 兒奪母食하니 兒可得이나 母難再求라 하고
순 위 처 왈 아 탈 모 식   아 가 득   모 난 재 구

乃負兒 往歸醉山北郊하여
내 부 아 왕 귀 취 산 북 교

欲埋堀地러니 忽有甚奇石鐘이어늘
욕 매 굴 지   홀 유 심 기 석 종

驚怪試撞之하니 舂容可愛라.
경 괴 시 당 지   용 용 가 애

妻曰, 得此奇物은 殆兒之福이라 埋之不可라 하니
처 왈 득 차 기 물   태 아 지 복   매 지 불 가

順이 以爲然하여 將兒與鐘還家하여
순   이 위 연   장 아 여 종 환 가

懸於樑하여 撞之러니
현 어 량   당 지

王聞鐘聲清遠異常하여 而覈聞其實하고
왕 문 종 성 청 원 이 상   이 핵 문 기 실

曰, 昔에 郭巨埋子엔 天賜金釜러니
왈   석   곽 거 매 자   천 사 금 부

今孫順埋子엔 地出石鐘하니 前後符同이라.
금 손 순 매 자   지 출 석 종   전 후 부 동

賜家一區 歲給米五十石하니라.
사 가 일 구   세 급 미 오 십 석

　　손순이 집이 가난하여 자기 아내와 함께 남의 집 머슴살이를 하면서 어머니를 봉양했다. 헌데 자식이 어머니 드릴 음식을 빼앗아 먹는 것이었다.

　　손순이 아내에게 말했다. '자식이 어머니 드실 음식을 먹는 구려. 자식은 또 낳을 수 있으나 어머니는 다시 구하기 어렵소.'

　　이에 자식을 등에 업고 취산 북쪽으로 가서 묻으려고 땅을 팠다. 그러자 뜻밖에 아주 신기한 돌종이 나왔다. 그들은 깜짝 놀라 이상히 여기고 시험삼아 그 돌종을 치니 그 소리가 아름답고 잘 울렸다.

　　아내가 말했다. '이 같은 기이한 물건을 얻은 것은 모두가 다 자식아이의 복이니 그 애를 묻으면 안 됩니다.' 손순도 그렇게 생각하고 아이와 함께 돌종을 들고 집으로 돌아와 대들보에 걸고 종을 울렸다.

　　마침 임금님이 너무나 이상하게 맑고 멀리 울려 퍼지는 종소리를 듣고 조사하여 그 사실을 알고 말했다. '옛날에 곽거가 아들을 땅에 묻으려 하자 하늘이 금솥을 내리셨는데 이제 손순이

아들을 묻으려 하자 땅에서 돌종이 나왔으니 일치하는구나.'
그리고 임금님은 집 한 채를 하사하고 또 해마다 쌀 50석을 내
려주었다.

| 가사체 |

손순이라 하는자가
자기집이 가난하여 그아내와 더불어서
남의집에 머슴살아 어머니를 봉양했다
그러한데 자식놈이
어머니가 잡수실걸 빼앗아서 먹었었다
손순이가 아내에게 다음같이 말하였다
어머니께 드릴음식
아이놈이 빼앗아서 그걸모두 먹는구려
자식놈은 뒤에가서 또낳을수 있지만은
어머니는 죽고나면 다시얻기 어려웁소
이러하게 말하고는 이에자식 등에업고
취산북쪽 교외가서 묻으려고 땅을팠다
뜻밖에도 아주매우
신기하게 생긴돌종 땅속에서 나왔다네
손순부부 깜짝놀라 이상하게 여기고서
시험삼아 두드리니
그종소리 아름답고 사랑할만 하였다네
손순아내 말하였다
이와같이 매우매우 기이한걸 얻은것은
모두아이 복일테니
이아이를 땅에다가 묻으면은 안됩니다

이에대해 손순이도 그렇다고 생각하여

그아이를 등에업고 그돌종을 들고서는

자기집에 돌아와서

대들보에 걸어놓고 한번쳐서 울려봤다

그때마침 임금님도 너무나도 이상하게

맑고멀리 퍼져가는 종소리를 들으시고

그사실을 아시고는 다음같이 말하셨다

그옛날에 郭巨란자 그아들을 묻을때는
　　　곽 거

저하늘이 郭巨에게 금솥하나 주셨는데
　　　곽 거

이제지금 손순이가 그아들을 묻음에는

땅속에서 신기하게

돌종하나 나왔으니 앞뒤서로 일치하네

이런말씀 하시고는 집한채를 하사하고

거기에다 歲歲年年 쌀오십석 내려줬다
　　　세 세 연 년

• • •

○孫順(손순)—신라 사람으로 경주 손씨의 시조. 효성이 지극하여 돌
종〔石鐘〕을 얻었다. 그 돌종이 신라 진흥왕(眞興王)의 3기(器)의 하나
가 되었다. ○傭作(용작)—품팔이를 함. 머슴살이. ○每奪(매탈)—매
번 빼앗아 먹다. ○兒奪母食(아탈모식)—어머니가 드실 밥을 자식놈
이 먹다. ○負(부)—등에 업고. ○往歸(왕귀)—가서 죽게 하려고. 귀
(歸)는 돌려보냄. ○醉山北郊(취산북교)—취산 북쪽 교외. ○欲埋(욕
매)—묻으려고. ○掘地(굴지)—땅을 파다. ○甚奇(심기)—심히 기이
한. ○石鐘(석종)—돌종. ○撞(당)—종을 치다. ○春容可愛(용용가
애)—쨍쨍 울리는 소리가 아름답다. ○殆(태)—거의 다. ○將兒與鐘
(장아여종)—아이와 종을 들고. ○還家(환가)—집으로 돌아오다. ○懸
於樑(현어량)—대들보에 달아놓고. ○覈聞其實(핵문기실)—조사해서
그 사실을 알다. ○郭巨(곽거)—중국 후한(後漢)대의 사람으로 24효

(孝)의 한 사람. 어머니 봉양을 위해 자식을 묻으려 하자 하늘이 그에게 금솥〔金釜〕을 내려주었다. ○符同(부동)—서로 일치한다. ○賜(사)—내려주다. ○歲給(세급)—매년 주다.

| 참고 |

'지성이면 하늘도 감동한다(至誠感天)' 는 말이 있다. 어머니를 봉양하기 위해 자식을 묻으려 한 것은 현대적 감각에 어울리지 않는다. 그러나 어머니를 자식보다 소중히 여긴다는 점을 강조한 것으로 이해하면 좋을 것이다.《구약성서》에도 아브라함이 그의 늦둥이 아들 이삭을 번제(燔祭)하려 하자 하늘이 감동했다는 구절이 있다. 처자식만을 사랑하고 노부모를 홀대하는 사람들을 깨우치려는 가르침이다.

2. 상덕(尚德)의 효성

尚德은 値年荒癘疫하여 父母飢病瀕死라
상 덕   치 년 황 여 역   부 모 기 병 빈 사

尚德이 日夜不解衣하고 盡誠安慰하되 無以爲養이면
상 덕   일 야 불 해 의   진 성 안 위   무 이 위 양

則割髀肉食之하고 母發癰에 吮之卽瘉라.
즉 규 비 육 식 지   모 발 옹   연 지 즉 유

王이 嘉之하여 賜賚甚厚하고
왕   가 지   사 뢰 심 후

命旌其門하고 立石紀事하니라.
명 정 기 문   입 석 기 사

주상덕은 흉년과 염병이 유행하는 때에 부모님이 굶주리고 병들어 거의 죽게 되자 밤낮으로 옷도 벗지 않고 정성을 다하여 안위해 드렸다. 봉양할 것이 없으면 자기의 넓적다리 살을 잘라 올렸고 어머니께서 종기가 나자 입으로 빨아서 낫게 해드렸다.

임금이 이 소식을 듣고 어여삐 여겨 재물을 후하게 내리고 그 집에 정문을 세우라 명하고 아울러 비석을 세워 그의 효행을 기록하게 하였다.

| 가사체 |

尚德이라 하는자가
상 덕
흉년들고 전염병이 도는때를 만났는데
아버지와 어머니가
굶주리고 병이들어 거의죽게 되었다네
이에그가 밤낮으로
잠도자지 아니하고 정성다해 간호했네
봉양할게 없으면은
자기다리 살을베어 잡수시게 해드렸고
어머니가 종기나니
제입으로 종기빨아 깨끗하게 낫게했네
임금께서 이말듣고
어여쁘게 여기시어 재물후히 내리시고
집앞에다 정려문을 세우라고 명령하고
비석세워 그의효행 기록하게 하였단다

○尙德(상덕)―신라 때의 효자. ○値年荒(치년황)―마침 (그해에) 흉년이 들다. ○癘疫(여역)―염병. 전염병이 퍼지다. 창질 려(癘), 염병 역(疫). ○飢病(기병)―굶주리고 병들다. ○瀕死(빈사)―거의 다 죽게 됨. ○不解衣(불해의)―옷도 벗지 않고. ○盡誠(진성)―정성을 다해서. ○安慰(안위)―편안하게 해드리고 또 위안해 올리다. ○無以爲養(무이위양)―공양해 올릴 것이 없으면. ○刲(규)―자르다. 베다. 자를 규(刲). ○髀肉(비육)―넓적다리의 살. 넓적다리 비(髀). ○發癰(발옹)―종기가 나다. 악창 옹(癰). ○吮(연)―입으로 빨다. ○癒(유)―치유하다. ○嘉之(가지)―그의 효행을 어여삐 여기다. ○賜賚(사뢰)―임금이 은사를 내려줌. ○旌門(정문)―충신·효자·열녀 등을 표창하기 위하여 그 집 앞에 붉은 문을 세운다. ○立石紀事(입석기사)―비석을 세워 그 효행을 기록함.

| 참고 |

　지극한 효성과 효행 정신을 현대인도 본받아야 한다. 넓적다리 살을 베어서 부모에게 공양(供養)했다는 옛 기록이 퍽 많다. 먹을 것이 풍족하고 의학이 발달한 오늘에는 상상도 할 수 없는 어려운 효행이라 하겠다. 문제는 그와 같은 정신을 높여야 한다. 자신을 희생해서 부모의 병을 치유하겠다는 효성이 일어야 한다. 오늘의 우리들도 그들의 정신과 열성을 본받아야 한다.

　과학이 발달하고 물질문명이 풍성하다고, 인간 윤리와 사회적인 도덕이나 예의범절을 소홀히 하면 안 된다. 서양에서 효도·효행을 높이지 않는 것은 잘못이다. 서양의 외형적 과학이나 물질문명은 배우되, 그들이 효도·효행을 소홀히 하니까 우리도 할 필요가 없다고 생각하면 잘못이다. 동양의 높은 정신문명 및 윤리도덕의 좋은 전통을 서양 사람에게도 가르치고 전파해야 한다.

3. 도씨(都氏)의 효성

都氏家貧이나 至孝라 賣炭買肉하여 無闕母饌이러라.
도 씨 가 빈　　지 효　　매 탄 매 육　　　무 궐 모 찬

一日은 於市에 晩而忙歸러니 鳶忽攫肉이어늘
일 일　　어 시　　만 이 망 귀　　　연 홀 확 육

都悲號至家하니 鳶旣投肉於庭이러라.
도 비 호 지 가　　　연 기 투 육 어 정

一日은 母病 索非時之紅柿어늘
일 일　　모 병 색 비 시 지 홍 시

都彷徨柿林하여 不覺日昏이니
도 방 황 시 림　　　불 각 일 혼

有虎屢遮前路하고 以示乘意라.
유 호 누 차 전 로　　　이 시 승 의

都乘至百餘里山村하여 訪人家投宿이러니
도 승 지 백 여 리 산 촌　　　방 인 가 투 숙

俄而主人이 饋祭飯而有紅柿라.
아 이 주 인　　궤 제 반 이 유 홍 시

都喜問 柿之來歷하고 且述己意한대
도 희 문 시 지 내 력　　　차 술 기 의

答曰, 亡父嗜柿라 故로 每秋擇柿二百個하여
답 왈 망 부 기 시　고　　매 추 택 시 이 백 개

藏諸窟中 而至此五月에 則完者不過七八이다가
장 저 굴 중 이 지 차 오 월　　　즉 완 자 불 과 칠 팔

今得五十個完者라 故로 心異之러니
금 득 오 십 개 완 자　고　　심 이 지

是天感君孝라 하고 遺以二十顆라
시 천 감 군 효　　　　유 이 이 십 과

都謝出門外하니 虎尙俟伏이라
도 사 출 문 외　　　호 상 사 복

乘至家하니 曉鷄喔喔이러러
승 지 가   효 계 악 악

後에 母以天命으로 終에 都有血淚러라.
후   모 이 천 명   종   도 유 혈 루

도씨는 집안이 가난하였으나 효성이 지극하였다. 숯을 팔아서 고기를 사다가 어머니 반찬에 부족함이 없이 하였다. 어느 날 시장에서 늦게 서둘러 돌아오는데, 솔개가 갑자기 고기를 채어 갔다. 도씨가 슬피 울면서 자기 집에 돌아와 보니 솔개가 이미 고기를 마당에 던져 놓고 있었다.

하루는 모친이 병드시고 때 아닌 홍시를 찾으셨다. 도씨는 감나무 숲을 헤매다가 날이 저문지도 모르고 있었다. 그때에 호랑이가 나타나 앞길을 가로막고 올라타라는 시늉을 했다. 도씨는 호랑이를 타고 백여 리나 떨어진 산속 마을에 이르러 인가를 찾아 묵었다. 그러자 얼마 안되어 주인이 제삿밥을 차려주는데 상에 홍시가 있었다. 도씨는 심히 기뻐하며 홍시의 내력을 묻고 자기가 온 뜻을 말했다.

그러자 주인이 대답했다. '돌아가신 저의 아버지께서 감을 즐기셨으므로 매년 가을이면 감 2백 개를 골라서 굴 속에 저장해 두었습니다. 그러나 제사를 지내는 5월까지 온전한 것은 고작 7, 8개에 불과했습니다. 그런데 금년에는 온전한 것이 50개나 되어 마음속으로 이상하게 여겼습니다. 알고 보니 하늘이 그대의 효성에 감동한 것이었군요.'

이렇게 말하고 감 20개를 주었다. 도씨가 감사하고 문밖으로 나오니 아직도 호랑이가 엎드린 채 기다리고 있었다. 호랑이를 타고 집에 돌아오니 새벽닭이 꼬꼬 하고 울었다. 그 후 어머니가 천명을 다 누리고 돌아가시자 도씨는 피눈물을 흘리고 애통해했다.

| 가사체 |

都氏라는 姓가진자
도 씨   성
살림살이 가난하나 그효성은 지극했다
숯을팔아 고기사서
어머니의 밥반찬을 빠짐없게 하였다네
그어느날 시장에서
밤에늦게 서둘러서 바삐집에 돌아올때
소리개가 난데없이 반찬고기 채어갔다
도씨그자 슬피울며 자기집에 와서보니
소리개가 이미벌써
그고기를 집안뜰에 던져놓고 갔었다네
그어느날 하루에는 병이드신 어머니가
때가아닌 감홍시를 먹고싶다 하시어서
도씨그가 하루종일
감나무밭 헤매다가 날저문줄 몰랐다네
그때마침 호랑이가 자꾸앞길 가로막고
자기등에 올라타라 하는시늉 했었단다
그리하여 도씨그는 호랑이를 타고서는
백여리나 되는산속 어떤동네 이르러서
사람사는 집을찾아 잠을자려 하였단다
이에얼마 되지않아
그주인이 제삿밥을 한상차려 주었는데

뜻밖에도 그상에는 찾던홍시 있었다네
도씨그가 기뻐하여 홍시내력 묻고서는
어찌하여 이곳까지 왔는지를 말했다네
그주인이 다음같이 대답하여 말하였다
돌아가신 아버지가 감홍시를 즐기시어
매년가을 이백개를
가려골라 굴안에다 저장하여 두었었죠
평소에는 오월까지
온전하게 고작해야 일곱여덟 개였는데
금년에는 신기하게
오십개나 온전하여 이상하다 생각했죠
알고보니 그건바로
저하늘이 그대효성 감동한게 틀림없네
이러하게 말을하고 스무개를 내어줬다
이에 都氏 感謝하고 문밖으로 나왔는데
　　　도　감사
그때까지 마당에는
그호랑이 엎드린채 기다리고 있었기에
그호랑이 등에타고
자기집에 돌아오니 새벽닭이 울었다네
그런뒤에 어머니는
천명모두 누리시고 저세상에 가실때에
도씨그는 너무슬퍼 피눈물을 흘렸단다

• • •

○都氏(도씨)—조선조 철종(哲宗) 때의 효자. ○無闕(무궐)—빠뜨리는 것 없이. ○饌(찬)—반찬. ○鳶(연)—솔개. ○攫肉(확육)—고기를 채어가다. ○悲號(비호)—슬피 울다. ○索(색)—찾다. ○彷徨(방황)—헤매다. ○屢遮(누차)—여러번 (앞을) 막다. ○俄(아)—이내. 뜻밖에.

ㅇ 饋(궤)—음식을 대접하다. ㅇ 嗜(기)—좋아하다. ㅇ 藏諸窟中(장저굴
중)—감을 굴 속에 저장함. ㅇ 顆(과)—개(個). ㅇ 虎尙俟伏(호상사복)—
호랑이가 여전히 엎드린 채 기다리고 있다. ㅇ 曉鷄(효계)—새벽닭.
ㅇ 喔喔(악악)—닭 우는 소리, 꼬꼬 하고. ㅇ 母以天命終(모이천명종)—
어머니가 천명을 다하고 돌아가시다.

| 참고 |

　자식이 무능하거나 게을러서 돈벌이를 못하고 가난하게 살면, 그것
이 곧 불효가 된다. 자식이 노름이나 주색잡기 같은 유흥에 빠져서 가
산(家産)을 탕진하는 것도 큰 불효다. 효도의 기본 원리 속에는 자식이
부지런히 일하고 알뜰히 저축해서 집안을 경제적으로 부하게 만드는
것이 포함되었다. 그러나 사회나 정치가 타락하고 혹은 전란이 일어났
을 때에는 불가피하여 가난하고 궁핍할 수도 있다. 그런 때에도 부모에
게 효도를 해야 한다. 가난한 속에서도 지성으로 효도를 하고 부모의
마음이나 신변을 편하게 모셔야 한다. 지극한 효성에는 솔개나 호랑이
같은 사나운 동물도 감동하고 도와준다. '지성감천(至誠感天)'이라고
했다.

제24편

염의편 廉義篇

1. 인관(印觀)의 청렴

印觀이 賣綿於市할새 有署調者 以穀買之而還이러니
인관　매면어시　　유서조자　이곡매지이환

有鳶攫其綿하여 墮印觀家어늘
유연확기면　　타인관가

印觀이 歸于署調曰,
인관　귀우서조왈

鳶墮汝綿於吾家라 故로 還汝하노라.
연타여면어오가　고　환여

署調曰, 鳶이 攫綿與汝는 天也라 吾何爲受리오?
서조왈　연　확면여여　천야　오하위수

印觀曰, 然則還汝穀하리라.
인관왈　연즉환여곡

署調曰, 吾與汝者 市二日이니 穀已屬汝矣라 하고
서조왈　오여여자　시이일　곡이속여의

二人相讓하고 幷棄於市하니
이인상양　　병기어시

掌市官이 以聞王하여 竝賜爵하니라.
장시관　이문왕　　병사작

인관이라는 사람이 시장에서 솜을 팔고 있는데, 서조라는 사람이 곡식으로 솜을 사가지고 자기 집으로 돌아갔다.

그러자 솔개가 솜을 낚아채 인관의 집에 떨어뜨렸다. 이에 인관이 그 솜을 서조에게 되돌려 주며 말했다. '솔개가 당신의 솜을 물어다 우리집에 떨어뜨렸소. 그래서 되돌려 드리는 것이오.'

서조가 말했다. '솔개가 솜을 낚아서 그대에게 준 것은 하늘이 시킨 일이거늘 내가 어찌 되돌려 받겠소?'

인관이 말했다. '그렇다면 당신에게 곡식을 돌려 드리겠소.'

서조가 말했다. '내가 그대에게 곡식을 준 후로 이미 두 차례나 장날이 지나갔으니 그 곡식은 이미 당신의 것이오.'

두 사람은 서로 사양하다가 마침내 솜과 곡식을 장터에 내다가 버렸다. 시장을 관리하는 관원이 임금에게 보고해 올리자 임금은 이들에게 벼슬을 내렸다.

* 증보 제24편 이후는 어구 설명을 생략함.

| 가사체 |

印觀이라 하는자가
인 관
어느하루 시장에서 솜을팔고 있었다네

署調라고 하는자가
서 조
곡식으로 솜을사서 자기집에 가는중에

소리개가 그의솜을 낚아채어 가지고는

인관집에 떨구었다

인관그자 그의솜을

서조에게 돌려주며 다음같이 말하였다
소리개가 그대솜을
나의집에 떨궜으니 이에솜을 돌려준다
서조그자 말하였다
소리개가 그솜을랑
그대에게 갖다준건 저하늘이 시킨거니
어찌하여 그걸내가 받을수가 있겠는가
인관그자 말하였다
그렇다면 그대곡식 다시돌려 보내리라
서조그자 말하였다
그곡식을 준지벌써 장날두번 지났으니
그곡식은 이미벌써 당신것이 맞답니다
두사람이 이러하게 서로서로 사양타가
솜과곡식 그모두를 장터에다 버렸다네
시장맡아 보는관원
이사실을 임금님께 보고하여 올렸더니
임금님이 이들에게 벼슬내려 주셨다네

| 참고 |

　이 고사에 나오는 두 사람은 우둔하리만큼 지나치게 고집스러운 데
가 있다. 그러나 명분에 어긋나는 재물을 취하지 않으려는 결백한 고집
을 칭찬할 줄 알면 악덕하게 재물을 취하지 않을 것이다.

2. 홍기섭(洪夔燮)의 청렴과 감화

洪夔燮이
홍 기 섭

少貧甚無料러니
소 빈 심 무 료

一日早에 婢兒踊躍 獻七兩錢 曰,
일 일 조   비 아 용 약 헌 칠 양 전 왈

此在鼎中하니 米可數石이요 柴可數駄니 天賜니이다.
차 재 정 중   미 가 수 석   시 가 수 태   천 사

公이 驚曰, 是何金고?
공   경 왈 시 하 금

卽書 失金之人 推去等字하여 付之門楣而待러니
즉 서 실 금 지 인 추 거 등 자   부 지 문 미 이 대

俄而姓劉者來 問書意어늘.
아 이 성 유 자 래 문 서 의

公이 悉言之한대,
공   실 언 지

劉曰, 理無失金於人之鼎內하니
유 왈 이 무 실 금 어 인 지 정 내

果天賜也라 盍取之닛고?
과 천 사 야   합 취 지

公이 曰, 非吾物에 何오?
공   왈 비 오 물   하

劉俯伏曰, 小的이 昨夜爲窃鼎來라가
유 부 복 왈 소 적   작 야 위 절 정 래

還憐家勢蕭條 而施之러니
환 련 가 세 소 조 이 시 지

今感公之廉介하여 良心自發하여
금 감 공 지 염 개   양 심 자 발

誓不更盜하고 願欲常侍하나니 勿慮取之하소서.
서 불 갱 도　　　원 욕 상 시　　　　물 려 취 지

公이 卽還金曰,
공　　즉 환 금 왈

汝之爲良 則善矣나 金不可取라 하고 終不受라.
여 지 위 량 즉 선 의　　금 불 가 취　　　　종 불 수

後에 公이 爲判書하고 其子在龍이 爲憲宗國舅하며
후　　공　　위 판 서　　　기 자 재 룡　　위 헌 종 국 구

劉亦見信하여 身家大昌하니라.
유 역 견 신　　　신 가 대 창

홍기섭은 젊었을 때 매우 가난했다. 어느 날 아침에 계집종이 좋아 날뛰면서 달려와 돈 일곱 냥을 바치며 말했다. '이 돈이 솥 안에 있었습니다. 이 돈이면 여러 섬의 쌀과 여러 바리의 나무를 살 수 있습니다. 이것은 하늘이 내려주신 것입니다.'

공이 놀라며 말했다. '그게 어떻게 된 돈일까?' 그리고 즉시 '돈을 잃은 사람은 찾아가라' 는 글을 써서 대문에 붙이고 기다렸다.

얼마 후에 유씨 성의 사람이 와서 대문에 붙인 글의 뜻을 물었다. 이에 공이 돈의 내력을 자세히 설명하자, 유씨가 말했다. '아무도 돈을 솥 속에다 잃을 이치가 없습니다. 그 돈은 필경 하늘이 내려준 것이오. 어찌 안 가지려 하십니까?'

공이 말했다. '나의 재물이 아닌데 어찌 가진단 말입니까?'

그러자 유씨가 엎드려 절을 하며 말했다. '사실은 제가 어젯밤에 공의 솥을 훔치러 왔다가 공의 집안 형편이 너무나 쓸쓸하고 가난하기에 도리어 제가 이 돈을 솥 안에 놓고 갔습니다. 지

금 참으로 청렴하신 공을 뵈옵고 감격했거니와, 저는 다시 도적
질을 안하려고 맹세를 했으며, 앞으로도 공을 받들고 시중을 들
기로 작정을 했습니다. 그러니 염려마시고 이 돈을 거두어 주
십시오.'

　공은 즉시 돈을 돌려주며 '그대가 착한 사람이 된 것은 참으
로 좋은 일이오. 그래도 돈은 내가 취할 수 없소' 하고 끝내 받
지를 않았다.

　후에 공은 판서가 되었고, 그의 아들 재룡(在龍)은 헌종(憲宗)
의 장인이 되었으며 유씨도 신임을 얻어 자신과 그의 집안이 함
께 크게 번창하였다.

| 가사체 |

　홍기섭은 젊었을때 집이매우 가난했다
　어느하루 아침에는
　계집종이 기쁜듯이 날뛰면서 내달려와
　돈일곱냥 바치면서 다음같이 말하였다
　이렇도록 많은돈이 저솥안에 있었어요
　이돈이면 많은쌀과 많은나무 살수있죠
　이건정말 하느님이 내려주신 것입니다
　홍공께서 놀라고서 이돈들이 웬돈일까
　이러하게 말을하고
　돈을잃은 사람들은 어서와서 찾아가라
　이런글을 대문위에 붙이고서 기다렸다
　얼마후에 劉씨라는 姓가진자 찾아와서
　　　　　유　　　　　성
　대문위에 붙은글의 뜻을물어 보았다네

이에홍공 돈의내력 자세하게 말해주자
유씨그자 말하였다
그누구도 남의솥에 돈을잃을 이치없죠
그돈들은 꼭반드시
저하늘이 주신게니 왜취하지 않으시죠
홍공께서 말하였다
나의재물 아닌것을 어찌내가 취하겠소
그러하자 유씨그자
엎드리고 절을하며 다음같이 말하였다
사실대로 말하자면
어젯밤에 제가솥을 훔치려고 왔다가는
홍공어른 집안형편 너무나도 쓸쓸하고
가난하게 사시기에 이걸놓고 갔습니다
이제지금 진정으로
청렴하신 공을뵙고 탄복하고 감격되어
저도다신 도둑질을 안하리라 맹세하고
앞으로는 늘언제나
홍공어른 모시기로 마음작정 했습니다
그러하니 염려말고 이돈거둬 주십시오
홍공께서 바로즉시 돌려주며 말하였다
그대당신 오늘부터
착한사람 되었으니 진정좋은 일입니다
그러하나 이돈들은 내가취할 수가없죠
하시고는 끝내도록 받아주질 아니했다
공은뒷날 判書되고
　　　　　판 서
在龍이란 그아들은 憲宗임금 丈人되고
재 룡　　　　　　헌 종　장 인

劉씨또한 신임얻어 집안크게 번창했네
유

| 참고 |

사람들이 이와 같은 양심을 지니고 산다면 맑고 좋은 세상이 될 것
이다. '목이 타도 도천의 물을 마시지 않고, 더워도 나쁜 나무 그늘에
쉬지 않는다(渴不飲盜泉水 熱不息惡木飲).'(陸機〈猛虎吟〉).

'고결한 학은 굶주려도 썩은 쥐를 먹지 않고 목이 말라도 도천의 물
을 안 마신다(飢不啄腐鼠 渴不飲盜泉).'(白居易〈感鶴〉)

3. 온달(溫達)에게 시집간 공주의 신의

高句麗 平原王之女는 幼時好啼러니
고구려 평원왕지녀   유시호제

王이 戲曰, 以汝로 將歸于愚溫達하리라.
왕 희왈 이여 장귀우우온달

及長에 欲下嫁于上部高氏한대
급장 욕하가우상부고씨

女以王不可食言으로 固辭하고
여이왕불가식언   고사

終爲溫達之妻하다.
종위온달지처

先時에 溫達家貧하여 行乞養母러니
선시 온달가빈   행걸양모

時人이 目爲愚溫達也러라
시인 목위우온달야

一日에 溫達이 自山中으로 負楡皮而來하니
일일　온달　자산중　부유피이래

王女訪見曰, 吾乃子之匹也라 하고
왕녀방견왈 오내자지필야

乃賣首飾 而買田宅器物하여 頗富하고
내매수식 이매전택기물　파부

多養馬以資溫達하여 終爲顯榮하니라.
다양마이자온달　종위현영

　고구려 평원왕의 공주는 어려서 잘 울었으므로, 왕이 장난삼아 '장차 너를 바보 온달에게 시집보내겠다' 고 말했다.
　공주가 성장하자, 왕이 공주를 상부 고씨에게 시집보내려 했다. 그러자 공주는 '왕가에서 식언하면 안 됩니다' 라 하고 굳게 마다했으며 끝내 온달의 아내가 되었다.
　일찍이 온달은 집안이 가난하여 거리로 다니며 구걸하여 자기 어머니를 봉양했다. 이에 사람들은 그를 보고 바보 온달이라고 불렀다. 하루는 온달이 산에서 느티나무 껍질을 짊어지고 돌아오니 공주가 찾아와서 말했다. '저는 당신의 아내입니다.'
　그리고 비녀와 장식품을 팔아 전답 토지 기물 등을 사들이고 매우 부유하게 살았으며 또 말들을 많이 길러 온달의 뒷바라지를 했다. 마침내 온달은 (공을 세워) 이름을 내고 자손들도 번창했다.

| 가사체 |

고구려의 평원왕딸
어렸을때 잘울어서 평원왕이 장난삼아

장차너를 바보온달

그자에게 시집보내 버리겠다 라고했다

공주그녀 성장하자 평원왕이 공주그널

상부고씨 그자에게 시집보내 려고하니

공주그녀 하는말이

임금님이 食言하면 아니된다 여깁니다
　　　　　식 언

이러하게 말을하고

굳게굳게 사양하고 온달아내 되었다네

이에앞서 온달그자 집안형편 어려워서

나다니며 구걸하여 어머니를 봉양했다

이러하니 사람들이

그를보고 바보온달 이라고들 불렀다네

그하루는 산속에서

느티나무 껍질벗겨 짊어지고 돌아오니

공주그녀 찾아와서 저는그대 아내라오

이와같이 말하였다

그러고는 비녀같은 장식품을 모두팔아

전답토지 살림도구 그모든걸 사들이고

부유하게 살았으며

말을많이 길러서는 온달뒤를 돌봐줬다

마침내는 온달그자

공을세워 이름내고 자손들도 번창했다

| 참고 |

　공주는 의리를 중히 여기고 또 사람을 알아보는 슬기가 있었다. 그래서 효성스런 온달에게 자청하여 시집을 갔던 것이다. 그녀는 현명한

아내로서 남편 온달을 잘 도왔으며 마침내 온달로 하여금 용감한 무장이 되어 국가에 공을 세우게 했다. 공자는《논어》에서 말했다. '군자는 도의를 밝히고, 소인은 이득을 밝힌다(君子喩於義 小人喩於利).'

24효도도설(孝道圖說) 한글풀이

(1) 천하의 대효(大孝) 순(舜)임금

(2) 친히 약맛을 본 한(漢) 문제(文帝)

(3) 어머니의 아픔이 통한 증자(曾子)

(4) 계모를 감화시킨 민자건(閔子騫)

(5) 먼 길에 쌀 섬을 지고 온 자로(子路)

(6) 노부모 앞에서 재롱을 부린 노래자(老萊子)

(7) 사슴의 젖을 구해서 바친 담자(郯子)

(8) 품을 팔아 부친의 장례를 치른 동영(董永)

(9) 어머니를 업고 피난간 강혁(江革)

(10) 이부자리를 녹여드린 황향(黃香)

(11) 하늘도 감응한 강시(姜詩) 부부

(12) 부모님 목상(木像)에 봉양한 정란(丁蘭)

(13) 땅에서 금솥을 파낸 곽거(郭巨)

(14) 호랑이를 쫓은 효자 양향(楊香)

(15) 오디를 바친 효성의 채순(蔡順)

(16) 어머니에게 귤을 바친 육적(陸績)

(17) 무덤 곁에서 효도한 왕부(王裒)

(18) 엄동에 죽순을 캔 맹종(孟宗)

(19) 강 얼음을 녹인 왕상(王祥)

(20) 부모 대신 모기에 물린 오맹(吳猛)

(21) 똥과 오줌을 맛보며 병시중을 든 검루(黔婁)

(22) 시어머니에게 젖을 바친 당씨(唐氏)

(23) 벼슬을 버리고 생모를 찾은 주수창(朱壽昌)

(24) 노모의 요강을 손수 씻은 황정견(黃庭堅)

24 효도도설(孝道圖說) 한글풀이

(1) 천하의 대효(大孝) 순(舜)임금

고대의 농민들로 하여금 태평성세를 구가한 〈격양가(擊壤歌)〉를 부르게 한 성군이 바로 요(堯)임금이었다. 그 요임금으로부터 천하의 통치권을 선양받고 훈훈한 덕치를 편 임금이 순(舜)임금이었다. 이 두 임금은 중국 역사에서 으뜸으로 꼽히는 이상적 성군이다.

순임금은 타고난 성품이 효성스러웠다. 어려서 친어머니를 여의고 그는 계모 밑에서 심한 고초를 겪었으나 한마디 불평도 하지 않고 도리어 부모에게 효도하고 이복동생을 사랑했다.

순임금의 아버지 고수(瞽瞍)는 어리석고 완고했다. 그러므로 성미가 사납고 욕심이 많은 후처에 빠져 전처의 소생이요, 맏아들인 순을 학대하고 걸핏하면 매질했다.

한편 계모는 집안의 재산을 자기 소생인 상(象)에게 전부 넘겨주려는 음흉한 생각으로 여러 가지 간계를 꾸미고 전처의 소생이자 맏아들인 순을 살해하고자 여러 차례 시도했다.

그러나 착한 순은 그때마다 총명한 기지와 하늘의 도움으로 위기를 모면했으며 전과 다름없이 논밭에 나가서 부지런히 일을 했다. 뿐만 아니라 마음속으로도 부모를 원망하거나 미워하는 일이 없었다.

도리어 자기의 효성이 부족하여 부모로부터 인정을 받지 못하고 노상 꾸지람을 듣는다고 스스로 반성하고 하늘을 우러러보고 회한의 눈물을 흘렸다.

이와 같은 순의 지극한 효성은 천지신명에 통했으며, 마침내 자연 만물이 감동하고 그를 도왔다. 순이 밭갈이를 하면 힘이 센 코끼리가 와서 쟁기질을 했고, 순이 김을 매면 새들이 날아와서 잡초를 쪼았다. 고을 사람들도 순에 감화되어 논밭의 이랑이나 고기잡이 목을 서로 양보하고, 강가의 도공(陶工)들은 반듯한 오지그릇을 만들어 주었다.

젊은 순이 이렇듯이 완악한 부모에게 효순하고 고을 사람들을 교화하고 하늘땅까지 감동시킨다는 소문이 당시의 천자 요임금에게 알려지자, 요임금은 자기의 두 공주를 함께 순에게 하가시켰다. 아울러 막대한 토지와 재물을 내려주고 또 자기의 아들 아홉을 함께 순 밑에서 일을 거들고 돕게 했다.

요임금이 기대한 대로 순은 집안도 화목하게 잘 다스리고 농경지를 더욱 확대하고 농작물을 많이 거두어 창고를 가득 채웠고, 또 고을 사람들을 날로 새롭게 교화·향상 발전시켰다.

이와 같은 실적을 보고 요임금은 마침내 순을 재상에 임명했고 끝내는 천하를 선양(禪讓)하여 다스리게 했다.

천자의 자리에 오른 후에도 순은 부모에게 더욱 효성을 바쳤다. 이에 완악했던 부모와 동생이 모두 감화되어 슬기롭고 어진 사람으로 순화되었다.

이렇듯이 순은 대효(大孝)로써 천하를 물려받고 인덕으로 만민을 다스렸다. 이에 하늘도 그를 도왔으며 내내 풍조우순(風調雨順)하고 국태민안(國泰民安)했다.

(2) 친히 약맛을 본 한(漢)문제(文帝)

한문제는 고조(高祖)의 셋째 아들이다. 여후(呂后)의 난을 평정한 다음 임금에 올라 성군으로 칭송되었다.

문제의 생모는 박태후(薄太后)였다. 문제는 지극한 효성으로 모후를 봉양했다. 모후가 신병으로 3년간이나 자리보전하자 문제는 밤잠을 안 자고 옷과 띠를 풀지 않고 곁에서 병시중을 들었다. 탕약을 달여 올릴 때에는 문제가 먼저 입으로 맛을 보고 바쳐 올리게 했다. 이러한 정성이 하늘에 통하여 모후의 신병이 쾌유되었으며 문제의 인효(仁孝)가 널리 사해에 전해지고 칭송되었다.

천하의 만민들도 문제의 효성에 크게 감화되어 나라의 기풍이 돈후하게 바로잡히고 흥성했다. 중국 5천 년 역사를 통해 요임금과 문제를 천하의 대효라고 꼽는다.

(3) 어머니의 아픔이 통한 증자(曾子)

증자는 공자(孔子)의 제자로 후에 《대학(大學)》을 저술한 대학자다. 그는 어려서부터 부모에 대한 효성이 지극했다. 일찍이 그가 산으로 나무를 하러 간 다음에 그의 집에 갑자기 손님이 찾아왔다.

마침 아버지도 출타하여 홀로 빈집을 보고 있던 어머니는 당황했다. 아녀자의 몸으로 손님맞이를 어찌할까, 또 손님을 접대할 음식 장만을 어찌할까 하는 걱정에 안절부절못했다.

이럴 때에 어린 아들이라도 빨리 왔으면 하고 바라는 마음으로 어머니가 자신의 손가락을 아프게 물었다.

바로 그 순간 산속에서 나무를 하던 증자는 갑자기 가슴에 심한 통증을 느꼈다.

'이상하다. 집에 무슨 변고가 있나?'

어린 증자는 즉시 나뭇짐을 수습하여 등에 지고 하산했다. 집에 돌아와 어머니에게 그 연고를 물으니 어머니가 신통하다는 표정을 지으며 말씀하셨다.

'갑자기 손님이 오셨는데 아무도 맞이할 사람이 없으니 하도 안타까워서 손가락을 물고 너라도 빨리 오기를 바랐었다.'

이렇듯이 지극한 효성은 항상 부모님의 마음에 통하는 법이다. 그후에도 증자는 평생을 두고 부모에 대한 효도를 극진히 다 했으며 마침내 위대한 유학자로 대성할 수가 있었다. 《효경(孝經)》은 바로 그가 공자의 가르침을 추린 경서다.

(4) 계모를 감화시킨 민자건(閔子騫)

민자건은 공자의 제자로 특히 덕행으로 유명했다. 타고난 천성이 착하고 효성스러웠으나 불행하게도 일찍이 친어머니를 여의었다.

그래서 그는 젊은 계모 밑에서 고된 삶을 살아야 했다. 더욱이 계모가 두 아들을 낳자 차츰 전처의 자식인 민자건을 구박하기 시작했고 특히 벼슬하는 아버지가 안 계실 때에는 학대가 극심했다. 그래도 그는 온갖 고난을 잘 참고 견디었으며 내색하지 않고 또 아버지에게 고자질하는 일도 없었다.

날이 추워지자 아버지가 세 아이들에게 솜옷을 지어 입히라고 계모에게 분부를 내렸다. 그러나 심성이 곱지 못한 계모는 자기 소생인 두 아들에게는 부드럽고 포근한 목화솜을 두둑이 두어 입혔으나 까닭 없이 전처의 아들 민자건을 미워한 계모는 그의 옷에는 갈대꽃을 수북이 채워서 입혔다. 겉으로 보기에는 두툼했으나 실제로는 이를 데 없이 추웠다.

하루는 아버지가 민자건에게 마차를 몰게 하고 단 둘이서 시골로 행차하게 되었다. 그런데 어린아이가 몹시 추위를 타고 오들오들 떨었고 말고삐를 자주 놓치곤 했다.

아버지가 괴이하게 여기고 그 연유를 캐묻고 또 그의 옷 속에 목화솜이 아닌 갈대꽃이 받쳐진 사실을 알게 되었다.

집에 돌아온 아버지는 노기충천하여 계모에게 호통을 치고 당장에 축출할 기세였다. 이에 민자건은 눈물을 흘리며 간곡하게 아뢰었다. '어머니가 계시면 저 혼자 춥지만, 어머니가 안 계시면 세 아이가 다 추워야 합니다. 그러니 노여움을 거두십시오.'

이에 계모도 크게 반성하고 민자건을 친아들처럼 사랑하게 되었다.

(5) 먼 길에 쌀섬을 지고 온 자로(子路)

자로는 공자의 제자로 용맹한 성품으로 잘 알려졌다. 그도 어려서부터 지극히 부모에게 효도했으나 집안이 가난하여 항상 명아주나 콩잎으로 끼니를 때웠다. 한 번은 백 리 밖에 사는 친지가 쌀을 준다고 하여 어린 자로가 달려가서 무거운 쌀섬을 등에 지고 천신만고 끝에 돌아와서 부모님에게 쌀밥을 공궤해 올린 일도 있었다.

양친이 돌아가신 후 자로가 남쪽 초(楚)나라에 가서 벼슬을 살게 되었다. 관직도 높고 백 대 이상의 수레를 굴리고 창고에는 수만 석의 양곡을 쌓고 고각대루에 앉아 진수성찬을 마냥 포식하게 되자 그는 길게 탄식하며 말했다.

'이제는 양친 슬하에서 효도를 하려 해도 이미 때가 늦었구나. 양친에게 명아주나 콩잎으로 끼니를 공궤해 올릴 수도 없고 또 양친을 위해

백 리 밖에서 쌀가마를 져다 나를 수도 없게 되었으니 어떻게 양친의 크나큰 은혜에 보답을 하랴.'

공자의 제자 중에서 민자건과 증자 및 자로 셋을 뛰어난 효자로 꼽는다.

(6) 노부모 앞에서 재롱을 부린 노래자(老萊子)

노래자는 초(楚)나라 사람이다. 그의 집안은 대대로 장수했으며 70이 넘은 나이로 백 살 가까운 노부모를 모시고 살며 온갖 효성을 다 바쳤다. 효도는 물질적인 봉양보다도 정신적으로 편안하고 즐겁게 해드리는 일이 더 중요하다. 타고난 성품이 소탈하고 순진한 노래자는 항상 양친 앞에서는 어린아이 시늉을 하며 양친을 즐겁게 해드렸다.

그는 양친 앞에 나타날 때에는 반드시 오색의 색동옷을 걸치고 어린아이 티를 내며 재롱까지 부렸다. 진지 드시는 상머리에 앉았다가 대궁밥을 맛있게 먹기도 하고 때로는 악공들에게 풍악을 잡히고 덩실덩실 춤을 추기도 했다. 또 어떤 때에는 물지게를 지고 층계를 오르다가 일부러 뒤우뚱거린 끝에 넘어져 물을 뒤집어쓰고 노부모의 웃음을 자아내기도 했다. 자식은 나이 들어도 부모 눈에는 항상 어렸을 때의 모습으로 보이게 마련이다. 한편 자식은 아무리 나이가 들고 설사 늙어도 생존해 계신 부모에게는 항상 젖먹이 때의 부모님으로 대해 올려야 한다.

특히 자식이 성장해서 기골이 억세질수록 노쇠한 부모님을 잘 모셔야 한다. 갓난 핏덩이나 젖먹이를 부모가 무조건하고 품고 키워 주셨듯이 건장하게 자란 자식은 노쇠하신 부모님을 무조건하고 받들고 공궤해 올려야 한다. 그것이 인간의 도리이다. 어리고 젊은 처자식만 사랑하고 늙고 병드신 부모를 푸대접하면 천벌을 받는다.

(7) 사슴의 젖을 구해서 바친 담자(郯子)

담자는 주(周)나라 사람으로 부모에게 효도하고 이웃에게도 어진 덕을 잘 베풀었다.

늙은 양친이 안질에 걸려 날로 시력이 약해졌다. 이름난 의원을 찾아가서 물으니 사슴의 젖을 오래 복용하면 고칠 수가 있다고 했다. 그러나 마을 안에서는 사슴을 사육하는 곳이 없었으며 오직 깊은 산속에나 가야 야생의 사슴을 볼 수가 있었다. 이에 담자는 읍내 모피전에 가서 비싼 값을 치르고 사슴 가죽 한 장을 사가지고 돌아와 자기 몸에 맞게 마름질했다.

이튿날 새벽에 깊은 산속에 들어간 담자는 사슴떼를 발견하자 즉시 사슴가죽을 뒤집어쓰고 사슴으로 변장한 다음 엉금엉금 어미사슴에게 다가갔다. 그리고 젖을 먹는 척하고 손으로 사슴의 젖을 짜서 그릇에 듬뿍 받았다. 이렇게 매일 사슴의 젖을 구해서 병시중을 든 지 달포 만에 양친의 안질이 말끔히 치유되었다.

어느 날은 이런 일도 있었다. 사슴 틈에 섞여 있는 담자를 진짜 새끼 사슴인 줄 알고 사냥꾼이 활을 겨누었다. 화들짝 놀란 담자는 그 자리에서 큰 소리를 지르고 사슴 가죽을 벗어던지고 두 손을 높이 흔들며 사냥꾼 앞으로 달려갔다.

진짜로 놀란 사람은 사냥꾼이었다. 활을 든 채 엉덩방아를 찧은 그는 창백한 낯으로,

'하마터면 천하의 효자를 쏠 뻔했구려.'

하고 쓴웃음을 지었다.

(8) 품을 팔아 부친의 장례를 치른 동영(董永)

동영은 한대(漢代)의 사람으로 부모에 대한 효성이 극진했다. 그러나 워낙 집안이 가난하여 끼니도 거를 때가 많았다. 그러던 중 홀지에 엄친께서 작고하시니 무일푼인 동영은 어찌할 바를 몰랐다. 관곽도 수의도 마련하지 못한 그는 별수 없이 이웃 부잣집 영감에게 딱한 사정을 호소하고, '앞으로 1년 동안 품을 팔아 갚을 테니 선급으로 장례비용을 융통해 달라'고 간청을 했다.

평소에도 동영의 효성을 미덥게 여기던 영감은 쾌히 승낙을 하고 절차에 어긋나지 않게 장례를 치르도록 뒤를 대주었다.

장례를 마친 동영은 첫새벽부터 밤늦게까지 정성으로 영감 집에서 품을 팔았다. 그러던 어느 날 산에서 나뭇짐을 지고 내려오는 동영 앞에 전에 보지 못한 낯선 예쁘장한 소녀가 나타났다.

그녀가 정중하게 배복하고 말했다.

'소녀는 먼 타 고장에서 양친을 여의고 올데갈데 없이 떠도는 불쌍한 고아입니다. 나리께서 소녀를 거두어 아내로 삼아주시면 고맙겠습니다. 그렇게 해주시면 소녀 분골쇄신하여 내조의 공을 세우겠습니다.'

생면부지의 여인이지만 어쩐지 친숙하게 느껴지고 또 그녀의 언사에 정성과 진정이 넘쳤다. 그래서 동영은 주인의 허락을 받고 자기 행랑방에서 함께 지내게 했다. 동영이 밭일을 하는 동안 소녀는 능숙한 솜씨로 값비싼 비단을 짰다. 그리하여 한 달 만에 동영의 1년 빚을 말끔히 청산할 수가 있었다.

그러자 소녀는 '저는 본시 옥황상제의 명을 받고 나리를 도와드리려고 하강한 선녀입니다. 이제 소임을 다 했으므로 다시 돌아가겠습니다'하고 구름을 타고 하늘로 올라갔다.

(9) 어머니를 업고 피난간 강혁(江革)

강혁은 후한(後漢)시대의 사람이었다. 어려서 부친을 여의고 홀어머니와 단출하게 그날그날 가난한 살림을 꾸려나가고 있었다. 그러던 어느 날 갑자기 작은 마을에 화적떼가 몰려들었다. 앞뒤로 창이나 칼을 든 난폭한 도적들이 닥치는 대로 집에 불을 지르고, 사람을 죽이고, 재물을 훔치며 난동을 쳤다. 혼비백산한 마을 사람들은 옷도 제대로 걸치지 못하고 간신히 몸을 빼어 도망을 했다.

강혁도 허둥지둥 늙은 어머니를 등에 업고 사람들 틈에 끼어 안전하게 보이는 산 숲을 바라보고 뛰었다. 그러자 바로 앞의 골짜기에서 한 무리의 화적들이 함성을 지르며 달려들었다. 뭔가 가진 것이 있겠지 하고 달려든 도적들은 막상 강혁이 빈털터리인 줄 알고는 분통을 터뜨리며 그를 죽이려고 했다. 이에 강혁이 이마를 땅에 찧으며 애걸했다.

'제발 죽이지 말고 살려주십시오. 여생이 얼마 남지 않으신 노모를 모셔야 할 저의 목숨을 살려주십시오.'

도적일 망정 효성에는 감동하는 법, 마침내 강혁을 풀어주며 말했다.

'어서 가거라. 나도 노모를 고향에 모시고 있다.'

강혁은 그길로 대처 마을로 가서 그날그날 노동으로 품을 팔아가며 극진하게 노모를 공궤해 올렸다. 강혁에서 보듯이 효도는 반드시 부자만이 할 수 있는 것이 아니다. 있으나 없으나 정성으로 바치는 효도라야 부모님이 즐겁게 받아주신다.

(10) 이부자리를 녹여드린 황향(黃香)

황향은 후한(後漢) 때 사람으로 천성이 효성스러웠다. 어려서부터 남달리 총명하여 마을 사람들은 그를 신동이라고 일컬었다.

그러나 나이 9세에 불행하게도 어머니를 여의고 그때부터 홀아버지 슬하에서 쓸쓸하게 자랐다. 어린 황향은 자나 깨나 돌아가신 어머니를 애절하게 사모하고 틈나는 대로 산소에 가서 벌초하고 명복을 빌어 올렸다.

한편 집에서는 어린 몸으로 집안 살림을 도맡아 꾸려나갔을 뿐만이 아니라 또한 신병이 잦은 아버지 병시중과 뒷바라지에 온갖 근력과 정성을 다 쏟았다. 특히 한여름 삼복더위에는 노상 아버지 머리맡에서 부채질로 몸을 식혀 드렸고, 추운 한겨울에는 아버지가 주무실 이불 속에 미리 들어가 자기 체온으로 이불 안을 포근하게 녹여드렸다. 이로써 '선침온금(扇枕溫衾)' 이라는 한문의 고사성어가 나오게 되었다.

이와 같은 황향의 지극한 효성이 일가 친척 및 향당 사람들의 입을 통해 차츰 사방으로 알려졌으며 마침내는 고을 태수의 귀에까지 들렸다. 이에 태수는 그의 효성을 황제에게 상주하여 조정으로부터 포상을 내려 받게 해주었다.

효성에는 나이 많고 적음이 없는 법이다. 선천적으로 주어진 착한 성품을 따르면 누구나 효도를 할 수가 있다. 도리어 어른일수록 탁한 욕심에 흐려서 효도를 못하는 수가 있으니, 그런 사람은 어린 황향을 본받아야 할 것이다.

(11) 하늘도 감응한 강시(姜詩) 부부

강시는 한대(漢代)의 사람으로 어려서부터 부모에게 효도를 했다. 그의 부인 방씨(龐氏)도 남편을 따라 시어머니를 극진히 모셨다. 젊어서 청상과부가 된 시어머니는 온갖 고초를 겪으면서 외아들 강시를 훌륭하게 키운 보람이 있어 여생을 안락하게 지내게 되었다.

그녀는 특히 강물 마시기를 좋아했고 또 잉어회를 유난히 즐겨 먹었다. 이에 강시의 아내는 거의 매일같이 산 너머 강가에 가서 강물을 길어 왔고 또 이따금 신선한 잉어를 사다가 시어머니에게 공궤해 올렸다. 특히 크고 물 좋은 잉어를 사올 때에는 이웃 할머니들까지 초대해서 외롭게 지내시는 시어머니와 함께 자시며 즐거운 시간을 보내시도록 주선까지 해드렸다.

그러나 강물을 뜨기 위해 산을 넘어 가거나 혹은 먼 읍내로 새벽장을 보러 가기가 여간 힘들고 고된 일이 아니었다. 그러던 어느 날 강시 부부는 뒷동산에서 졸지에 샘물이 펑펑 용솟음쳐 나오는 것을 보았다. 물맛을 보니 강물보다 더 맑고 시원했다. 즉시 사발에 넘치도록 담아 바치니 시어머니는,

'이는 필경 하늘이 너희들의 효성에 감응하여 내려주신 옥수이다'
라고 말하며 기뻐하셨다. 그뿐만이 아니었다. 며칠 후에는 샘물이 고여 뒷뜰에 깊은 연못이 생겼고 물속에는 싱싱하고 포동포동한 잉어들이 힘차게 뛰고 있었다. 이것도 하늘이 내린 상복(賞福)이었다.

(12) 부모님 목상(木像)에 봉양한 정란(丁蘭)

정란은 한대(漢代)의 뛰어난 효자였다. 그는 어려서 양친을 다 여의고 외롭고 고된 소년시절을 보내야 했다. 그러나 슬기롭고 착하고 부지런한 그는 적수공권으로 험난한 세파를 헤치고 자수성가하여 남부럽지 않게 살 수 있게 되었다. 또 장가를 들어 미모의 아내도 거느렸다.

그러나 그에게는 모시고 효성을 바칠 친부모님이 살아 계시지 않은 것이 무엇보다도 슬프고 가슴아팠다. 그는 하루에도 몇 번이고 돌아가

신 양친을 애절하게 사모하며 눈물을 흘렸다. 물론 산소에 가서 벌초하고 절하고 제주도 올렸다. 또 집안에서는 신위를 모시고 조석으로 배복하고 문안도 올렸다. 그래도 가슴이 후련하게 풀리도록 흡족하지 않았다. 마침내 그는 솜씨 좋은 목장(木匠)에게 부탁하여 양친의 목상을 조각하여 집안에 모셨다. 그리고 마치 살아계신 부모님 대하듯이 조석으로 찬선을 올리고 출입시에는 배례하고 제반사를 고해 올렸다.

그의 아내도 남편을 따라 깍듯이 시부모님을 모셔야 했다. 추운 겨울에도 새벽에 대야물로 관수해 올려야 했으므로 자연히 짜증스러울 때도 없지 않았다. 그러므로 효성이 부족한 그녀에게는 그 목상이 혐렴스럽게 느껴질 때도 있었다.

하루는 그녀가 장난삼아 바늘 끝으로 목상의 손가락을 찌르자 붉은 피가 흘러내렸다. 당황한 그녀는 손가락의 피를 닦아내고 어루만지며 용서를 빌었다. 그러나 저녁에 아들 정란이 돌아오자 목상의 양친은 슬픈 표정으로 눈물을 흘렸다. 그 연고를 안 정란은 결국 아내를 되돌려 보냈다. 시부모에게 효도하지 못한 며느리는 칠거(七去)의 벌을 받는다.

(13) 땅에서 금솥을 파낸 효자 곽거(郭巨)

곽거는 진(晋)나라 사람이었다. 그는 본래 부잣집의 맏아들로 태어났으나 부친이 돌아가시자 패악한 두 동생들이 멋대로 가산을 탕진하고 행방을 감추었으므로 하루아침에 가택 전답을 빚쟁이에게 넘겨주고 알거지가 되었다. 곽거는 노쇠한 홀어머니를 등에 업고 만삭의 배부른 아내의 손을 끌고 급한 대로 외진 산기슭에 와서 움막을 파고 비바람을 피했다.

그러나 천성이 착하고 어진 그는 몹쓸 동생들에게 원한을 품는 일이 없었고 도리어 그들을 불쌍하게 여기고 걱정을 해주었다. 그러는 한편 맨손으로 땅을 파고 밭을 일구어 근근이 노모를 봉양했다. 착하고 정숙한 그의 아내도 옥동자를 분만하고 즉시 일어나 뽕잎 따고 누에 농사를 지어 살림을 보태었다.

어느덧 핏덩이가 세 살짜리 재롱둥이로 성장했고 누추한 움집에서나마 웃음의 꽃이 피어났다. 졸지에 풍비박산한 대가의 유일한 피붙이인 손자인지라 할머니가 더없이 좋아하고 애지중지했다.

간고한 살림 중에서도 효성이 지극한 아들과 며느리는 알뜰살뜰 쌀밥을 지어 어머니에게 바쳤다. 그러나 그 어머니는 당신이 먹지 않고 아들 내외의 눈을 속여가면서 쌀밥을 숨겼다가 귀여운 손자에게 먹이곤 했다.

그런 눈치를 챈 아들 내외는 민망하고 불안했다. 여생이 길지 못하시고 기력이 쇠진한 노모에게 보약은 고사하고 육미도 못 올리는 처지에 한 술의 쌀밥마저 손자에게 뺏기시니 이러다가는 노모의 수명조차 줄어들 거라 걱정스럽고 조바심이 났다.

마침내 아들 부부는 비장한 결단을 내렸다. 칠흑같은 어둠에 묻혀 사방이 고요한 밤에 혹시나 하늘이라도 들을까 떨리는 가슴을 억누르고 속삭였다.

'이대로는 안 되겠소. 어린 자식놈이 늙으신 어머니의 양식을 가로채 먹어치우니 이러다가는 노모께서 허기져 천수도 다 채우지 못하시고 돌아가시겠소.'

'자식은 앞으로 다시 낳을 수도 있으나 한 분 어머니는 두 번 다시 뫼실 수 없지 않소. 그러니 하늘에 용서를 빌고 자식놈을 내다가 묻읍시다.'

첫닭이 홰를 치자 곽거는 굳은 표정을 짓고 괭이를 손에 들고 밖으로 나갔다. 그의 아내도 비장한 낯으로 말없이 어린놈을 들쳐업고 뒤를 따랐다.

동트기 전에 깊은 산 중턱에 도달한 곽거는 아늑한 터를 잡자 모질게 두 눈을 딱 감고 괭이질을 하였다. 쓰리고 저린 가슴을 억누르며 죄 없는 어린 자식을 생매장할 구덩이를 팠다. 마치 자신의 가슴을 괭이로 찍고 파는 듯했다.

아내도 거들었다. 폭포처럼 쏟아져 내리는 눈물을 손등으로 흩뿌리며 맨손으로 흙을 긁어냈다. 석 자쯤 파내려가자 '딱' 하는 소리와 함께 괭이에 부딪히는 것이 있었다. 아내가 다급히 맨손으로 흙을 헤치고 자세히 살피니 번득이는 쇳덩이가 보였다. 뜻밖의 매장물에 놀란 두 사람은 숨도 못 쉬고 허둥대며 흙을 파냈다. 이게 어찌된 영문일까? 묻혀있는 것은 바로 황금의 솥이었다.

곽거의 아내는 땅에 내려놓았던 아들을 미친듯이 품에 꽉 움켜 안고 큰 소리를 쳤다.

'여보, 아들을 묻으면 안 되오. 하늘이 아들을 묻지 말라고 우리를 도와주신 거예요. 우리 아들을 묻으면 안 되오.'

그러는 동안에 곽거가 묵직한 솥을 끌어냈다. 오랫동안 흙속에 묻혀 있어서 겉은 검게 보였으나 솥뚜껑을 열어보니 안은 눈부신 황금이었다. 뿐만 아니라 속에도 계란만한 황금덩이 세 개가 더 있었고 특히 솥뚜껑에는 다음과 같은 글이 적혀 있었다.

'이 황금의 솥과 황금알은 하늘이 효자에게 내리는 상금이다. 그러므로 관가에서도 거두어 가지 말고 민가에서도 가로채어 쓸 수가 없느니라.'

곽거 부처는 더욱 노모에게 효도했고 아들을 잘 키우며 글도 잘 가

르쳤다. 그리고 집안을 이전과 같이 부흥시킨 다음 집을 나간 동생들을
사방으로 수소문해 찾아 집에 돌아오게 하고 잘 훈도하여 개과천선하
게 했다.

(14) 호랑이를 쫓은 효자 양향(楊香)

양향은 한대(漢代)의 사람으로 14세 때에 호랑이에게 물린 아버지를
구해낸 용감한 효자였다. 외지고 깊은 산골마을에서 가난하게 살던 양
향은 매일 아버지를 따라 밭에 나가 농사일을 거들었다. 산기슭 보리밭
에서 보리를 거두던 아버지가 졸지에 나타난 호랑이에게 물려 '나 살
려라!' 하고 소리를 질렀다.

멀리 떨어진 곳간 앞에서 도리깨질을 하던 양향이 비명 소리를 듣고
화들짝 놀라 쏜살같이 달려갔다. 바로 눈앞에 송아지만큼 엄청 큰 늙은
호랑이가 부친의 허리통을 낚아채 물고 어슬렁어슬렁 숲 속으로 발걸
음을 옮기고 있었다.

그 처참한 광경을 본 순간 양향의 두 눈에는 번갯불이 번득였고 가
슴속에서는 분통이 터졌다. 자신의 힘도 자신의 위험도 헤아릴 겨를이
없었다. 제정신이 아닌 그는 무턱대고 앞으로 돌진하여 훌쩍 몸을 솟구
쳐서 호랑이의 등에 올라탔다. 그리고 몽둥이로 호랑이 정수리에 일격
을 가하고 이어 두 손으로 호랑이 목을 감고 생사결판으로 조이는 한편
두 발로는 연거푸 놈의 배때기를 마구 질렀다.

마침내 호랑이는 '으흥' 하며 입을 벌려 양향의 부친을 땅에 내려놓
고 등을 돌려 숲 속으로 들어갔다. 그것은 어린 양향의 힘이 아니었다.
그의 효성에 하늘이 힘을 빌려 호랑이를 물러가게 한 것이었다. 또한
호랑이 입에서 풀려나온 양향의 아버지도 신기하게 멀쩡했다. 마침내

어린 효자가 맨손으로 호랑이를 퇴치하고 아버지를 구했다는 놀라운 사실을 안 태수는 양향에게 많은 상금을 내려주었다.

(15) 오디를 바친 효성의 채순(蔡順)

채순은 한대(漢代)의 사람이었다. 일찍이 부친을 여의고 홀어머니를 모시고 가난하게 살았다. 당시는 왕망(王莽)이 나라를 어지럽힌 때라 각처에서 전란이 일어 백성들이 집을 잃고 사방으로 흩어져 방랑했었다. 게다가 엎친 데 덮친 격으로 심한 한발이 들어 사람들은 초근목피로 근근이 목숨을 부지하고 있었다.

채순은 매일 먼 길을 걸어 뽕나무밭으로 가서 땅에 떨어진 오디를 주워 가지고 노모에게 봉양하는 한편 자기도 허기를 달랬다. 그날도 채순이 두 개의 광주리를 땅에 놓고 오디를 주워서 어머니 드릴 것과 자기가 먹을 것을 나누어 담고 있었다.

마침 그때에 눈썹을 붉게 칠한 적미적(赤眉賊)들이 지나가다가 채순을 보고 가까이 다가왔다. 보기만 해도 끔찍한 적미적들이 접근해오자 어린 채순은 겁이 덜컥 났다. 오들오들 떨면서 그 자리에 웅크리고 앉아 있었다. 그러자 두령이 채순을 내려다보면서 퉁명스럽게,

'오디는 왜 줍느냐?'

하고 물었다.

'배가 고파서 먹으려고 줍습니다.'

하고 대답하자, 다시 물었다.

'그런데 왜 두 개의 광주리에 나누어 담느냐?'

이에 채순이 말했다.

'검은색의 오디는 잘 익고 달콤하니까 어머니 몫으로 이 광주리에

담고, 붉은색은 덜 익어서 떫으니까 제 몫으로 이 광주리에 넣고 있습니다.'

그러자 두령이 빙그레 웃으면서,

'참으로 기특한 효자로구나. 너를 보니 노부모를 고향에 둔 채 모시지 못하는 우리들이 부끄럽구나. 내가 너에게 백미 서 말을 줄 테니 너의 어머니에게 흰 쌀밥을 지어 드려라' 하고 쌀을 주었다.

천하를 어지럽히는 도적들도 효성에는 감동하는 법이다.

(16) 어머니에게 귤을 바친 육적(陸績)

육적은 후한(後漢) 때의 사람으로 어려서부터 효성이 지극했다. 그곳의 태수 원술(袁術)이 하루는 마을의 명문거족의 자제들을 초대해서 잔치를 베푼 일이 있었다. 그 자리에 여섯 살 된 육적도 초청되어 참석했다. 잔칫상에는 산해의 진미가 수북했다.

그러나 육적의 눈에는 오직 주먹보다 더 큰 등황색의 탐스런 귤만이 보였다. 그는 냉큼 하나를 집어 껍질을 까서 한 쪽을 씹었다. 그 맛이 꿀맛이었다. 육적은 먹다 남은 귤과 또 다른 두 개를 집어 손수건에 싸 가지고 자기 앞품에 넣었다.

잔치가 끝나고 아이들이 차례로 태수 앞에 가서 넓죽 절을 하며 하직 인사를 올렸다. 육적이 태수 앞에 와서 정중히 엎드려 절을 하는데 품었던 귤봉지가 불쑥 튕겨져 나왔다. 육적이 낯을 붉히며 당황한 빛을 보이자 인자한 태수가 미소를 지으며 말했다.

'너희들을 위해 잔치를 베푼 것이다. 그러니 마냥 먹고 또 마냥 가지고 가도 좋다. 그런데 육적아, 너는 왜 먹다 만 귤까지 합해서 세 개의 귤만을 쌌느냐?'

육적은 초롱초롱한 눈을 반짝이면서 태수에게 아뢰었다.

'제가 상 위에 놓인 귤을 헤아려 보니 한 사람에 3개씩 돌아갈 것 같았습니다. 그런데 귤이 하도 크고 잘 익고 또 꿀맛이라 제 몫을 싸가지고 가서 귤 좋아하시는 어머니께 드리려고 했습니다.'

태수는 탄복하고 하인을 시켜 귤 한 상자를 육적의 집에 보내주었다.

(17) 무덤 곁에서 효도한 왕부(王裒)

왕부는 위(魏)나라의 효자였다. 그의 어머니는 유난히 천둥 번개를 두려워했으며, 한번 놀라면 3, 4일 동안 몸져누웠다. 그러므로 왕부는 폭풍우가 불어닥치고 천둥 번개가 치면 다급히 집으로 달려와서 어머니에게 이불을 덮어드리고 곁에서 안위했다.

그러던 어머니가 작고하시어 후미진 산기슭에 외따로 묻히셨으니, 그 얼마나 적적하고 무서우시랴! 효자 왕부는 가슴이 쓰려 견딜 수가 없었다. 특히 비바람과 함께 번개가 치고 우레소리가 천지에 진동할 때에는 그냥 있을 수가 없었다. 그는 즉시 산기슭 어머니 무덤으로 달려갔다. 폭풍우에 흠뻑 젖고 천둥 번개로 겁에 질려 웅크리고 있는 듯이 보이는 봉분에 도롱이를 덮어씌우고 또 자기 몸을 던져 무덤을 부둥켜안고 큰 소리로 아뢰었다.

'어머니, 소자가 곁에 와 있습니다. 겁내지 마세요.'

왕부는 생시나 다름없이 어머니를 효성으로 안위해 드렸다. 그러다가 나중에는 어머니 무덤 곁에 초가집을 엮어 이사를 와서 조석으로 상식을 올렸다. 그리고 낮에는 마을 아이들에게 글을 가르치며 평생을 두고 어머니의 넋을 안위해 올렸다.

그날도 왕부가 서당에서 학동들에게 《시경(詩經)》의 육아지시(蓼莪之
詩)를 강독하는 소리가 들렸다.

'무럭무럭 자라서 억센 다북쑥처럼 쓸모없는 불효자식이 되었구나.
아, 슬프시어라. 어버이 나를 낳고 키우시느라 얼마나 고생을 하셨던
가!'

(18) 엄동에 죽순을 캔 맹종(孟宗)

맹종은 삼국시대 오(吳)나라 사람이었다. 일찍이 부친을 여읜 그는
병약한 홀어머니를 모시고 간고한 살림을 꾸려나가야 했다. 그러나 착
하고 효성이 지극한 그는 이집 저집에서 품을 팔아 병석에 몸져누운 노
모의 병시중을 들며 정성껏 봉양했다.

추운 겨울날 나뭇짐을 등지고 사립짝을 밀고 뜰에 들어선 맹종은 콜
록콜록 기침소리를 따라 안방으로 들어갔다.

'어머니, 소자 돌아왔습니다. 추우셨죠. 곧 군불을 때겠습니다.'

'아이고 불쌍한 것, 고생이 많구나. 헌데 맹종아, 오늘은 유난히 입
맛이 당기고 특히 죽순을 끓인 국물을 훌훌 마시면 속이 확 풀릴 것 같
다. 너 어디 가서 죽순을 구할 수 있겠느냐?'

'네, 어머니 구해 오겠습니다.'

어른이 내리는 분부에 일단 '네' 하는 것이 효자의 도리이다. 더욱이
병드신 노모의 소원을 풀어드려야 한다. 그러나 난감했다. 이 엄동설한
에 어디에 가서 싱싱한 죽순을 딸 수 있단 말인가? 그러나 효성이 지극
한 맹종은 하늘이 도와주리라는 엉뚱한 생각을 하면서 온통 흰 눈에 묻
힌 대나무 숲으로 나갔다. 그런데 이게 어찌된 기적일까? 바로 눈앞의
푸른 대나무 밑둥 양쪽으로 파릇파릇한 두 포기의 죽순이 돋아나 있지

않은가? 맹종은 왈칵 울음을 터뜨리며 감격의 소리를 질렀다.

'하느님, 고맙습니다!'

그것은 하늘이 내린 죽순이자 영약이었다. 그러므로 그것을 든 맹종의 노모는 몇 년을 두고 시름시름 앓던 신병을 말끔히 털고 일어나 건강을 되찾았다. 지성이면 감천이라.

(19) 강 얼음을 녹인 왕상(王祥)

왕상은 진(晉)나라의 효자였다. 어려서 생모를 여의고 계모 밑에서 자랐다. 그 계모의 성미가 사나워 어린 왕상을 학대할 뿐만 아니라 아버지에게 있지도 않은 험담을 해댔다. 마침내 계모의 농간에 넘어간 아버지도 차츰 왕상을 미워하고 멀리하게 되었다. 그래도 왕상은 부모를 원망하지 않고 한결같이 받들어 모시고 자식으로서 효도의 도리를 다했다.

아버지가 객지로 출행하여 오래 집을 비운 사이에 어쩌다가 계모가 신병으로 자리에 눕게 되었다. 그러자 왕상은 정성껏 탕약을 달여 올리고 병시중을 들었다. 하루는 계모가 말했다.

'싱싱한 잉어회가 자꾸 먹고 싶구나. 산 잉어를 한 마리 구해올 수 없겠니?'

'네, 구해 오겠습니다.'

효자 왕상은 대답을 하고 나왔다. 그러나 동지섣달 온 천지가 꽁꽁 얼어붙은 한겨울이다. 어디에 가서 산 잉어를 구한단 말인가? 그러나 효자 왕상은 강으로 나갔다. 중국 북쪽의 강은 겨울이면 결빙하여 두 자 이상의 두꺼운 얼음으로 덮인다. 손에 작살을 들고 얼음을 깨려고 애를 썼으나 가망이 없었다. 땀을 뻘뻘 흘린 그는 옷을 훌훌 벗어던지고 그 자리에 불덩이처럼 뜨거운 알몸을 눕히고 기진맥진한 채 쓰러졌다.

얼마 후 그가 인사불성에서 깨어나 보니, 이 어찌된 영문일까? 그가 파다 만 얼음 웅덩이에 싱싱한 잉어 두 마리가 뛰고 있었다. 왕상의 효성에 하늘이 응답하고 도운 것이다. 그 잉어를 먹은 왕상의 계모는 몸도 쾌유했고 마음도 착하게 되어 왕상을 친아들 이상으로 사랑하게 되었다.

(20) 부모 대신 모기에 물린 오맹(吳猛)

오맹은 진(晉)나라 사람이었다. 그는 외진 산마을 가난한 농가에서 태어났다. 노부모는 밭을 갈아 근근이 끼니를 이어가고 있었다. 철이 들자 오맹은 어린 나이에도 불구하고 항상 부지런히 노부모를 도왔다. 새벽에는 일찍 일어나 샘물을 떠왔고, 밤에는 노부모 주무실 자리를 안돈해 드리고 뒤늦게 잠자리에 들었다.

겨울에는 산에서 나무를 지고 와 불을 때고 여름에는 뜰에 모깃불을 피워서 부모님이 편히 주무시게 해드렸다. 그래도 밤이 깊어 모깃불이 꺼지면 극성스런 모기들이 고단하게 주무시는 부모님에게 달려들었다. 이에 오맹은 부채질로 모기를 쫓았다. 그러나 자신도 잠을 자야 했으므로 마침내 그는 옷을 홀렁 벗고 알몸이 되어 부모님 곁에 누워서 스스로 모기 밥이 되어 모기에게 물림으로써 부모님을 편히 주무시게 해드렸다.

새벽에 잠에서 깨어난 노부모가 말했다.

'얘야, 어찌하려고 밤새도록 모기에게 알몸을 내주느냐?'

이에 오맹은 미소를 지으며 천연덕스럽게 아뢰었다.

'제 몸 전부가 본시 부모님이 주신 것이옵니다. 부모님 대신 모기에게 일부를 물리어도 애석할 것이 없습니다. 또 어린 저는 물리어도 이내 보충될 것이니 염려하시지 마세요.'

(21) 똥과 오줌을 맛보며 병시중을 든 검루(黔婁)

검루는 남제(南齊)의 사람으로 지방의 수령에 임명되었다. 그가 고향을 떠나 임지에 부임한 지 열흘쯤 지난 어느 날, 까닭없이 갑자기 가슴이 뛰고 등줄기에 식은땀이 배었다. 불안한 마음으로 퇴청하고 숙소에서 잠을 자는데 꿈에 엄친이 현몽하시었다. 이에 그는 날이 새자 즉시 사표를 내고 고향으로 달려갔다. 아니나 다를까, 엄친께서 중병으로 신음을 하고 계셨다. 그는 침통한 마음으로 용하다는 명의를 청하여 진찰케 했다. 의사가 말했다.

'어르신네의 병세가 매우 위중하십니다. 시생이 약을 지어 올리되, 매일 아침의 어르신네의 시뇨(屎尿 : 똥과 오줌)를 받아서 그 쓰고 달고를 분간하여서 약처방을 달리해야 합니다.'

이에 검루는 매일 목욕재계하고 밤에는 북극성에게 빌고 새벽에는 샛별에게 빌었다.

'하느님, 부디 아버지 병환을 거두어 장수하게 해주십시오. 명을 거두신다면 차라리 저의 명을 대신 거두어 가십시오.'

그리고 아침에는 친히 엄친의 시뇨를 받아 직접 자기 혀로 핥아 그 쓰고 달고를 가늠하여 의원에게 알렸다.

높은 벼슬까지 반납하고 또 직접 시뇨를 핥아가면서 아버지 병시중을 든 검루의 지극한 효성은 하늘에 통했다. 서너 달만에 부친의 병이 완쾌되었다. 이에 검루는 다시 지방의 태수로 부임해 갈 수 있었다.

(22) 시어머니에게 젖을 바친 당씨(唐氏)

최산남(崔山南)은 당대(唐代)의 선비였다. 그의 집안은 세세대대 효성과 장수로 이름난 명문거족으로 '증조모─조부모─부모─최씨 부부─자녀' 등 5대가 동당(同堂)하고 있었다.

이제는 90을 바라보는 증조모 장손태부인(長孫太夫人)이 약 40년 전에 심한 속병에 걸려 음식을 목에 일절 넘기지 못하고 날로 쇠약하여 생사경을 헤맬 때가 있었다. 그때에 그녀를 구해준 사람이 지금의 조모 당태부인(唐太夫人)이었다. 즉 명재경각에 처한 시어머니에게 며느리가 조석으로 젖을 빨게 했으며, 시어머니는 며느리의 젖을 먹고 살아날 수가 있었다.

그러나 사람은 언젠가는 수와 복을 하늘에 되돌려주고 영면하게 마련이다. 스스로 죽을 날이 멀지 않았음을 감지한 장손태 부인은 5대의 온 식구를 머리맡에 불러 모으고 일렀다.

'내가 일찍이 중병에 걸려 위태로웠을 때 며느리, 즉 당부인의 젖을 먹고 소생하여 오늘까지 수를 누릴 수가 있었다. 그러나 오늘까지 아무런 보답도 하지 못해 민망하기 짝이 없다. 이에 내가 마지막으로 온 식구에게 당부하고자 한다. 내가 죽으면 당부인이 이 집의 윗어른이 될 것이니, 온 식구가 받들고 효도를 해 올려라. 윗사람에게 효도한 사람은 결국 아랫사람에게 효도를 받아야 한다. 이것이 나의 마지막 소원이고 유언이다.'

조부모에게 효도하는 부모 밑에는 효자 효녀가 나오게 마련이다. 내가 효도를 하면 아들딸들도 효도한다.

(23) 벼슬을 버리고 생모를 찾은 주수창(朱壽昌)

주수창은 송대(宋代)의 선비였다. 그의 생모 유씨(劉氏)는 첩실이었다. 그녀가 옥동자 수창을 낳고 젖을 물려 키운 지 두 돌이 지나자 소생이 없던 적실 본부인이 수창을 거두어 친아들로 삼고 생모 유씨를 먼 곳으로 추방했다.

천성이 준수하고 총명한 수창은 성장하면서 학문과 덕행을 쌓아 과거에도 쉽게 뽑혔고 또 요직에도 올랐으며 더욱이 명문가의 아름다운 규수를 아내로 맞아 아들딸 낳고 행복하게 살았다. 그러나 그의 가슴 한 구석에는 언제나 어두운 그늘이 지고 있었으니 다름이 아닌 생모에 대한 애절한 사무침의 정이었다.

그러나 격식과 범절이 엄한 양반집의 자식으로 경솔하게 속마음을 털어놓을 수도 없고 또 더더욱 함부로 행동할 수도 없었다. 오직 참고 또 참고 지낼 수밖에 없었다. 그런 지 어언 50년이 지났다. 더 늦기 전에 생모를 찾아뵈어야 했다.

그러는 사이에 적실 어머니가 돌아가시고 3년의 거상도 치루었다. 이에 수창은 굳게 결심하고 아버지에게 아뢰었다.

'50년 전에 쫓겨나시고 생사조차 모르는 생모를 찾아보겠습니다. 허락해 주십시오.'

백발이 성성한 노부는 눈물 어린 눈으로 아들을 물끄러미 보면서 힘없이 고개를 끄덕였다. 수창은 즉시 관직을 반납하고 친어머니를 찾아 나섰다. 전부터 오래 두고 사방으로 사람을 풀어 수소문한 수창은 마침내 사천(四川) 무협(巫峽) 깊이 묻혀 사시는 70의 노모와 해후할 수가 있었다.

(24) 노모의 요강을 손수 씻은 황정견(黃庭堅)

황정견은 송대(宋代)의 뛰어난 문학가이자 서화가였다. 이 점은 역사적으로 잘 알려져 있다. 그러나 그가 어려서부터 부모에게 지극하게 효도를 바친 효자였다는 사실을 아는 사람은 별로 많지 않다.

학문과 덕행을 겸비한 그는 태사(太史)라는 높은 벼슬에 올랐다. 그 벼슬은 모든 사람들이 우러러보는 귀한 자리였다. 그러나 그는 아침 저녁으로 반드시 노모가 기거하시는 처소에 가서 부드러운 낯과 음성으로 문안을 올렸고, 또 이어 노모가 밤새 쓰신 요강이나 타구를 손수 내다가 버리고 정결하게 씻어서 방 안에 들여다 놓곤 했다.

물론 집에는 하인들이 많았다. 그러므로 그의 가까운 친구가 이상하게 생각하고 물었다.

'하인이나 노비를 시키면 될 일을 왜 지체 높은 자네가 손수 치우는가?'

그러자 황정견은 미소를 지으며 말했다.

'보통은 그렇게 생각할 것일세. 그러나 내가 손수 치우는 까닭에는 깊은 뜻이 있네. 즉 매일 아침에 그것을 들여다보고 살핌으로써 노모의 건강을 헤아릴 수가 있네.'

이 말을 들은 친구는 탄복했다.

ㄴ

색인 523

ㅍ

완역 해설 명심보감
〔附 가사체 번역문〕

초판 1쇄 발행 2017년 10월 20일
초판 2쇄 발행 2022년 4월 29일

역저자 | 장기근
가사체 | 권갑현
발행자 | 김동구
디자인 | 이명숙·양철민
발행처 | 명문당(1923. 10. 1 창립)
주 소 | 서울시 종로구 윤보선길 61(안국동)
        우체국 010579-01-000682
전 화 | 02)733-3039, 734-4798(영), 733-4748(편)
팩 스 | 02)734-9209
Homepage | www.myungmundang.net
E-mail | mmdbook1@hanmail.net
등 록 | 1977. 11. 19. 제1~148호

ISBN 979-11-88020-28-7 (03140)
18,000원